HEIDE GERSTENBERGER

Der revolutionäre Konservatismus

Sozialwissenschaftliche Abhandlungen

begründet von der Hochschule für Sozialwissenschaften, Wilhelmshaven-Rüstersiel

fortgeführt von Ernst-Rudolf Huber, Bruno Seidel, Bernt Spiegel,
Max Ernst Graf zu Solms-Roedelheim

Heft 14

Der revolutionäre Konservatismus

Ein Beitrag zur Analyse des Liberalismus

Von

Dr. Heide Gerstenberger

DUNCKER & HUMBLOT / BERLIN

Alle Rechte vorbehalten
© 1969 Duncker & Humblot, Berlin 41
Gedruckt 1969 bei Buchdruckerei Bruno Luck, Berlin 65
Printed in Germany

Vorwort

Die vorliegende Arbeit wurde im Dezember 1968 von der Wirtschafts- und Sozialwissenschaftlichen Fakultät der Universität Göttingen als sozialwissenschaftliche Dissertation angenommen.

Ich benutze gern die Gelegenheit, Herrn Prof. Dr. Bruno Seidel öffentlich meinen Dank auszusprechen, zum einen, weil er mir die Fortsetzung wissenschaftlicher Arbeit überhaupt erst ermöglicht hat, zum anderen, weil er mit wissenschaftlicher Toleranz auch jene Teile meiner Untersuchung akzeptierte, mit denen er persönlich nicht übereinstimmte.

Heide Gerstenberger

Inhaltsverzeichnis

Einleitung 9

I. Die Organisation der „Konservativen Revolution" 12

II. Die Theorie der „Konservativen Revolution" in ihren geistes- und zeitgeschichtlichen Bezügen 16

    1. Geistesgeschichtliche Aspekte 16
        a) Die Ideen von 1914 16
        b) Sozialdarwinismus 19
        c) Geopolitik 24
    2. Zeitgeschichtliche Aspekte 28

III. Der revolutionäre Konservatismus 30

    1. Altkonservativ — Jungkonservativ 31
    2. Das konservativ-revolutionäre Geschichtsbild 33
    3. Der Revolutionsbegriff 34
    4. Antiliberalismus 37

        a) Kritik an den liberalen Prämissen und konservativ-revolutionäre Gegenprämissen 37
        b) Gesellschaft — Volksgemeinschaft 39
        c) Liberaler, konservativ-revolutionärer Staat 43
        d) Imperialismus — deutsche Sendung 44
        e) Kapitalismus und konservativrevolutionärer „Antikapitalismus" 48

    Exkurs 59

        f) Revolutionärkonservative Rassenlehre und Antisemitismus .. 60

IV. Fallstudien 65

    1. Max Hildebert Boehm 65
       Max Hildebert Boehms Volkstheorie 66

        a) Der Begriff der „Grenze" 66
        b) Die Lehre vom eigenständigen Volk 67
        c) Minderheitenschutz 68
        d) Innere Volksordnung — Korporativismus 70
        e) Die jüdische Minderheit 73
        f) Max Hildebert Boehms Verhältnis zum Nationalsozialismus .. 75
        g) Max Hildebert Boehms Wissenschaftsbegriff 77

2. Wilhelm Stapel 79
   a) Volkstumsideologie Stapels 82
   b) Stapels Salon-Antisemitismus 89
   c) Stapels ideologische Zielsetzungen 92
   d) Stapel unter Hitler 93
3. Edgar Julius Jung 95
   a) Die konservative Revolution 95
   b) Die Ordo-Lehre 98
   c) Die Elitetheorie 98
   d) Jungs Verhältnis zur Rassenbiologie 100
   e) Jungs Verhältnis zum Antisemitismus 102
   f) Die Wirtschaftsordnung 103
   g) Edgar J. Jungs Verhältnis zum Nationalsozialismus 104

V. Der ideologische Standort des revolutionären Konservatismus im Rahmen des nationalistischen und antidemokratischen Gedankengutes zur Zeit der Weimarer Republik 109

1. Verhältnis zur völkischen Ideologie 109
2. Die Ausweitung der völkischen Bewegung 110
3. Das Verhältnis des revolutionären Konservatismus zur völkischen Bewegung im Selbstverständnis der revolutionären Konservativen 113
4. Der Nationalsozialismus als Teil der radikal-völkischen Ideologie 115
5. Die radikal-völkische Ideologie 116
   a) Germanenmythologie und Deutsch-Glaubensbewegung 117
   b) Die Rassenlehre 118
   c) Der radikal-völkische Antisemitismus 121
   d) Gesellschaftspolitische Implikationen der radikal-völkischen Ideologie 125
   e) Machtpolitische Implikationen der radikal-völkischen Ideologie 126
   f) Ideologische Zielvorstellungen 126
6. Übereinstimmung und Unterschiede zwischen radikal-völkischer und revolutionärkonservativer Ideologie 129

VI. Die soziale Basis des revolutionären Konservatismus 137

1. Subjektive und objektive Funktionen von Ideologie 137
2. Die subjektiven Funktionen des revolutionären Konservatismus .. 139
3. Die objektiven Funktionen des revolutionären Konservatismus .. 145
4. Die Fortsetzung der revolutionärkonservativen Ideologie und ihre Modifikationen 152

Literaturverzeichnis 155

Einleitung

Gegenstand der Analyse ist jene Ideologie, die unter dem Namen „Konservative Revolution" bekannt geworden ist. Im Unterschied zu Armin Mohlers Wortgebrauch gilt diese Bezeichnung in unserer Arbeit nicht dem gesamten konservativ-nationalistischen Ideenkomplex der Weimarer Zeit[1], sondern der Ring-Bewegung, die aus dem Kreis um Moeller van den Bruck hervorgegangen ist und eine vergleichsweise geschlossene Ideologie entwickelt hat.

Bislang wurde die „Konservative Revolution" in der historisch-politischen Forschung vor allem unter zwei Gesichtspunkten behandelt. Einerseits wurde sie als Teil jenes nationalistischen und antidemokratischen Ideologienkonglomerats gesehen, welches, wenn nicht die Entstehung, so doch die Duldung des Nationalsozialismus gefördert hat[2]. In solchen Untersuchungen erscheint die Geschichte der Bewegung als auf den 30. Januar 1933 hin zentriert, und die historische Erfahrung des Nationalsozialismus geht als vorgegebene Wertung auch in die Analyse solcher ideologischer Bestandteile ein, deren demokratische Weiterentwicklung vor 1933 noch denkbar war. Der entgegengesetzte methodische Ansatz behandelt die „Konservative Revolution" unter vorwiegend geistesgeschichtlichen Aspekten und Außerachtlassung zeitgeschichtlicher Bezüge. Die Ideen der Ring-Bewegung erscheinen dann als eine spezielle konservative Lehre[3], deren faschistische Fortentwicklung als historischer Zufall betrachtet wird.

---

[1] Armin *Mohler*, Die konservative Revolution in Deutschland 1918—1932, Stuttgart 1950.

[2] So vor allem Martin *Broszat*, Die völkische Ideologie und der Nationalsozialismus; in: Deutsche Rundschau, Januar 1958, S. 55 ff. Ähnlich auch Kurt *Sontheimer*, Antidemokratisches Denken in der Weimarer Republik, München 1964; Jean F. *Neurohr*, Der Mythos vom Dritten Reich, Stuttgart 1957; Hermann *Rauschning*, Die Revolution des Nihilismus, Zürich-New York 1938.
Ausschließlich unter dem Aspekt der Vergangenheitsbewältigung sind folgende Arbeiten geschrieben: Georg *Lukács*, Die Zerstörung der Vernunft, Neuwied und Berlin 1962; T. L. *Jarmann*, The Rise and Fall of Nazi-Germany, London 1955; Rohan *Butler*, The Roots of National Socialism 1783—1933, London 1941.

[3] So insbesondere: Martin *Greiffenhagen*, Das Dilemma des Konservativismus; in: Gesellschaft in Geschichte und Gegenwart. Eine Festschrift für Friedrich Lenz, Sozialwissenschaftliche Abhandlungen H. 9, Berlin 1961, S. 13 ff.; ganz deutlich ist dieser Ansatz auch bei Armin Mohler.

Eine vermittelnde Position zwischen den vorwiegend zeit- oder geistesgeschichtlichen Untersuchungen gelingt Fritz Stern mit seiner Arbeit über den Kulturpessimismus[4], indem er geistes- und zeitgeschichtliche Studien mit individual- und sozialpsychologischen verbindet, ebenso Klemens von Klemperer[5], der die Neukonservativen der Weimarer Zeit einerseits in ihrem zeitgeschichtlichen Bezug sieht, andererseits aber im Gesamtzusammenhang konservativer Theorienbildung.

Eine vermittelnde Position anderer Art bestimmt die Fragestellung der vorliegenden Arbeit. Mit den Methoden historisch-kritischer Politikwissenschaft, insbesondere der Ideologiekritik, sowie der Sozialpsychologie, soll versucht werden, den sozialstrukturellen Ort des revolutionären Konservatismus zu bestimmen. Zu diesem Zweck werden die geistesgeschichtlichen Bezüge dieser Ideologie festzustellen sein, wie sie in der Anknüpfung an geistesgeschichtliche Traditionen und im Zusammenhang mit gleichzeitig aufgetretenen Ideologien sich ausdrücken. Vor allem das Verhältnis zur völkischen Ideologie, als dem Sammelbecken antidemokratischer, nationalistischer und reaktionärer Ideologien wird deshalb untersucht. Des weiteren sind die zeitgeschichtlichen Ereignisse der Weimarer Zeit insoweit zu berücksichtigen, als sie den revolutionären Konservatismus geprägt haben. Vor allem aber gilt unsere Frage den gesellschaftlichen Bedingungen dieser Ideologie.

Wir gehen von der Hypothese aus, daß trotz ihrer Bindung an die politischen und sozialökonomischen Bedingungen der Weimarer Zeit, die revolutionärkonservative Ideologie ein Beispiel ist für die allgemeine Problematik konservativer, bzw. restaurativer Bewegungen in demokratisch verfaßten, hochindustrialisierten Ländern. Entsprechende generalisierende Schlußfolgerungen sind freilich nur dann möglich, wenn die Untersuchung zumindest ansatzweise die unausweichliche Determination der konservativen Revolution auf deren singuläre historische Folge — den Nationalsozialismus — hin in Frage stellt, anders gesagt: wenn der Nationalsozialismus zwar als inhärente Gefahr, nicht aber als notwendiges Endergebnis des revolutionären Konservatismus gewertet wird. Inwieweit auch die „Konservative Revolution" den Nationalsozialismus mitverschuldet hat, ist eine lediglich indirekt behandelte Frage dieser Arbeit, vordringlich suchen wir die Ansatzpunkte eines politischen Konservatismus festzustellen, der auch in der zweiten Hälfte des zwanzigsten Jahrhunderts nachwirkt. Unter diesem Aspekt gewinnt die Feststellung, daß der revolutionäre Konservatismus *auch*

---

[4] Fritz *Stern*, Kulturpessimismus als politische Gefahr, deutsch: Bern-Stuttgart 1963.
[5] Klemens *von Klemperer*, Konservative Bewegungen zwischen Kaiserreich und Nationalsozialismus, deutsch: München-Wien 1967.

in den Gesamtzusammenhang der völkischen Ideologie gehört, erneute politische Aktualität.

Da diese Arbeit in ihrem Ansatz nicht nur darauf abzielt, die spezifisch deutsche Geschichte der letzten Jahrzehnte zu verstehen, sondern vielmehr einen Beitrag zur Erforschung der gesellschaftlichen Probleme hochentwickelter Staaten demokratischer Verfassung und kapitalistischer Wirtschaftsordnung zu leisten versucht, werden des exemplarischen Charakters dieser ideologiekritischen Analyse wegen Hinweise auf parallele Erscheinungen in anderen Ländern und zu anderen Zeiten unterbleiben. Obwohl die von uns untersuchte Ideologie des revolutionären Konservatismus historisch dem Präfaschismus zuzurechnen ist, hoffen wir, mit ihrer Analyse zur Erforschung einer Gesellschaftsproblematik beizutragen, die mit der historisch singulären Ausprägung des Faschismus nicht beendet ist.

Die Fragestellung unserer Arbeit beruht zwar auf der Hypothese, daß jede Ideologie durch Herrschaftsstrukturen verursacht sei, unsere Analyse beschränkt sich jedoch nicht auf die vulgärmarxistische Gegenüberstellung von Wirtschaft und Ideologie, Basis und Überbau. Während die ausschließlich sozialökonomische Analyse nur zweckrationales Handeln erklären kann, erfordert die Thematik unserer Arbeit gerade eine Analyse irrational begründeter und der ökonomischen Lage widersprechender Ideologien. Die sozialökonomische Analyse bedarf deshalb einer Ergänzung durch die sozialpsychologische. Wenn wir im folgenden zwischen der subjektiven und der objektiven Funktion des revolutionären Konservatismus unterscheiden, so geschieht dies im Anschluß an Wilhelm Reich, der als einer der ersten mit Hilfe der Psychologie die irrationalen Beziehungen zwischen sozialer Lage und Ideologiebildung zu erklären versuchte[6].

---

[6] Wilhelm *Reich*, Massenpsychologie des Faschismus. Zur Sexualökonomie der politischen Reaktion und zur proletarischen Sexualpolitik, 2. Aufl., o. O. o. J. (erstmalig um 1933). Die theoretischen Ausführungen, auf die ich mich beziehe, finden sich auf den Seiten 22—40.

I. Die Organisation der „Konservativen Revolution"

Die Geschichte der Weimarer Republik wurde mitbestimmt durch ihre außerparlamentarische Opposition. Diese war weder einheitlich organisiert, noch ideologisch einheitlich geprägt. Abgesehen von einzelnen — vor allem radikal-völkischen — Verbänden, sammelten sich die Oppositionellen zumeist in losen Zirkeln, deren Zusammensetzung wechselte. Solche Zirkel wurden sowohl von der Leserschaft einzelner Zeitschriften gebildet als auch von der persönlichen Anhängerschaft einzelner politischer Theoretiker. Jede nachträgliche Typologie des antidemokratischen, nationalistischen Gedankengutes zur Zeit der Weimarer Republik muß unbefriedigend bleiben, da sich keine der ideologischen Strömungen eindeutig und ausschließlich einem bestimmten Personenkreis zuordnen läßt. Während etwa Armin Mohler den Gesamtkomplex des nationalistischen Gedankengutes in die Ideologie- (und Personen-)gruppen der Völkischen, der Jungkonservativen, der Nationalrevolutionäre, der Bündischen und der Landvolkbewegung untergliedert[1], sondert Kurt Sontheimer den Deutsch-Nationalismus, die Konservative Revolution, den Revolutionären Nationalismus, den Nationalbolschewismus und die Deutsch-Völkischen[2].

Für die vorliegende Arbeit kann auf eine ins einzelne gehende Typologie verzichtet werden, da die Analyse sich auf die Ring-Bewegung beschränkt, welche bei Armin Mohler unter der Bezeichnung „Jungkonservative" und bei Kurt Sontheimer als „Konservative Revolution" aufgeführt ist.

Was die Ring-Bewegung mit allen anderen nationalistischen Gruppierungen der Weimarer Zeit verbindet, sind jene durchgängigen ideologischen Inhalte, die Kurt Sontheimer als „Antidemokratisches Denken" bezeichnet und Martin Broszat als „Völkische Ideologie" im weiteren Sinne[3]. Wir schließen uns weitgehend der von Broszat nachdrücklich verfochtenen, von Fritz Stern und George L. Mosse ebenfalls be-

---

[1] Armin *Mohler,* Die konservative Revolution in Deutschland 1918—1932, a.a.O.

[2] Kurt *Sontheimer,* Antidemokratisches Denken in der Weimarer Republik, a.a.O.

[3] Martin *Broszat,* Die völkische Ideologie und der Nationalsozialismus, a.a.O.

I. Die Organisation der „Konservativen Revolution"

nutzten[4], Terminologie an. Martin Broszat zufolge sind alle national-antidemokratischen Ideologien der politischen Rechten zur Zeit der Weimarer Republik Untergruppen der völkischen Ideologie. Die einzelnen Gruppierungen unterscheiden sich seiner Ansicht nach zwar im Niveau ihres literarischen Stils, kaum jedoch in ihren ideologischen Aussagen. Wir stimmen Broszat insoweit zu, als die völkische Ideologie das vorherrschende Element all jener nationalen, antidemokratischen, reaktionären Ideologien darstellt, sind jedoch der Ansicht, daß die völkische Ideologie nicht die ganze Breite des in der Ring-Bewegung vertretenen Gedankengutes deckt. Mit anderen Worten: der revolutionäre Konservatismus gehört weitgehend, aber nicht ausschließlich in den Gesamtzusammenhang der völkischen Ideologie.

Die Frage der Terminologie ist bedeutsamer, als es auf den ersten Blick erscheinen mag; werden nämlich die „Völkischen" wie bei Mohler, Sontheimer und anderen lediglich als Vertreter einer unter mehr oder minder verwandten Ideologien behandelt, so wird den Völkischen damit zugleich die Hauptschuld an der ideologischen Vorbereitung des Nationalsozialismus zugewiesen, denn die Ideologie des Nationalsozialismus war völkisch. In der Wahl des Terminus „Völkische Ideologie" als Bezeichnung der für alle Schattierungen nationaler und konservativer Theorien der Weimarer Zeit charakteristischen ideologischen Bestandteile, ist bereits die inhaltliche Aussage einer weitgehenden Mitverantwortung ihrer Anhänger für die Entwicklung zum Nationalsozialismus enthalten.

Die Ring-Bewegung ist in vieler Hinsicht exemplarisch für die oppositionellen Gruppierungen der Weimarer Zeit. Hervorgegangen vor allem aus der persönlichen Anhängerschaft Arthur Moeller van den Brucks, der von Heinrich von Gleichen gegründeten „Vereinigung für nationale und soziale Solidarität" und der „Antibolschewistischen Liga" Eduard Stadtlers[5], entstand 1919 der Juni-Klub. Dieser Kreis, dessen Organisation sich zunächst auf die Institution des sog. „Montagstisches" beschränkte, dann zu regelmäßigen Zusammenkünften in der Privatwohnung des Freiherrn Heinrich von Gleichen überging, beschloß im Juni 1919, sich nach dem Monat der Unterzeichnung des Versailler Vertrages zu benennen. Damit waren der politische Protest und auch die

---

[4] Fritz *Stern*, Kulturpessimismus als politische Gefahr, a.a.O.; George L. *Mosse*, Die deutsche Rechte und die Juden; in: Entscheidungsjahr 1932, Hrsg. Werner E. Mosse, Tübingen 1965, S. 183 ff.

[5] Die folgenden Ausführungen beschränken sich auf diejenigen Angaben, die zum weiteren Verständnis dieser nicht historisch, sondern ideologiekritisch angelegten Arbeit notwendig sind. Ich stütze mich dabei auf die gründliche Untersuchung der Organisation der Ring-Bewegung durch Hans-Joachim *Schwierskott*, Arthur Moeller van den Bruck und der revolutionäre Nationalismus in der Weimarer Republik, Göttingen 1962, S. 39—72.

Abgrenzung gegen den linksintellektuellen „Novemberklub" zum Programm erhoben.

Die Teilnehmer der Zusammenkünfte in der Wohnung Gleichens, in Berlin, Potsdamer Privatstraße 121 i, wechselten, den Kern des Juni-Klubs jedoch bildeten Arthur Moeller van den Bruck, Heinrich von Gleichen, Eduard Stadtler und Max Hildebert Boehm, der ebenso wie Karl Christian von Loesch die enge Verbindung zum „Deutschen Schutzbund für die Grenz- und Auslandsdeutschen" herstellte.

Mit der Übernahme der Zeitschrift „Das Gewissen" durch den Juni-Klub wurde dieser zur Ring-Bewegung. Der Zeitschriftenkopf des Gewissens lautete ab 1.1.1920 „GEWISSEN, Für den ‚Ring' herausgegeben von Ed. Stadtler". Unter dem Symbol des Ringes wollten die Herausgeber eine Sammlung aller nationalgesinnten Deutschen anbahnen; es ist ihnen gelungen, einen Leserkreis zu schaffen, der in den im Gewissen vertretenen Dankkategorien dachte und sich dieser Zeitschrift verbunden fühlte.

Ende 1920 siedelte der Klub in das Haus des Schutzvereins in der Motzstraße 22 über und seither entwickelte er sich immer mehr zu einem Verein mit festen Mitgliedern.

Im November 1920 erweiterte die Ring-Bewegung ihre volkspädagogische Arbeit über die publizistische Tätigkeit hinaus. Unter dem Vorsitz von Martin Spahn, Heinrich von Gleichen und Rudolf von Broecker wurde das „Politische Kolleg für nationalpolitische Schulungs- und Bildungsarbeit" gegründet, das bis zum Ausscheiden Martin Spahns aus dem Vorsitz im Jahre 1924 das geistige Zentrum der Ring-Bewegung bildete und den Juni-Klub an Bedeutung verlieren ließ.

Dieser war seit 1920 ohnehin nur dadurch erhalten geblieben, daß die untereinander häufig zerstrittenen und verschiedene Auffassungen vertretenden Mitglieder sich in der Verehrnug Moeller van den Brucks verbunden fanden. Nach Moellers Tod im Jahre 1925 war denn auch die Auflösung des Juni-Klubs nicht aufzuhalten, seine Mitglieder gründeten neue politische Organisationen oder wechselten in bereits bestehende über. Erhalten blieb der 1921 gegründete Ring-Verlag, der das Gewissen herausgab und ab 1929 den Ring. Die Tradition des Juni-Klubs wurde fortzusetzen versucht im „Jungkonservativen Klub" in Berlin und in dem von Heinrich von Gleichen und Walther Schotte begründeten „Herrenklub". Mehr als diese und andere Nachfolgeorganisationen jedoch bestimmte nach wie vor Moeller van den Bruck die Inhalte der Ring-Bewegung. Seine von Hans Schwarz herausgegebenen Werke fanden noch nach seinem Tod eine Leserschaft, die der vom Juni-Klub ausgehenden Ring-Bewegung zugerechnet werden kann. Im

Anschluß an die Definition Rudolf Heberles kann diese unorganisierte Gruppe als eine soziale Bewegung bezeichnet werden, „also eine auf ‚radikale' Erneuerung der Gesellschaft gerichtete Bestrebung"[6].

---

[6] Rudolf *Heberle*, Hauptprobleme der politischen Soziologie, deutsch: Stuttgart 1967, S. 10 f.

II. Die Theorie der „Konservativen Revolution" in ihren geistes- und zeitgeschichtlichen Bezügen

1. Geistesgeschichtliche Aspekte

Die lebensphilosophischen Elemente des Neukonservatismus sind verschiedentlich behandelt worden[1], wobei dieser als die politische Ausprägung des lebensphilosophischen Irrationalismus gewertet wurde. Demgegenüber scheint uns im Erlebnis des ersten Weltkrieges und seiner Folgen die fast ausschließliche Ursache des Neukonservatismus gegeben zu sein. Erst für die konservative Antwort auf die Ereignisse der Zeitgeschichte wurden die geistesgeschichtlichen Traditionen relevant; sie haben den Neukonservatismus geprägt, ihn jedoch nicht ausgelöst.

Drei politisierte und popularisierte Theorienkomplexe sind es vor allem, welche die geistige Verarbeitung des Kriegserlebnisses und damit das politische Denken zu Beginn der Weimarer Zeit beeinflußt haben: Die Ideen von 1914, der Sozialdarwinismus und die Geopolitik. Auf die Darstellung dieser ideologischen Theorien, deren Denkkategorien die völkische Ideologie aller Schattierungen durchzieht, wollen wir die Erörterung geistesgeschichtlicher Bezüge des Neukonservatismus beschränken.

a) Die Ideen von 1914

Die „Ideen von 1914" entstanden durch jenes „überwältigende" Erlebnis des Sommers 1914, das den Kaiser und seine Untertanen keine Parteien mehr kennen ließ, sondern nur noch Volksgenossen, in Begeisterung zu einer großen Aufgabe geeint. Die Formulierung dieses umfassenden Identifikationserlebnisses war der geistige Kriegsdienst, zu dem sich deutsche Philosophen und Wissenschaftler moralisch verpflichtet fühlten. Sie entsprachen damit einer europäischen Tradition, derzufolge sich Philosophie und Wissenschaft zu Kriegszeiten in den Dienst der Nation stellten[2]. Weshalb gerade 1914 ein Kriegsbeitrag der

---

[1] Vgl. insbesondere *Sontheimer*, a.a.O., S. 45 ff.; Waldemar *Gurian* (Pseudonym: Walter *Gerhart*), Um des Reiches Zukunft, Nationale Wiedergeburt oder politische Reaktion, Freiburg i. Br. o. J. (um 1932), S. 64.

[2] Eine ausführliche Darstellung findet sich bei Hermann *Lübbe*, Politische Philosophie in Deutschland, Basel-Stuttgart 1963, S. 173 ff. Teilweise geht auch F. A. *Hayek* auf diese Thematik ein, Der Weg zur Knechtschaft, hrsg. und eingeleitet von Wilhelm Röpke, Zürich 1949.

1. Geistesgeschichtliche Aspekte

Philosophen notwendig sei, begründet Paul Natorp folgendermaßen: „Die deutsche Seele — was ist sie? Sollen wir sie selbst fragen? Kennt sie sich selbst? — Jedenfalls in keinem Augenblick war sie mehr aufgefordert, sich auf sich selbst zu besinnen; steht sie doch in einem Kampf, wie noch kein Volk der Erde ihn zu kämpfen gehabt, und wohl keines ihn wieder zu kämpfen haben wird. Furchtbar der Kampf, alles an ihm; man verlernt wohl zu fragen, was das Furchtbarste sei. Und doch lastet Eines auf unserer Seele so, daß auf die Dauer die Last nicht zu tragen ist, wenn es nicht etwas gibt, was sie von uns nimmt, dies: *nicht zu wissen, worum eigentlich gekämpft wird* (Hervorh. H. G.), wofür so viel Blut fließen muß[3]."

Der Versuch, diese Ratlosigkeit zu überwinden, den Sinn und die Betrachtung des Krieges klarzulegen, hat in den Kriegsjahren zu einer Hochkonjunktur an Schmähschriften gegen englischen, französischen, westlerischen Geist geführt. Auch die Autoren der Ideen von 1914[4] betonen die Besonderheit und Überlegenheit des deutschen Wesens, erschöpfen sich jedoch nicht darin, sondern versuchen, das Kriegserlebnis als solches in Worte zu fassen.

So schildert etwa Sombart, wie er vor dem Kriege einem völligen Kulturpessimismus verfallen gewesen sei, um dann in die Worte auszubrechen: „Da ereignete sich das Wunder. Der Krieg kam"[5].

Der Kriegsbeginn wurde erlebt als möglicher Ausweg aus der Zivilisation und als „die Revolution des Aufbaus und des Zusammenschlusses aller staatlichen Kräfte im 20. Jahrhundert gegenüber der Revolution der zerstörenden Befreiung im 18. Jahrhundert"[6]. Die Ideen von 1914 seien die revolutionäre Ablösung der „Ideen von 1789" auf höherer Ebene[7], indem jetzt die 1789 errungene individuelle Freiheit in der Gemeinsamkeit aller Volksglieder aufgehoben werde. Nach Kjellén ver-

---

[3] Paul *Natorp*, Deutscher Weltberuf, 2. Bd., Jena 1918, S. 36.

[4] Die wichtigsten sind: Ernst *Troeltsch*, Die Ideen von 1914 (Rede vor der „Deutschen Gesellschaft 1914"); in: Deutscher Geist und Westeuropa, Hrsg. Hans Baron, Tübingen 1925, S. 31 ff.; Johann *Plenge*, Der Krieg und die Volkswirtschaft, Münster 1915; derselbe, 1789 und 1914. Die symbolischen Jahre in der Geschichte des politischen Geistes, Berlin 1916; Rudolf *Kjellén*, Die Ideen von 1914, Zwischen Krieg und Frieden Nr. 29, Leipzig 1915; Paul *Natorp*, Krieg und Friede. Drei Reden gehalten auf Veranstaltungen der „Ethischen Gesellschaft" in München im September 1915, München 1916; derselbe, Deutscher Weltberuf. Geschichtsphilosophische Richtlinien, 2 Bde., Jena 1918 (der 1. Bd. entspricht im wesentlichen Vorträgen, die im Herbst 1916 gehalten wurden); ebenfalls zu nennen: Georg *Simmel*, Der Krieg und die geistigen Entscheidungen, München-Leipzig 1917.

[5] Werner *Sombart*, Händler und Helden. Patriotische Besinnungen. München-Leipzig 1915, S. 117.

[6] *Plenge*, 1789 und 1914, a.a.O., S. 15.

[7] Ebd., S. 9, entsprechend auch *Kjellén*, a.a.O., S. 43.

II. Geistes- und zeitgeschichtliche Bezüge

deutlicht sich die geistige Umkehr in der neuen Geltung von Pflicht, Ordnung und Gerechtigkeit[8], nach Sombart in der Rückkehr zu einer organischen Staatsverfassung[9].

Für Plenge sind die Ideen von 1914 „die Ideen der deutschen Organisation"[10], wobei er weniger an ein „gemeinsames Willensziel" als an einen „erlebten Bewußtseinszustand" denkt[11]. Die Definition Plenges ist aufschlußreich für die Staatstheorien der konservativen Revolutionäre, denn sie enthüllt als deren mittelbaren Anlaß die Faszination durch die Organisation der Kriegsgesellschaft. Der Sommer 1914 wird von den konservativen Revolutionären durchaus als Ansatzpunkt einer konservativen Revolution gewertet. Immer wieder berufen sie sich darauf, daß 1914 für kurze Zeit die Realität einer organischen Volksgemeinschaft erlebt wurde[12].

Die gemeinsame Begeisterung, die große technische und wirtschaftliche Organisation zum gemeinsamen Kampf, die mehr als nur vordergründige Identifikation aller mit allen und mit den Zielen der staatlichen Politik wurden nachträglich als Ausdrucksformen organischer Volksgemeinschaft empfunden. Mehr und unmittelbarer als die romantische Staatstheorie haben die Ideen der deutschen Organisation die konservativen Theorien der Weimarer Zeit beeinflußt und der Begriff „organisch" hat im 1. Weltkrieg endgültig seine enge Bindung an den der Organisation erfahren.

Die „Ideen von 1914" sind der Versuch, jenes bislang vorwiegend dynastisch vermittelte deutsche Nationalgefühl, welches durch die Anforderungen des modernen Massenkrieges erschüttert worden war, durch eine neue, nationale Weltanschauung zu überwinden. Das Erfordernis einer Kriegswirtschaft und damit „Kriegsgesellschaft" anstelle der früher möglichen weitgehenden Trennung von Heimat und Front führten zu der verspäteteten Nationbildung in Deutschland.

Die Integration der Arbeiterschaft in die Nation, die tendenzielle Umwandlung der Arbeitnehmerorganisationen zu Hilfsorganen des Staates, das neue Gemeinschaftsgefühl der Nation, dies war der reale Inhalt des spezifisch deutschen Kriegserlebnisses. Aus ihm resultierte die Einheit von Nationalismus und Sozialismus, die das politische Denken

---

[8] *Kjellén*, a.a.O., S. 46.
[9] *Sombart*, a.a.O., S. 77 f.
[10] *Plenge*, 1789 und 1914, a.a.O., S. 15.
[11] Ebd., S. 89.
[12] Vgl. Hans *Zehrer*, Die Revolution der Intelligenz, in: Die Tat, 2. Halbbd. 1929/30, S. 487; Arthur *Moeller van den Bruck*, Das Recht der jungen Völker, München 1919, S. 63; Werner *Wirths*, Das Erlebnis des Krieges, in: Die Neue Front, hrsg. Arthur Moeller van den Bruck, Heinrich von Gleichen, Max Hildebert Boehm, Berlin 1922, S. 76 ff.

der Weimarer Zeit von links (Nationalkommunisten, Nationalbolschewisten) bis rechts (Nationalsozialismus, insbesondere Strasser-Gruppe) charakterisierte. So wird denn auch schon im Kriege dieser erstmalig in Deutschland dominierende soziale Nationalismus (er hat geistige Vorläufer vor allem in der Tradition des deutschen Staatssozialismus, in den Kathedersozialisten, in Friedrich Naumann und Max Weber) als die spezifisch deutsche Form des Sozialismus apostrophiert und das Jahr 1914 in die Geschichte des Sozialismus eingereiht[13].

b) Sozialdarwinismus

Sozialdarwinismus ist die Indienststellung naturwissenschaftlicher Erkenntnisse für gesellschaftspolitische Ziele. Für unseren Zusammenhang ist lediglich jene Variante des Sozialdarwinismus relevant, die in der völkischen Ideologie der Weimarer Zeit ihre Fortsetzung gefunden hat[14]. Somit wird insbesondere die sozialdarwinistische Evolutionstheorie aus der Betrachtung ausgeklammert und jene ideologische Funktion des Sozialdarwinismus in den Vordergrund gerückt, die gesellschaftliche Unterschiede als naturbedingt erklärt. Sie liefert damit eine vorgeblich rationale Begründung von Herrschaftsstrukturen, deren Veränderung zwar biologisch, nicht aber gesellschaftlich möglich ist.

Seit Francis Galton (gest. 1911) wird die Anwendung biologischer Erkenntnisse zum Zwecke der Veränderung gesellschaftlicher Zustände als Eugenik bezeichnet[15].

Zur Zeit der Weimarer Republik waren der Sozialdarwinismus im allgemeinen und die Eugenik als dessen besondere politische Aktionslehre weit über ihre theoretischen Anfänge hinausgelangt. Vornehmlich der Herrschaftsbegründung dienend, hatten sie theoretisch die Veränderung der gesellschaftlichen Realstrukturen nachvollzogen. Während der von Herbert Spencer geprägte Sozialdarwinismus im Zeitalter des Wirtschaftsliberalismus vor allem einzelunternehmerische Erfolge als Naturnotwendigkeiten begründete[16], hatte er im Zeitalter des orga-

---

[13] *Plenge*, 1789 und 1914, a.a.O., S. 80.

[14] Eine grundsätzliche Behandlung des Sozialdarwinismus findet sich bei Hans-Günther *Zmarlik*, Der Sozialdarwinismus in Deutschland als geschichtliches Problem, in: Vierteljahrshefte für Zeitgeschichte, 11. Jg. H. 3, München 1963, S. 246 ff.; Hedwig *Conrad-Martius*, Utopien der Menschenzüchtung, Der Sozialdarwinismus und seine Folgen, München 1955.

[15] Da hier lediglich die sozialdarwinistischen Denkkategorien dargestellt werden sollen, wird auf die Erörterung der eugenischen Programme verzichtet, vgl. dazu Hedwig *Conrad-Martius*, Utopien der Menschenzüchtung, a.a.O., passim.

[16] In Deutschland hat das Wirtschaftsbürgertum erst zur Zeit des Hochkapitalismus augenscheinliche politische Macht erhalten, die Notwendigkeit ihrer Rechtfertigung war vordem nicht dringlich, deshalb haben sich in

nisierten Kapitalismus die wirtschaftlich notwendigen imperialistischen Unternehmungen durch die Höherwertigkeit eines Volkes über ein anderes zu erklären[17]. Die Eugenik als die sozialdarwinistische Handlungslehre hatte sich dementsprechend zur National-Eugenik fortentwickelt. Als solche vor allem wurde sie von den Rassenanthropologen in Deutschland vertreten[18].

Eine besondere Variante dieses Gedankengutes zeigt sich in der Verknüpfung sozialdarwinistischer und christlich-protestantischer Ideen, wie sie sich etwa bei Wilhelm Schreiber finden: „Wenn wir den Staat als Gottesordnung auffassen, so vor allem deshalb, weil wir das *Volkstum*, das er zu schützen und zu fördern hat, als *gottgewollten Eigenwert* lieben und ehren. Es hat dem Allmächtigen in seinem unerforschlichen Ratschluß gefallen, auch die Völker, aus denen das Menschengeschlecht besteht, in ihrem Werden und Wachsen, Abnehmen und Vergehen unter das harte, allgemeine Gesetz des Lebens zu stellen, wonach der Schwächere vom Stärkeren verdrängt oder aufgesogen wird. Alles Hadern mit dieser bitteren Ordnung ist unfromm, so begreiflich es angesichts der oft so grauenhaften Wirklichkeit der Völkergeschichte uns allen sein mag. Wir mögen sie deuten als das fortgehende Gericht Gottes über eine von ihm abgefallene Schöpfung, aber wir dürfen uns nicht anmaßen, sie von uns aus ändern zu wollen. Ein Volk kann dem unvermeidlichen Kampf um den ihm zukommenden Lebensraum lange ausweichen, aber nur um den Preis, daß er zuletzt in um so entsetzlicherer Form kommt oder durch ‚friedliche' Erdrosselung mit all ihren Schrecken ersetzt wird. Es ist eben dafür gesorgt, daß es der Menschenklugheit, selbst einer jüdischen nicht gelingt, eine gerechtere Völkerwaage zu finden als den offenen Krieg[19]."

Deutschland vornehmlich volksbezogene, weniger klassenbezogene Rassentheorien entwickelt. Einer der wenigen Klassen-Rassisten, Alexander Tille, war bezeichnenderweise Syndikus einer Handelskammer und mehrerer industrieller Verbände. Über Tille vgl. Fritz *Bolle*, Darwinismus und Zeitgeist, in: Zeitgeist im Wandel, Bd. I, Das Wilhelminische Zeitalter, Hrsg. Hans-Joachim Schoeps, Stuttgart 1967, S. 235 ff.

[17] Zum Zusammenhang zwischen Imperialismus und Rassentheorie vgl. Rudolf *Hilferding*, Das Finanzkapital, Berlin 1947 (1. Aufl. 1910), S. 464.

[18] Organ der Rassenanthropologen war die 1902 gegr. „Politisch-anthropologische Revue". Bekanntester Vertreter dieser Richtung in der Vorkriegszeit Ludwig *Woltmann* durch seine Schrift: Politische Anthropologie, 1903; Organ der Rassehygieniker war das „Archiv für Rassen- und Gesellschaftsbiologie", das Alfred Ploetz herausgab. Da Ploetz selbst eine rassistisch gefärbte Rassenhygiene vertrat, verwischte sich der Unterschied zwischen den beiden Richtungen von Anfang an.

[19] Wilhelm *Schreiber*, Was ich als Protestant vom Nationalsozialismus erwarte, in: Was wir vom Nationalsozialismus erwarten, Zwanzig Antworten. Hrsg. von Albrecht Erich Günther, Heilbronn 1932, S. 46.

1. Geistesgeschichtliche Aspekte

Von den Rassenanthropologen versuchten sich — bis in die dreißiger Jahre des 20. Jahrhunderts hinein — die Rassenhygieniker[20] in Teilen ihrer Aussagen zu unterscheiden. Anders als die Rassenanthropologen erstrebten sie eine „Aufartung", nicht eine „Aufordnung" des deutschen Volkes und sie entwickelten kein speziell deutsches bevölkerungspolitisches Programm. Für sie war die Volksgesundheit das Ziel ihrer Bemühungen, während die Rassenanthropologen ihre wissenschaftliche Tätigkeit in den Dienst der nationalen Politik stellten und selbst die außenpolitischen Konsequenzen ihrer Theorien forderten. In der Übernahme eugenischer Programme durch die allgemeine völkische Bewegung vermischten sich allerdings rassistische mit im engeren Sinne eugenischen Theorien, und die Vertreter der letzteren Richtung, wie etwa Fritz Lenz und Wilhelm Schallmeyer versuchten vergeblich, sich von den krassen Rassisten zu distanzieren. Daß dieser Versuch zudem mit untauglichen Mitteln unternommen wurde, zeigt das folgende Zitat aus Schallmayers Schrift „Vererbung und Auslese": „Das Wort Rassenhygiene wird nicht nur im Sinne von Hygiene der Rasse (d. i. Hygiene der Erbanlagen) gebraucht, sondern auch in einem weiteren Sinne, bei dem der Plural von Rasse zur Geltung kommt. Diese Doppelsinnigkeit von ‚Rassenhygiene' hat dazu geführt, das Ideal des Rassedienstes, das für jede Rasse und für jede Nation gilt, gleichgültig aus welchen Rassenmischungen sie entstanden ist, mit Bestrebungen zu verketten, die von der — mehr naiven, als wissenschaftlichen — Annahme ausgingen, daß von den verschiedenen Rassen, aus deren Mischung die Bevölkerung Deutschlands besteht, die ‚nordische Rasse' die edelste und darum vor den anderen zu bevorzugen sei[21]." Es zeigt sich, daß der Unterschied zwischen Rassenanthropologen und Rassenhygienikern zur Zeit der Weimarer Republik vornehmlich im singulären oder pluralen Gebrauch des Wortes Rasse besteht. Trotz seiner scharfen Angriffe gegen die „Gobinisten"[22] und „Rasseenthusiasten"[23], betont auch Schallmayer die Wichtigkeit „national-biologischer Güter" von denen Gedeihen und Machtstellung der Nation abhingen. Wie R. Fetscher will er deshalb der Nationalbiologie Vorrang vor der Nationalökonomie eingeräumt sehen[24].

---

[20] Rassenhygiene war die in Deutschland übliche Übersetzung von Eugenik. Zwar wurde gelegentlich vorgeschlagen, die Übersetzung einem Bedeutungswandel gleichzusetzen, doch konnte sich diese Auffassung nicht durchsetzen. Es wurden weiterhin beide Begriffe identisch gebraucht.
[21] Wilhelm *Schallmayer*, Vererbung und Auslese. Grundriß der Gesellschaftsbiologie und der Lehre vom Rassedienst, 3. Aufl., Jena 1918 (entstanden zu dem Preisausschreiben F. A. Krupps im Jahre 1900 unter dem Titel: Vererbung und Auslese im Lebenslauf der Völker) Anm. 1, S. 1.
[22] Ebd., S. 377.
[23] Ebd., S. 42.
[24] R. *Fetscher*, Abriß der Erbbiologie und Eugenik, Berlin 1927, S. 141.

II. Geistes- und zeitgeschichtliche Bezüge

Die eugenische Forschung hatte in Deutschland um die Jahrhundertwende einen Anstoß erhalten durch die Schriften von Alfred Ploetz[25] und Alexander Tille[26], einen Aufschwung erfuhr sie durch das Preisausschreiben F. A. Krupps über die — bezeichnenderweise klassenrassistisch ausgerichtete — Fragestellung: „Was lernen wir aus den Prinzipien der Deszendenztheorie in Beziehung auf die innerpolitische Entwicklung und Gesetzgebung der Staaten?" Die stetige Fortentwicklung des Sozialdarwinismus im allgemeinen und der Eugenik im besonderen in allen kapitalistischen Ländern — der Zusammenhang zwischen Wirtschaftsinteressen und ideologischer Begründung scheint mir im Hinblick auf die sozialdarwinistischen Theorien jener Jahre unzweifelhaft zu sein — erhielt gesteigerte Aktualität durch die nach dem Kriege sich als vordringlich erweisenden bevölkerungspolitischen Fragen.

Hatten vor dem Kriege die Rassehygieniker versucht, Konflikte zwischen humanitären und eugenischen Forderungen zugunsten der ersteren zu entscheiden, so ließen sie sich nach dem Kriege, voll Sorge um die nationale Zukunft, mehr und mehr von der Unumgänglichkeit der letzteren überzeugen; die Eugenik war — lange vor 1933 — aus dem Widerstreit zwischen Humanität und Rasseideal als theoretische Siegerin hervorgegangen[27]. Dieses Ergebnis ist nicht überraschend, sondern notwendige Folge aus den Prämissen der Eugenik. Ist der Fortschritt der Menschheit an deren biologische Veränderung gebunden, so muß das evolutionäre Grundprinzip der Selektion Vorrang vor allen anderen Prinzipien erhalten. Dies um so mehr, als — abgesehen von wenigen Ausnahmen — die Eugeniker überzeugt sind, daß geistige Fähigkeiten ausschließlich vom Erbgut abhängen[28], und die Pädagogik sich auf die Erziehung zur Rassenpflege beschränken kann, da sie keinerlei kontinuierliche Höherentwicklung der Menschheit zu erzielen im Stande ist. Gelegentlich wird das Vorhandensein gesellschaftlicher Chancenungleichheiten zwar konstatiert, immer aber deren Nebensächlichkeit im Vergleich zu der ausschlaggebenden Wirkung der Erbanlagen betont[29].

---

[25] Alfred *Ploetz*, Rassentüchtigkeit und Sozialismus. Neue deutsche Rundschau, 1894; derselbe, Die Tüchtigkeit unserer Rasse und der Schutz der Schwachen, Berlin 1895.

[26] Alexander *Tille*, Volksdienst. Von einem Sozialaristokraten, 1893 (anonym erschienen); derselbe, Von Darwin bis Nietzsche, 1895.

[27] Für Fritz Lenz, einem immerhin gemäßigten Rassenhygieniker, war es 1921 selbstverständlich, daß bei einem Konflikt zwischen Rassenhygiene und sozialer Hygiene (Sozialpolitik) die erstere ausschlaggebend zu sein habe. Fritz *Lenz*, Menschliche Auslese und Rassenhygiene (Eugenik), 3. Aufl., München 1931 (erstmalig 1921).

[28] Vgl. Hans *Burckhardt*, Der rassenhygienische Gedanke und seine Grundlagen, München 1930, S. 120; Erwin *Baur*, Eugen *Fischer*, Fritz *Lenz*, Menschliche Erblichkeitslehre, 3. Aufl., München 1927, 5. Abschnitt.

[29] So z. B. H. *Hoffmann*, Über Charaktervererbung, in: Kultur und Leben,

Eine ähnliche Abstraktion von gesellschaftlichen Realitäten zeigt sich in der Behandlung sog. Rassenkreuzungen. Die besondere Problematik des Mischlingsdaseins — sei die Rassenmischung augenscheinlich oder nicht — wird in ausschließlicher Analogie zu Tierkreuzungen behandelt, keineswegs aber zurückgeführt auf die Schwierigkeiten, unterschiedliche kulturelle Traditionen vereinbaren und eine gesellschaftliche Außenseiterposition bewältigen zu müssen. Mischlinge sind den Eugenikern nicht als solche ein Problem, sondern lediglich in ihrem Bezug zu der ‚Artgemeinschaft'.

Aus dieser Sichtweite ergeben sich dann die allgemeinen Kulturgesetze des Sozialdarwinismus, wie sie z. B. bei Siegfried Passarge[30] unter logisch folgerichtiger Steigerung des biologischen Organizismus aufgeführt werden: „Mit dem Steigen der Kultur, mit der Abnahme des Kampfes ums Dasein, mit der Lockerung und dem Milderwerden der rigorosen Sippen- und Staatsgesetze bleiben diese ‚Kulturexkremente' (i. e. Individuen, die dem Kampf ums Dasein nicht gewachsen sind und früher aus der Sippe ausgestoßen wurden. H. G.), die in einen gesunden Organismus nicht hinein gehören, erhalten und wirken genauso wie die zurückgehaltenen Stoffwechselabscheidungen in einem lebenden Körper. Sie wirken als Gifte, rufen Krankheiten und selbst den Tod hervor. Genauso im Kulturorganismus — der Kulturkörper wird ‚gichtisch', der Ansammlung harnsaurer Salze vergleichbar. Mit Rücksicht auf den harten Klang und die unangenehmen Empfindungen, die das an sich überaus bezeichnende Wort ‚Kulturexkremente' erregen könnte, sei im nachfolgenden von *Kulturschädlingen* gesprochen, weil die kulturellen Stoffwechselprodukte den Kulturorganismus schädigen[31]."

Es ist den Eugenikern mit wenigen Ausnahmen[32] nicht um die Vermeidung zukünftigen individuellen Leidens zu tun oder um die Besserung der konstitutionellen Lebenschancen einzelner Volksbürger, diese ist lediglich von Belang insoweit sie zur Voraussetzung einer Besserung des Volkskörpers wird.

Biologische Hochwertigkeit ist kein Wert an sich, sie kann nur im Hinblick auf ein bestimmtes Menschenbild definiert werden. Mit der

---

Monatsschrift für Kulturgeschichte und biologische Familienkunde, 3. Jg. 1926, Schorndorf (Württbg.), Hrsg. Willy Hornschuch, S. 357.

[30] Siegfried Passarge ist eher den Geopolitikern als den Eugenikern zuzurechnen. Das folgende Zitat beweist den engen geistigen Zusammenhang der beiden Richtungen.

[31] Siegfried *Passarge*, Das Judentum als landschaftskundlich-ethnologisches Problem, München 1925, S. 117.

[32] Zu diesen ist Alfred *Grotjahn* zu zählen (Die Hygiene der menschlichen Fortpflanzung, Berlin 1926 und weitere). Grotjahn war prominentes SPD-Mitglied, was von den übrigen Eugenikern propagandistisch ausgenutzt wurde.

Entwicklung des Sozialdarwinismus zu einer volksbezogenen Rassenideologie ist das ursprünglich liberal-individualistisch geprägte Menschenbild des Sozialdarwinismus politisch funktionalisiert worden. Das Einzelwesen erhält seinen Wert allein durch seine Brauchbarkeit für die Gesamtheit, im Rahmen der hier zu besprechenden Denkmodelle bedeutet dies: durch seine Wehrhaftigkeit[33].

In den zwanziger Jahren dieses Jahrhunderts ist die Eugenik in Deutschland zur biologischen Variante einer allgemeinen Machtpolitik geworden. Die eugenische Zielvorstellung von „Kraft und Gesundheit des gesamten Volkskörpers"[34] erscheint als Schlußfolgerung aus Aggressionsprogrammen, die ihrerseits verlangen, „daß die Gesetze der inneren Ordnung eines Staates sich aufbauen müssen auf dem Grundgesetz der Mobilisierbarkeit der nationalen Wehrkräfte nach außen"[35]. Unter dieser Zielsetzung sind die eugenischen Programme auch dann zu werten, wenn sie vergleichsweise harmlos erscheinen. Die Stärkung des „Volkskörpers" bleibt oberstes Ziel, denn nach den „Urgesetzen" des Sozialdarwinismus kann ein Volk nur dann erhalten bleiben, wenn es stärker ist und größer als andere Völker. Es gilt deshalb um der Existenzerhaltung willen einen stetigen Kampf um Existenzmehrung zu führen.

In der für den Sozialdarwinismus charakteristischen Gleichsetzung von stark und gut wird das sieghafte Volkstum zugleich als das bestmögliche angesehen, dessen Verbreitung über die ganze Erde Recht und Aufgabe des sieghaften Volkes ist.

c) Geopolitik

Seit Friedrich Ratzels 1897 erschienener Schrift „Politische Geographie"[36], bemühten sich die Geopolitiker[37] um den Ausbau der biogeographischen Auffassung des Staates. Grundlage aller Gemeinwesen sei der

---

[33] Bezeichnenderweise sieht Passarge das wichtigste Merkmal eines „Kulturschädlings" in dessen Pazifismus. Siegfried *Passarge*, Das Judentum als landschaftskundlich-ethnologisches Problem, a.a.O., S. 120.

[34] Ferdinand *Plate*, Die Forderungen der Biologie an den Staat, in: Was wir vom Nationalsozialismus erwarten, a.a.O., S. 131.

[35] Franz *Mariaux*, Nationale Außenpolitik, Oldenburg i. O. 1932, S. 50.

[36] Friedrich *Ratzel*, Politische Geographie, 3. Aufl., München 1923 (erstmalig 1897).

[37] Es soll hier nicht eingegangen werden auf den Wissenschaftsstreit, ob Geopolitik ein Sondergebiet oder lediglich eine Fortsetzung der politischen Geographie darstelle. In den zwanziger Jahren zumindest waren in Deutschland inhaltliche Unterschiede in den Aussagen beider Richtungen kaum feststellbar. Über die Frage der Terminologie vgl. Otto *Maull*, Politische Geographie und Geopolitik, in: Geographischer Anzeiger, Hrsg. Hermann Haack, 27. Jg., Gotha 1926, S. 245 ff.

1. Geistesgeschichtliche Aspekte

Lebensraum, dessen Beschaffenheit und Größe Volkscharakter, Kulturform und Politik maßgeblich bestimmten[38]. Der Geopolitik zufolge „ist der Staat ein Organismus nicht bloß als eine Gemeinschaft von Menschen, sondern als die Vereinigung eines Stückes Menschheit mit einem Stück Boden"[39].

War schon bei Ratzel die Beziehung zwischen der vergleichsweise statischen Beschaffenheit eines Landes und deren sich wandelnder Bevölkerung weniger ein heuristisches Prinzip als eine geschichtsphilosophische Lehre gewesen, so verlor die Geopolitik ihren arbeitshypothetischen Charakter im Laufe der Zeit gänzlich. Bereits Friedrich Ratzels „Gesetz der wachsenden Räume" hatte eher den Charakter einer Behauptung als eines Forschungsergebnisses, im folgenden aber wurden die „Gesetze" der Geopolitik immer weniger unter wissenschaftlichen und immer mehr unter politischen Gesichtspunkten formuliert. War Ratzel selbst bei der Untersuchung von Wirkungen des Raumes auf die Staaten noch weitgehend von der spezifischen Beschaffenheit eines Lebensraumes ausgegangen, so trat diese Frage zunehmend zurück hinter der Frage, inwieweit die Größe des Lebensraumes die staatliche Politik bestimme. Diese Entwicklung fand schließlich ihren Ausdruck in der besonderen, an Mythen und Symbole gemahnenden Bedeutung, die nach 1918 den Grenzen beigelegt wurde; die Geopolitik hat — so Richard Hennig — eine „Wissenschaft von den Grenzen" entwickelt[40]. Allein dies zeigt, in welch starkem Maße die Geopolitik zum Mittel der Politik geworden war und sich immer mehr zur Wehr-Geopolitik entwickelte. Geopolitiker wiesen nicht nur darauf hin, daß der Ausbruch des Weltkrieges das Verständnis für geopolitische Fragen gefödert und neue Forschungen bedingt habe[41] — hier ist vor allem auf eine ganze Reihe der in Deutschland weitverbreiteten Schriften Rudolf Kjelléns hinzuweisen[42] — sie versäumten nach 1918 auch nicht, sich selbst und

---

[38] Vgl. die verschiedenen Schriften von Leo *Frobenius,* als Beispiel: Kulturgeschichte Afrikas, 1933, derselbe, Vom Kulturreich des Festlandes. Dokumente der Kulturphysiognomik, Berlin 1923; ebenfalls: Kurt *von Boeckmann,* Vom Kulturreich des Meeres, 1924; Ewald *Banse,* Raum und Volk im Kriege, 1932; Karl *Haushofer,* Geopolitik des pazifischen Ozeans, 1924.

[39] Otto *Schlüter,* Über ein neues System der politischen Geographie, in: Geographischer Anzeiger, 27. Jg. 1926, S. 63 (dieser Aufsatz setzt sich kritisch mit der Geopolitik auseinander).

[40] Richard *Hennig,* Geopolitik, Die Lehre vom Staat als Lebewesen, Leizpig-Berlin 1928, S. 107.

[41] Otto *Schlüter,* Über ein neues System der politischen Geographie, a.a.O., S. 62.

[42] Rudolf *Kjellén,* Die Großmächte der Gegenwart, Leipzig-Berlin 1914, sowie die 1921 besorgte, durch eine geopolitische „Interpretation" des Versailler Vertrages ergänzte Neuauflage dieses Buches unter dem Titel, Die Großmächte und die Weltkrise, Leipzig und Berlin 1921.

II. Geistes- und zeitgeschichtliche Bezüge

andere zur nationalbürgerlichen Pflicht geopolitischer Gesinnung aufzurufen[43].

Einige Forschungsergebnisse des „Tast- und Empfindungsgefühls für politisch geographisch wichtige Kraftlinien und Räume und der auf und in ihnen verlaufenden geopolitischen Bewegung"[44] seien kurz berichtet.

Staat im Sinne der Geopolitik ist ein Organismus, entstanden aus der Verbindung eines Stückes Erdboden mit einem Stück Menschheit[45]. Was unter dem Staatsorganismus geopolitisch sich vorzustellen sei, erläutert Hans Golcher folgendermaßen: „Die staatlichen Organismen sind natürlich nicht mit den hochentwickelten Tier- und Pflanzenkörpern zu vergleichen, die uns beim Klang des Wortes Organismus vor das innere Auge treten. Vielmehr gehört der Staat in die Reihen der sog. unvollkommenen Organismen — und steht etwa dem Tierstaat der Hymenopteren sehr nahe — hier ist der räumliche, der körperliche Zusammenhang zwischen einzelnen Organen und Zelleneinheiten aufgegeben, Organismus ist im biologischen Sinne ganz allgemein ein Komplex von verschiedenen Organen mit verschiedenen Funktionen, die alle auf den gemeinschaftlichen Zweck der Selbsterhaltung und der in dieser eingeschlossenen Fortpflanzung gerichtet sind ... Wir müssen den Staat danach besser als einen *Aggregatsorganismus mit größter Selbständigkeit der Faktoren bezeichnen.*

Der Kern des Staates ist eine politische Idee. In ihr verkörpert sich die Sorge für sein Fortdauern — seine Selbsterhaltung und sein Wille zum Mehr, sein Wille zur Macht. Diese politische Idee nun ist gleichsam die Seele des Staates — sein zentrales Nervensystem. Sie ist von allen Organen des Staates am stärksten differenziert und umschließt die mannigfaltigsten Kräfte des staatlichen Lebens, seien sie nun materieller oder geistiger Art." Golcher fährt fort, indem er konstatiert: „Staaten haben die Tendenz, in natürlich geschlossene Räume hineinzuwachsen"[46].

Nicht immer hat die Organismustheorie in der Geopolitik solche Blüten getrieben, wohl aber wird der Staat durchgängig als „Lebewesen" betrachtet[47], dessen Handlungen „naturgegeben" sind, den Willensakten

---

[43] Vgl. M. *Friedrichsen,* „Deutschland" als „natürliche" Großlandschaft Mitteleuropas, in: Zeitschrift für Geopolitik, Hrsg. K. Haushofer, E. Obst, H. Lautensach, O. Maull, 3. Jg. 1. Halbbd., Berlin-Grunewald 1926, S. 430.

[44] Oswald *Muris,* Geopolitik und Schule, in: Zeitschrift für Geopolitik, a.a.O., 3. Jg. 1. Halbbd. 1926, S. 173.

[45] Hans *Golcher,* Grenzstruktur und staatlicher Organismus, in: Zeitschrift für Geopolitik, a.a.O., 2. Halbbd. 1927, S. 812.

[46] Ebd., S. 812 f.

[47] Vgl. den Untertitel bei Richard Hennig, Geopolitik. Die Lehre vom Staat als Lebewesen, a.a.O.

1. Geistesgeschichtliche Aspekte

und der Verantwortlichkeit der Staatsbürger weitgehend entzogen. Eine Folgerung dieser Theorie besteht z. B. in der „natürlichen" Ausdehnung Deutschlands nach Osten hin[48], da sich im Osten Deutschlands offene Grenzen finden; anderslautende politische Erwägungen bleiben außer Betracht.

Die vor allem von Karl Haushofer entwickelte „Wehr-Geopolitik"[49] ist eine Konsequenz aus den Prämissen der Geopolitik. Wehr-Geopolitik ist die Lehre von den geographischen *Ursachen* eines Krieges, im Unterschied zu einer geographischen Wehrkunde, welche die im politisch verursachten Kriegsfalle zu beachtenden geographischen Bedingungen militärischer Operationen untersucht. Die Grundlage der Wehr-Geopolitik war bereits durch Ratzels „Gesetz der wachsenden Räume" gegeben, welches seine Nachfolger in den allgemeinen Zusammenhang des Kampfes ums Dasein einordneten[50]. Eine weitere Voraussetzung der Wehr-Geopolitik, zu der sich die Geopolitik nach der Jahrhundertwende in Deutschland tendenziell entwickelte, ist die Annahme, daß nur Wirtschaftsautarkie ausreichende Versorgung der Bevölkerung garantiere. Das allen Autarkiebestrebungen zugrundeliegende Mißtrauen gegenüber der Wirksamkeit internationaler Verträge und friedlicher Entwicklung, verweist auf den engen Zusammenhang der Geopolitik mit anderen Aggressionslehren aus der Frühzeit des organisierten Kapitalismus, da der liberale Glauben an einen harmonischen Interessenausgleich verloren gegangen war.

Wird Autarkie als Lebensnotwendigkeit vorausgesetzt, so wird die Alternative Weltmacht oder Untergang[51] zwingend, denn Autarkie erfordert große Agrargebiete, somit entweder Ausdehnung in Europa oder in Übersee. Die Geopolitiker, allen voran Arthur Dix[52], haben sich deshalb nach dem Versailler Vertrag für die Wiedergewinnung der deutschen Kolonien eingesetzt. Für diese Forderung erhielten sie zunehmend Unterstützung von einer fachnahen Disziplin, der Anthropogeographie, nach Otto Maull die „Lehre vom Menschen als Produkt der *Landschaft*"[53].

---

[48] A. *von Hoffmann*, Die Wege der Geschichte Italiens und Deutschlands, kurz dargestellt an der geographischen Struktur beider Länder, in: Zeitschrift für Geopolitik, a.a.O., 3. Jg., 1. Halbbd. 1926, S. 453.

[49] Karl *Haushofer*, Wehr-Geopolitik. Geographische Grundlagen einer Wehrkunde, Berlin 1932.

[50] Vgl. u. a. Richard *Hennig*, Geopolitik, a.a.O., S. 215.

[51] Kjellén zitiert 1921 zustimmend Bernhardi, der 1912 geschrieben hatte, Deutschland habe nur die Wahl zwischen Weltmacht und Untergang. Rudolf *Kjellén*, Die Großmächte und die Weltkrise, a.a.O., S. 197.

[52] Arthur *Dix*, Weltkrise und Kolonialpolitik. Die Zukunft zweier Erdteile, Berlin 1932.

[53] Otto *Maull*, Anthropogeographie, Leipzig 1932, S. 8. Die vollständige Definition lautet: „Die Anthropogeographie ist die Lehre vom Menschen als Produkt der Landschaft — d. h. soweit er Produkt der Landschaft ist — und

Die Anthropogeographie lieferte eine besondere Variante zu dem Gesetz der Raumauslese[54]. Über die allgemeine geopolitische Rechtfertigung staatlicher Ausdehnung hinaus, begründete sie für manche Staaten einen besonderen — natürlichen — Anspruch auf Ausdehnung, der aus der idealen Verbindung einer bestimmten Landschaft mit *ihrem* „Stück Menschheit"[55] hergeleitet wurde.

In ihrer immer enger werdenden Verbindung mit der damals vorwiegend rassistisch argumentierenden Anthropogeographie fand die Geopolitik unschwer Anschluß an die gängigen Auslegungen des weltanschaulichen Grundprinzips vom Kampf ums Dasein.

2. Zeitgeschichtliche Aspekte

„Die improvisierte Demokratie der Weimarer Republik"[56], ihre besonderen innen- und außenpolitischen Schwächen sind vielfach beschrieben worden[57] und können hier als bekannt vorausgesetzt werden.

Für unseren Zusammenhang ist wichtig, daß zwar die „Revolution" von 1918 nicht eigentlich als solche bezeichnet werden kann, da sie nicht zu einer grundsätzlichen Veränderung der Gesellschaftsstruktur geführt hat[58], daß aber dennoch — bereits vor der Revolution — die Grundlagen des Deutschen Reiches insoweit erschüttert waren, als die dynastisch bezogenen Integrationsmechanismen des Reiches den gesellschaftlichen Rückwirkungen einer annähernd totalen Mobilmachung nicht entsprechen konnten.

---

als landschaftsgestaltende, formenschaffende Kraft und Wirkung. Damit ist sie aber ferner auch die Lehre von der Kulturlandschaft und ihren Elementen." Gemeinhin bezogen sich anthropogeographische Forschungen allerdings vornehmlich auf die im ersten Teil der Maull'schen Definition angeführte Fragestellung. Vgl. Siegfried Passarge, Das Judentum als landschaftskundlich-enthnographisches Problem, München 1925, passim.

[54] Als solches hat Otto Maull noch 1956 zustimmend das Grundprinzip der Geopolitik bezeichnet. Otto *Maull*, Politische Geographie, Berlin 1956, S. 34.

[55] Vgl. Heinrich *Schnee*, Weltpolitik vor und nach dem Kriege, Leipzig 1923, S. 7; Arthur *Dix*, Weltkrise und Kolonialpolitik, a.a.O., S. 36.

[56] So der Titel einer Arbeit von Theodor *Eschenburg*, erschienen 1954 in Laupheim.

[57] Vgl. insbesondere: Karl Dietrich *Bracher*, Wolfgang *Sauer*, Gerhard *Schulz*, Die nationalsozialistische Machtergreifung, 2. Aufl., Köln-Opladen 1962; Friedrich *Meinecke*, Die deutsche Katastrophe, 4. Aufl., Wiesbaden 1949; Karl *Buchheim*, Die Weimarer Republik, München 1960; Wilhelm *Hoegner*, Die verratene Republik, München 1958; Erich *Eyck*, Geschichte der Weimarer Republik, 2 Bde, Erlenbach-Zürich und Stuttgart 1954—56; Arthur *Rosenberg*, Geschichte der Weimarer Republik, Frankfurt/Main 1955; Helmut *Heiber*, Die Republik von Weimar; dtv-Weltgeschichte des 20. Jahrhunderts, Bd. 3, München 1966.

[58] Dies im Anschluß an die Deutung Arthur *Rosenbergs*, Entstehung und Geschichte der Weimarer Republik, Hrsg. Kurt Kersten, Frankfurt/Main 1955.

2. Zeitgeschichtliche Aspekte

Die Kriegszeit hatte, wie bereits ausgeführt, den neuen Nationalismus entstehen lassen[59], der nach 1918 vergeblich einen ihm entsprechenden Bezugspunkt suchte. Daß die Verbindung zwischen dem sozialen Nationalismus der Kriegszeit und dem sozialen Volksstaat von Weimar nicht zustande kam, ist nicht zuletzt auf den Umstand zurückzuführen, daß Weimar real und assoziativ Versailles verhaftet blieb. In Versailles hatte sich der politische Liberalismus als die Kaschierung einer unausgesprochenen aber nichtsdestoweniger rigoroseren Interessenpolitik entlarvt. Diese Erfahrung hatte den politischen Liberalismus unglaubwürdig gemacht und die Voraussetzung dafür geschaffen, daß die Verfassung der Republik nur als eine formale verstanden und zum „System" degradiert werden konnte.

In der Enttäuschung über den Versailler Vertrag und der Kritik an einer vorwiegend formal erlebten liberalen Demokratie trafen sich die „systemfeindlichen" Gruppen von ganz links bis ganz rechts. Für die konservative Revolution ist der Versailler Vertrag das auslösende zeitgeschichtliche Ereignis[60]; nicht von ungefähr wurde die bedeutendste Gruppe des neuen Konservatismus, der Juni-Klub, nach dem Monat benannt, in dem der Versailler Frieden beschlossen wurde. Inwieweit andere Bedingungen der Weimarer Republik konstituierend auf den revolutionären Konservatismus gewirkt haben, wird zu erörtern sein.

---

[59] Am deutlichsten wird die Kauslawirkung des Kriegserlebnisses bei Ernst *Jünger*, Aufmarsch des Nationalismus, Berlin o. J., passim.
[60] Dies betont ganz besonders: Hans Joachim *Schwierskott*, Arthur *Moeller von den Bruck* ...; a.a.O., S. 155.

III. Der revolutionäre Konservatismus

Bislang liegt keine ideologiekritische Untersuchung des revolutionären Konservatismus vor. Die Faschismusforschung hat es notwendig mit sich gebracht, daß die sozialwissenschaftliche Analyse des Nationalsozialismus die eingehende Beschäftigung mit anderen — für die fortwirkenden Strukturprobleme unserer Gesellschaft unter Umständen aufschlußreicheren — Ideologiekomplexen vorläufig unterblieben ist. Historische Arbeiten über den revolutionären Konservatismus sind vorwiegend an dessen organisatorischer Ausprägung, an der Biographie seiner wichtigsten Theoretiker oder aber an solchen revolutionärkonservativen Erscheinungen orientiert, die Aufschluß geben können über philosophische Probleme des Konservatismus[1].

Daß deskriptive Arbeiten bereits vorliegen, erlaubt uns, den revolutionären Konservatismus systematisch darzustellen und die Wiedergabe auf jene Inhalte zu beschränken, die für eine sozialwissenschaftliche Analyse von Belang sind. So verzichten wir beispielsweise auf eine Behandlung der für den revolutionären Konservatismus charakteristischen Ring-Symbolik und verweisen in diesem Zusammenhang auf die Arbeiten von Mohler und Schwierskott[2].

Als Ergänzung und zugleich als Beleg für summarische Feststellungen, sollen im Anschluß an die systematische Darstellung die unterschiedliche Ausprägung und die theoretische Variationsbreite des revolutionären Konservatismus an drei Fallstudien exemplifiziert werden.

Daß die konservative Revolution zwar eine Bewegung war, aber kaum eine Organisation, wurde bereits ausgeführt. Für die folgende Darstellung der revolutionärkonservativen Ideologie wurden deshalb außer ihren wichtigsten Theoretikern all jene in Betracht gezogen, die

---

[1] Den historisch-biographischen Arbeiten sind insbesondere zuzurechnen: Hans-Joachim *Schwierskott*, Arthur *Moeller van den Bruck* ..., a.a.O.; Fritz *Stern*, Kulturpessimismus als politische Gefahr ...; hierher gehört auch die vorwiegend geistesgeschichtlich orientierte Arbeit von Kurt *Sontheimer*, Antidemokratisches Denken in der Weimarer Republik, a.a.O. Am Problem des Konservatismus sind orientiert: Klemens *von Klemperer*, Konservative Bewegungen zwischen Kaiserreich und Nationalsozialismus, a.a.O.; Armin *Mohler*, Die konservative Revolution in Deutschland, a.a.O., und Martin *Greiffenhagen*, Das Dilemma des Konservativismus, a.a.O.

[2] Armin *Mohler*, Die konservative Revolution in Deutschland, a.a.O., S. 40 ff.; Hans-Joachim *Schwierskott*, Arthur *Moeller van den Bruck* ..., a.a.O., S. 39 ff.

ihre Verbundenheit mit der Ring-Bewegung bzw. mit dem Gedankengut Moeller van den Brucks schriftlich niedergelegt haben.

1. Altkonservativ — Jungkonservativ

Der junge, revolutionäre Konservatismus ist nach seinem Selbstverständnis grundsätzlich vom herkömmlichen, alten Konservatismus unterschieden. Die Jungkonservativen verachten den legitimistischen „Konservatismus der Institutionen", der „auf die Erhaltung der sittlichen und rechtlichen Fundamente des Staates eingestellt" war, sie wollen statt dessen einen von Institutionen und Gesellschaftsschichten unabhängigen „Konservatismus der Persönlichkeiten" durchsetzen[3]. Der traditionelle Konservatismus sei im wilhelminischen Reich dem Eudämonismus verfallen[4] und bedürfe dringend einer inneren Erneuerung.

Der politische Konservatismus konnte sich zu Beginn der Weimarer Zeit theoretisch auf drei verschiedene Weisen mit der veränderten Situation auseinandersetzen: er konnte erstens reaktionär werden und auf die Wiedereinsetzung der Monarchie hinarbeiten; er konnte zweitens legitimistisch werden, wenn er sich auf den Boden der Republik stellte und deren Verfassungswirklichkeit konservativ umzugestalten suchte; die dritte konservative Möglichkeit bestand darin, sich in der außerparlamentarischen Opposition eine neue politische Basis zu suchen und die Umgestaltung des bestehenden Verfassungs- und Gesellschaftssystems vorzubereiten.

Die konservativen Revolutionäre haben nach anfänglichem Schwanken[5] sehr bewußt den dritten Weg gewählt, die „dritte Partei"[6] gebildet, dies allerdings nur insoweit, als sie in die außerparlamentarische und antiparlamentarische Opposition gingen, um eine organisatorische politische Basis haben sie sich kaum bemüht.

Diese Entscheidung für den „dritten" Weg haben die Jungkonservativen bewußt getroffen, ihn nicht als Verlegenheitslösung gewählt, nachdem ein monarchischer und legitimistischer Konservatismus zum politischen Anachronismus geworden war.

---

[3] Heinrich *von Gleichen*, Jungkonservativ, in: Gewissen Nr. 46, 6. Jg. 1924 (Die Seiten des „Gewissen" waren nicht nummeriert).

[4] Leitartikel (vermutlich Arthur *Moeller van den Bruck*), Jungnational — Jungkonservativ, in: Gewissen Nr. 43, 5. Jg. 1923.

[5] Hans-Joachim *Schwierskott* berichtet, daß nach Aussagen früherer Mitglieder des Juniklubs die jungkonservativen Ansätze anfänglich durchaus beweglich gewesen seien. Arthur *Moeller van den Bruck* ..., a.a.O., S. 156.

[6] So der ursprünglich vorgesehene Titel des bekannten Buches von *Moeller van den Bruck*, unter dem es noch im Gewissen Nr. 21, 5. Jg. 1923 angekündigt wurde, später dann erschienen als „Das dritte Reich".

III. Der revolutionäre Konservatismus

Die wichtigsten Repräsentanten des jungen Konservatismus, vor allem Moeller van den Bruck[7], gehörten bereits vor 1914 zu jenen, bei denen sich Kulturkritik mit grundsätzlicher Kritik am wilhelminischen Herrschaftssystem verband. Insofern sind die Jungkonservativen nicht die abgefallenen Nachfolger des vordem legitimistischen Konservatismus, sondern sie sind die konsequenten Verfolger früherer Kulturkritiker, Paul de Lagardes vor allem, aber auch Friedrich Nietzsches und Jakob Burckhardts, der Jugendbewegung schließlich. Sie nannten reaktionär, „wer das Leben, das wir vor 1914 führten, noch immer für schön und groß, ja überaus großartig hält. Konservativ wird sein, sich hier keiner schmeichelnden Selbsttäuschung hinzugeben, vielmehr mit Wahrhaftigkeit einzugestehen, daß es abscheulich war"[8]. Nachdem der Wilhelminismus zusammengebrochen war, galt es, neue konservative Werte zu schaffen, „die Kräfte der Staatserneuerung, der Staatsregierung und der Hingabe an Staat und Nation" zu wecken, aufzurufen und zu sammeln[9].

Die neuen Konservativen empfanden das Kriegserlebnis, die Novemberrevolution und den Versailler Frieden als großen Umbruch, ihr Dasein war beherrscht von dem Erlebnis einer allumfassenden Krise im politischen, kulturellen und religiösen Leben. Die Erschütterung aller bisher gültigen Werte wurde von ihnen interpretiert als große Herausforderung an den Konservatismus. Sie sahen sich gezwungen, eine ebenso *grundsätzliche* Antwort zu finden, wie die Konservativen nach 1789. Deshalb fühlten sie sich mit der deutschen Romantik besonders verbunden, weil sich in ihr die spezifisch deutsche Antwort auf die französische Revolution ausgeprägt habe.

Anders als zur Zeit der deutschen Romantik befand sich der Konservatismus zur Zeit der Weimarer Republik eher in der Angriffs- als in der Verteidigungsposition. Die politischen und gesellschaftlichen Institutionen waren — wenn auch zum Teil nur formal — liberal-demokratisch umgeformt worden. Konservative Anschauungen durchzusetzen hieß jetzt, radikale politische Veränderungen herbeiführen. Es bedeutete nicht die politische Restauration, den das wäre auf die von den Jungkonservativen entschieden abgelehnte Rückkehr zum Wilhelminismus hinausgelaufen.

Da sie nicht unmittelbar an die Tradition anknüpfen konnten, waren die Jundkonservativen gezwungen, konservative Staats- und Gesellschaftslehren neu zu durchdenken und deren Einführung zu planen.

---

[7] Vgl. hierzu seine frühen Schriften, Arthur *Moeller van den Bruck*, Der preußische Stil, 1. Aufl., München 1916; derselbe, Erziehung zur Nation; Flugschriften des Vaterländischen Schriftenverbandes, Nr. 13, Berlin 1911.

[8] Derselbe, Das dritte Reich, 2. Aufl., Berlin 1926, S. 244.

[9] Jungnational—Jungkonservativ, a.a.O.

Die Problematik zwischen dem jetzt offensichtlich erforderlichen „Machen" und dem im Konservatismus politisch üblichen „Bewahren" prägte den revolutionären Konservatismus[10].

2. Das konservativ-revolutionäre Geschichtsbild

Für den klassischen politischen Konservatismus sind die vorgefundenen Gesellschaftsordnungen das Ergebnis historischer Prozesse und damit Ausdruck des in der Geschichte sich verdeutlichenden Ordnungswillens — sei dieser „natürlich", „göttlich" oder beides ineins. Der Lauf der Geschichte ist ihnen aber nicht ein stetiges Fortschreiten, keine Entwicklung, sondern die immer neue Herstellung der ewigen Gesetzmäßigkeiten, nach denen die Welt geordnet ist. Der Konservative glaubt, „die richtige Anschauung von der hintergründigen Wirklichkeit der Welt zu haben, und verlangt nichts, als daß auch die äußeren Dinge sich dieser inneren Ordnung anpassen"[11]. Zwar wird betont, nicht die Form, sondern deren elementare Inhalte sollten jeweils erhalten werden[12], da aber auch die Formen schließlich historisch „gewachsen" sind, ist der politische Konservatismus zumeist ihr Verteidiger, d. h. er ist tendenziell restaurativ und tendenziell legitimistisch. Die Garantie gegen eine „Verfremdung" der normativen Ordnung, gegen Mißbrauch von Herrschaftspositionen, liegt in der religiösen Bindung des traditionellen Konservatismus. Aus der persönlichen Verantwortung gegenüber einem göttlichen Wesen kann ein Widerstandsrecht gegen Mißbrauch abgeleitet werden. Widerstand ist dann aber nicht zu verstehen als Revolution, die den Fortschritt will, sondern als Mittel zur Rückführung in die als normativ erkannte Ordnung. Veränderungen mittels Reformen sind möglich und werden als „Wachstum" gedeutet, initiiert wurden sie vom politischen Konservatismus, wenn es galt, akute Mißstände zu beseitigen, Herrschaftspositionen zu sichern und auszubauen.

Den Jungkonservativen ist einerseits die gebräuchliche konservative Sichtweise, Strukturen und Institutionen als geronnene Geschichte zu begreifen, durch ihre grundsätzliche Feidschaft gegenüber den sozialstrukturellen und institutionellen Prägungen des Liberalismus verbaut, andererseits halten sie formal am Prinzip historischer Ordnungskraft

---

[10] Vgl. zur Problematik des „Machens", dort allerdings als durchgängige Programmatik des Konservatismus verstanden, Martin *Greiffenhagen*, Das Dilemma des Konservativismus, a.a.O., S. 38 f.; vgl. ferner Carl *Brinkmann*, Soziologische Theorie der Revolution, Göttingen 1948, und Bruno *Seidel*, Das Zeitalter der Revolutionen; in: Aspekte sozialer Wirklichkeit, Berlin 1958.

[11] Rüdiger Robert *Beer*, Konservativ? Berlin-Zehlendorf 1931, S. 4 f.

[12] Vgl. Hans-Joachim *von Merkatz*, Die konservative Funktion; Konservative Schriftenreihe, Bd. 1, München 1957, S. 9 ff.; Arthur *Moeller van den Bruck*, Das dritte Reich, 2. Aufl., Berlin 1926, S. 241.

fest. „Reaktion hat die Geschichte gegen sich" schreibt Moeller van den Bruck, fügt dann allerdings hinzu, „aber auch Revolution hat sie gegen sich"[13]. Für ihn und die Jungkonservativen insgesamt gibt es „Irrtümer" und „Umwege" in der Geschichte, die vom Konservatismus aufgedeckt werden müssen, damit die „rechte Entwicklung fortgeführt werde. Der Jungkonservatismus bereichert das konservative Geschichtsbild um den Begriff der „Zwischengeschichte"[14], damit Vorgänge als irrig und im Sinne der normierenden Geschichte irrelevant bezeichnend: Revolutionen sind „Zwischengeschichte", das wilhelminische Reich war es auch. Politische Konsequenz für die Jungkonservativen: die Gesetzmäßigkeiten deutschen Lebens werden inhaltlich aus der vor- oder frühliberalen deutschen Geschichte abgeleitet, oder aber sie werden — entsprechend dem konservativen Wissen um das „Wesen" der Dinge — für die Gegenwart entwickelt. „Konservativ ist, Dinge zu schaffen, die zu erhalten sich lohnt[15].

Der Jungkonservatismus versteht sich nicht als bewahrende, sondern vielmehr als eine schöpferische Kraft[16], die dem deutschen Volke seine Zukunft finden wird[17]. Die Formen und Inhalte dieser Zukunft werden zwar im Selbstverständnis der Jungkonservativen aus der Geschichte abgeleitet, tatsächlich jedoch sind sie an dem von den Jungkonservativen als unhistorisch verfemten Liberalismus orientiert. Die revolutionärkonservativen Inhalte sind dialektische Antithesen zum Liberalismus. Das offizielle Festhalten am konservativen Geschichtsbild verdeckt nur unzureichend den unhistorischen Charakter dieser Ideologie.

3. Der Revolutionsbegriff

Unter „Revolution" können zwei grundlegend verschiedene Dinge verstanden werden. Im ersten Fall beschreibt „Revolution" einen Prozeß mittels vorwiegend formaler Kategorien: als Tatbestandsmerkmale der Revolution treten die Begriffe der Veränderung, Umwälzung, Bewegung, Umwertung, des Kampfes auf. Im zweiten Fall handelt es sich um einen historisch-geprägten, inhaltlichen Begriff: Revolution ist hier begrifflich verbunden mit Emanzipationsbewegungen, das Attribut „so-

---

[13] Arthur *Moeller van den Bruck*, Das dritte Reich, a.a.O., S. 247; „Revolution" wird hier auch von Moeller als emanzipatorische verstanden, an anderer Stelle nimmt er den Begriff der Revolution jedoch für die Jungkonservativen in Anspruch.
[14] Ebd., S. 248; siehe auch Heinrich *von Gleichen*, Zwischenstaat, in: Gewissen Nr. 25, 4. Jg. 1922.
[15] Ebd., S. 291.
[16] Ebd., S. 296.
[17] Ebd., S. 308.

3. Der Revolutionsbegriff

zial" ist Begriffsinhalt. Was „revolutionär" sei, läßt sich dann nicht mehr bestimmen nach der Form und der Tragweite von Aktionen, sondern erfordert eine Analyse der revolutionären Inhalte und Ziele.

Im Sinne eines emanzipatorischen Revolutionsbegriffes sind die konservativen „Revolutionäre" nicht revolutionär. Sie verwenden einen vorwiegend formalen Revolutionsbegriff, ihre „Revolution" schließt die Umwandlung der Sozialordnung explizit aus. Das revolutionäre Ziel, die Gesellschaft zur Gemeinschaft werden zu lassen, scheint zwar Strukturwandel zu implizieren, wird aber als ausschließlich geistige Wandlung verstanden[18], die nach konservativrevolutionärer Auffassung unabhängig von gesellschaftlichen Bedingungen und losgelöst von diesen, durchgeführt werden kann.

Werden ihre Inhalte beurteilt, so erweist sich die „konservative Revolution" als machtpolitisch orientierte Reaktion gegen die Demokratisierung einerseits, als Rechtfertigungslehre eines bestimmten, bereits existenten Gesellschaftssystems andererseits. Dies ist zu belegen in der weiteren Analyse, vorläufig lediglich am Revolutionsbegriff zu exemplifizieren.

Konservative Revolution bedeutet nach Stadtler, die Angst vor der geistigen Krise aufgeben und die Krise durchleben[19]. Die als nationalrevolutionär verstandene völkische Bewegung[20] erhält bei von Gleichen folgende Beschreibung: „... die Gesamtheit unseres Volkes, die unter dem parlamentarischen Regime in einem sinnlosen Leerlauf taumelt, beginnt *in einer willensverhärtenden Richtung zu schwingen*"[21]. Derartige Aktionsbeschreibung definiert zugleich die revolutionäre Grundkategorie, das völkische Erleben. Stadtler berichtet: „Hindenburgs Reise nach Ostpreußen bedeutet für das Land jenseits des polnischen Korridors ein völkisches Erleben. Der deutschnationale Großgrundbesitzer und der sozialistische Landarbeiter, der deutschparteiliche Städter und der konservative Agrarier, die Gräfin und ihr Dienstmädchen ... werden *in eine gemeinsame Bewegung geworfen, von einem gleichen Rhythmus erfaßt, innerlich und äußerlich gleich stark mitgerissen*"[22].

Der revolutionäre Inhalt ist eine Haltung, eine Gesinnung, eine plötzlich erlebte Gemeinsamkeit. Edgar Jung, der wie Stapel die konserva-

---

[18] Arthur *Moeller van den Bruck*, Das dritte Reich, a.a.O., S. 27.
[19] Eduard *Stadtler*, Die Angst vor der Krise, in: Gewissen Nr. 5, A. Jg. 1922.
[20] Heinrich *von Gleichen*, Die völkische Frage, Gewissen Nr. 8, 6. Jg. 1924.
[21] (Hervorhebung von mir) Heinrich *von Gleichen*, Zusammenbruch und Wende, in: Gewissen, Nr. 38, 4. Jg. 1922.
[22] Eduard *Stadtler*, Hindenburg in Ostpreußen, in: Gewissen Nr. 23, 4. Jg. 1922 (Hervorhebung von mir).

tive Revolution als religiöse Wiedergeburt bezeichnet, meint, nicht das Programm, sondern die Kraft konservativer Revolution sei wichtig[23].

Das Ergebnis der inneren Erneuerung soll die Herrschaft einer neuen Geistesverfassung sein, damit aber wäre erst ein Vorziel der „nationalen Revolution" (Moeller van den Bruck) erreicht, denn „das A und O aller Staatspolitik bleiben die außenpolitischen Entscheidungen"[24]. Deshalb tadelt Moeller: „Wir unterhalten uns jetzt im besten Falle darüber, ob eine aktive Außenpolitik noch zu unseren Möglichkeiten gehört. Es gibt gar keine andere Politik, als eine, die aktiv ist. Und wiederum gibt es keine andere Politik als Außenpolitik. *Innenpolitik ist Verwaltung* — und was aus ihr folgt"[25]. Die Abwertung derjenigen politischen Bereiche, die das Zusammenleben der Menschen betreffen, die Funktionalisierung der Innenpolitik zum Mittel der Außenpolitik, entfernt die konservativen „Revolutionäre" aus den Reihen derjenigen, die in der Revolution ein äußerstes politisches Mittel zur Humanisierung des Lebens sehen.

Ein emanzipatorisches Verständnis von Revolution ist nicht denkbar ohne vorwiegend rationale Begründung des Herrschaftsanspruchs. Im Prinzip heißt Revolution Untergang charismatischer und traditionaler Herrschaft, revolutionär ist die Forderung, Herrschaft sei rational zu begründen, Herrschaftsansprüche müßten sich als berechtigt erst erweisen. Diese Forderung wird von den konservativen Revolutionären abgewiesen, indem sie sich auf eine — weder als „göttlich" noch als „natürlich" ausgewiesene — innere Berechtigung berufen: „Der konservative Gedanke beruht nicht auf Gewalt, sondern auf Macht: und auf der Verwechslung von Macht und Gewalt, die auch zu unseren leichthin vertauschten Begriffen gehören, beruht letzten Endes unsere gedankenlose Gewohnheit zwischen Reaktion und Konservatismus keinen Unterschied zu machen. Der Gewalt bedienen sich Reaktionäre, der Gewalt bedienen sich Revolutionäre: die einen gegen die anderen — darin berühren sie sich. Reaktionäre brauchen die Gewalt, und mißbrauchen sie, als das einzige Machtmittel, das ihnen übrig bleibt, wenn ihre sonstige Weisheit zu Ende ist. Und Revolutionäre suchen sich einer Macht zu bemächtigen, die durch sie schon deshalb zur Gewalt wird, weil sie ihren Gebrauch nicht verstehen, und die in Wirklichkeit Machtanmaßung ist. Konservatismus dagegen sucht Macht zu gewinnen, Macht, die ihm nicht irgendwie von außen zufällt, sondern von innen her zukommt, Macht über Menschen, Macht über Völker, Macht über Zustände, Gewohnheiten und Einrichtungen, die von ihm auf dem Grunde einer

---

[23] Edgar J. *Jung*, Die christliche Revolution, in: Deutsche Rundschau, Bd. 236, 1933, S. 142.
[24] Heinrich *von Gleichen*, Staatspolitik, in: Gewissen Nr. 40, 4. Jg. 1922.
[25] Arthur *Moeller van den Bruck*, Das Laster der Innenpolitik, in: Gewissen Nr. 39, 4. Jg. 1922 (Hervorhebung von mir).

zusammenfassenden Idee geschaffen worden ist, welche überpersönliches Recht verleiht und überzeitliche Geltung besitzt[26]."

4. Antiliberalismus

a) Kritik an den liberalen Prämissen und konservativ-revolutionären Gegenprämissen

Die Jungkonservativen betrachteten den Liberalismus nicht als eine bestimmte Herrschafts- und Gesellschaftsform, sondern als eine Weltanschauung. Die liberalen Prinzipien standen zur Debatte, nicht deren historische Ausprägung. Ein solcher, von den Jungkonservativen kritisierter Liberalismus ist — vor allem in Deutschland — nie Realität geworden, und es bestand weder Aussicht noch Gefahr, daß er im Deutschland der Weimarer Republik realisiert werden würde. Schon deshalb nicht, weil der politische Liberalismus in Deutschland die Staatsform erst dann entscheidend zu bestimmen begann, als seine „eigentliche" Zeit bereits vorbei war.

Liberalismus ist diejenige Herrschafts- und Gesellschaftsform, die dem Zeitalter des europäischen Konkurrenzkapitalismus entspricht. Insofern haben die Jungkonservativen Recht, wenn sie ihn ins 19. Jahrhundert verweisen. Unrecht haben sie, wenn sie die Weimarer Republik als Sinnbild solcher, aus dem 19. Jahrhundert stammender, liberaler Prinzipien bezeichnen. In der Verfassungstheorie zumindest hatte die Weimarer Republik durchaus der veränderten sozialen Basis des Liberalismus Rechnung getragen. Entsprechend der Ablösung des Konkurrenzkapitalismus durch den organisierten Kapitalismus hatte sich die liberale Demokratie zu einer teilweise sozialen entwickelt.

Liberales Grundaxiom ist die autonome, zu rationalem Handeln fähige Persönlichkeit. Daraus ergeben sich die politischen Forderungen, die Selbstbestimmung autonomer Persönlichkeiten nicht zwangsweise zu beschränken, sie vielmehr freien Vereinbarungen vorzubehalten. Freies Wahlrecht und Parlamentarismus als „Herrschaft auf Zeit" (Theodor Heuss) kodifizieren die politische Entscheidungsfreiheit. Deren Fundament, die Bedingungen persönlicher Unabhängigkeit, sieht der klassische Liberalismus im Privateigentum.

Vertritt jedes Individuum rational seine wirtschaftlichen und polischen Privatinteressen, so führt ein Ausgleich all dieser Interessen, sei es mittels Marktmechanismen, sei es mittels Diskussion, zum Ausgleich aller Privatinteressen und damit zur gesellschaftlichen Harmonie, in der das größte Glück der größten Zahl beschlossen liegt. Damit der

---

[26] Derselbe, Das dritte Reich, a.a.O., S. 257 f.

harmonische Ausgleich gewährleistet sei, muß die Freiheitssphäre des einzelnen, seine Möglichkeit zu rationalem Handeln, gesichert sein, und in diesem Zusammenhang vor allem sind die liberalen Schutzrechte entwickelt worden.

Hat sich politisch und wirtschaftlich das Prinzip des „laissez faire" durchgesetzt, so ergibt sich nicht nur ein harmonischer Ausgleich, es setzt sich auch die Vernunft in der menschlichen Gesellschaft fortschreitend durch: es gibt einen wirtschaftlichen, gesellschaftlichen, einen schlechthin menschlichen Fortschritt.

Die revolutionären Konservativen maßen den Liberalismus kaum an seinen Erscheinungsformen, nie an seiner ökonomischen Prämisse, dem Privateigentum[27], immer an seiner philosophischen Prämisse, dem Vertrauen in die grundsätzliche Rationalität des Menschen und der daraus sich ergebenden Fortschrittserwartung.

Für die Jungkonservativen sind die Menschen weder gleich, noch autonom, noch rational, und es wird auch nicht gewünscht, daß ihnen eine dieser Eigenschaften zukomme. Im Gegenteil, der etwa doch vorhandenen Rationalität werden prinzipielle Schranken gesetzt, die den Bereich des Vernünftigen begrenzen[28]. Der Liberalismus erkennt zwar an, daß vorläufig eine Vielzahl von Lebensbedingungen rational unauflösbar bleiben, der Jungkonservatismus jedoch *will* deren endgültige Irrationalität. Das Leben, Blut und Boden, das Volk, sie werden mythisiert und sind der Forschung unzugänglich.

Auch im Liberalismus gibt es einen irrationalen Naturbegriff, insoweit nämlich der Interessenausgleich „naturgesetzlich" zur Harmonie führt. Dieser Naturbegriff steht aber nicht am Anfang liberaler Gesellschaftstheorie, sondern bildet deren Konklusion. Beim Jungkonservatismus ist bereits der theoretische Ausgangspunkt, das Volk, das Leben, irrational, deshalb kann auch keine Gesellschaftstheorie entwickelt, sondern nur ein Mythos postuliert werden: die Volksgemeinschaft.

Der Übergang vom liberalen zum konservativrevolutionären Ansatz findet sich im Sozialdarwinismus. Dessen Pseudorationalität hat sich auf dem Boden liberaler Gesellschaftssysteme entwickelt, indem er den verhinderten Interessenausgleich, die offensichtliche gesellschaftliche „Ungleichheit" auf „natürliche", erbmäßige Unterschiede zurückführte.

---

[27] Siehe unten S. 48 ff.

[28] Auf diese Tatsache hat in ähnlichem Zusammenhang Herbert Marcuse hingewiesen. Er interpretiert — zumindest teilweise — die totalitäre Staatsauffassung (worunter er den Jungkonservatismus subsumiert) als diejenige Ideologie, die dem Liberalismus auf einer fortgeschrittenen Stufe seiner wirtschaftlichen Entwicklung entspricht. Herbert *Marcuse*, Der Kampf gegen den Liberalismus in der totalitären Staatsauffassung; in: Kultur und Gesellschaft I, Frankfurt/Main 1965, S. 32.

Diese „natürlichen" Unterschiede waren zwar ideologisch interpretiert, sie wurden aber vorläufig noch — entsprechend prinzipiell liberaler, d. h. rationaler Denkweisen — erklärt. Für die sozialdarwinistisch beeinflußten Naturwissenschaftler war die Erbmasse immerhin noch Forschungsobjekt, die konservativen Revolutionäre jedoch setzten an die Stelle einer erforschbaren Erbmasse das (unerforschliche) Blut. Damit sind menschliche Ungleichheiten weder auf gesellschaftliche Bedingungen, noch auf bestimmte Genzusammensetzungen zurückführbar, sie werden als mythische Urgegebenheiten verstanden und sind tabu für Forschung und für revolutionäres Denken. Dementsprechend wird „magisches Denken" gefordert, damit die „Schändung des Lebensmysteriums durch eine Gehirnkultur" ende[29]. Die Autonomie der Vernunft wird aufgehoben, sie wird gänzlich abgesetzt, an ihre Stelle treten Mythen.

Dies bedeutet zugleich das Ende des liberalen Fortschrittsglaubens. Der revolutionäre Konservatismus gehört zu jenen Denkrichtungen, die sich im Widerspruch zu dem übersteigerten Fortschrittsoptimismus vor allem des ausgehenden 19. Jahrhunderts entwickelt haben. Die Jungkonservativen sahen im 1. Weltkrieg ein Fanal, das anzeigte, auf welch schwankendem Boden solcher Optimismus stand. Sie verzichteten allerdings nicht nur auf liberale Fortschrittshoffnungen, sondern in gleichem Zuge auf das vornehmste Gut des Konservatismus, auf die Geschichte. Die revolutionärkonservativen Grundkategorien des Lebens, des Blutes, des Bodens sind unhistorisch, selbst das „Volk" ist eine weitgehend unhistorische Größe. Es wird zwar als gewachsener Organismus aufgefaßt, aber seine Geschichte ist nur insoweit relevant, als historische Höhepunkte Wiederholung verlangen. Die Historie wird reduziert aufs Exempel für machtpolitische Theorien. Die Revolutionär-Konservativen sind damit des eigentlich konservativen Denkansatzes, dem Geschichte eben nicht eklektisch, sondern kontinuierlich zugrunde lag, endgültig verlustig gegangen.

b) Gesellschaft — Volksgemeinschaft

Klassisch liberaler Gesellschaftstheorie zufolge finden sich die vielen einzelnen zu einem Ganzen zusammen. Dieses Ganze, die Nation, erhält dann im Liberalismus einen gewissen irrationalen Eigenwert, seine Rechtfertigung jedoch ergibt sich aus dem Consensus der Bürger.

Diesem ihrer Ansicht nach „atomistischen" (weil vom Individuum ausgehenden) Gesellschaftsbild setzen die Jungkonservativen das Volk

---

[29] Friedrich *Schulte-Maizier*, Magisches Denken, in: Die Tat, 21. Jg. 1929/30, 1. Halbbd., S. 213.

als eine vorgegebene Einheit mit einem ursprünglichen Wert entgegen, von dem allein sich der Wert des Individuums ableiten kann. Denn, so folgert Othmar Spann: „Wenn der Einzelne ein absolut Selbständiges ist, dann ist die Gesellschaft (geistig) nichts Selbständiges mehr, sondern bloß aus den Einzelnen zusammengesetzt. Wenn mit dem Begriffe des absoluten Individuums Ernst gemacht wird, erleidet der Einzelne in der Gesellschaft keinen Abbruch an seiner geistigen Selbstgenugsamkeit (sic.). Ist dies aber der Fall, dann kann Gesellschaft nur eine Summierung, nichts Eigenes sein, nur eine Anzahl anderer, nur eine Ziffer und nichts mehr[30]." Bei Hielscher erscheint diese Unterteilung in primäre Wertigkeit des Volkes und sekundäre des Volksgliedes sogar als eine der zeitlichen Reihenfolge: „Nur die seelische Besessenheit durch dieselbe schöpferische Kraft gestaltet aus einer Vielheit vertretbarer Menschen ein Volk, in dem einunddieselbe Wirklichkeit durch die Tat bezeugt wird. Das Volk ist Einheit des Bekenntnisses und des Schicksals[31]."

Das Leben der Volksglieder spielt sich uneingeschränkt und bedingungslos im Volksganzen ab. Während der Liberalismus das bürgerliche Leben in einen privaten (möglicherweise irrationalen) und einen öffentlichen (immer rationalen) Bereich unterteilte und vom Staat den Schutz der Privatsphäre forderte, soll es im konservativrevolutionären Volksleben keine ausgegliederten, individuell bestimmbaren Bereiche geben. Die Proklammation eines vollkommen abhängigen Einzellebens entspricht der zunehmenden Politisierung vorher privater Lebensbereiche, die im Zuge wachsender Industrialisierung und beginnender Sozialstaatlichkeit eingetreten und im 1. Weltkrieg bewußt geworden war. Mit ihrer Kritik am Bürger, als einem, der ein Privatleben beansprucht, vollziehen die revolutionären Konservativen diese Entwicklung — wenn auch unbewußt — theoretisch nach. Sie argumentieren jedoch auch hier nicht historisch, sondern dezisionistisch und fordern, ausgehend von einer existentiellen Unteilbarkeit des Lebens, die freiwillige Aufgabe der Privatsphäre als Ausdruck der Hingabe an das Volksganze.

Die im Krieg erlebte „seelische Gemeinsamkeit", das dort erfahrene „Wir"[32] soll völkischer Dauerzustand werden in einem totalen Staat[33].

---

[30] Othmar *Spann*, Der wahre Staat, Leizpig 1921, S. 17 f. Der Wiener Soziologe und sein Kreis haben auch in Deutschland großen Einfluß erlangt, vor allem auf die Formulierung des Universalismus in seiner völkischen Form.

[31] Friedrich *Hielscher*, Das Reich, Berlin 1931, S. 28 f.

[32] Ebd., S. 24.

[33] Der Ausdruck „totalitär" ist m. E. für die Politikwissenschaft weithin unbrauchbar, zumindest solange er polemisch an sog. „freiheitlich-demokratischen Ordnungen" orientiert oder inhaltlich durch die bekannten — von C. J. Friedrich entwickelten — Charakteristika bestimmt wird (Carl Joachim *Friedrich*, Der Verfassungsstaat der Neuzeit, deutsch: Berlin—Göttingen—

4. Antiliberalismus

Dies sei nur möglich, so meint man, wenn auch die damalige Ursache der völkischen Einheit, der Krieg seine geistige Fortsetzung finde. Es müsse der Wehrgedanke, jener Ausdruck eines existentiellen Aufeinanderangewiesenseins das ganze Leben bestimmen. Bei Werner Wirths wird diese Gedankenführung besonders deutlich: „Das Jahr 1914 war ein heiliges Jahr. Denn das Volk der Deutschen wurde in ihm Gemeinschaft[34]." Wirths folgert, wenn das Volk weiterleben wolle, müsse es „den Krieg gegen die Zivilisation des Westens als *Schicksal* weiterführen"[35]. Im Rahmen des revolutionären Konservativismus ist diese Notwendigkeit tatsächlich unabwendbar, denn eine derart enge Schicksalsgemeinschaft, wie die revolutionärer Konservativen sie im Volk angelegt sehen und zur Entfaltung bringen wollen, kann nur entstehen, wenn es „um Sein oder Nichtsein" geht. Der Krieg ist deshalb die höchste Steigerung der Volksgemeinschaft, der „Wehrwille" Ausdruck des „Kulturwillens"[36], der Held das neue Ideal, denn „der Held lebt aus seiner Sippe und lebt wiederum für sie, er ist ihre Erfüllung. Es gibt für ihn kein Leben und keinen Sinn des Lebens außer dem Lebenskreis, dessen Gehalt und Trieb in ihm gerade zur Offenbarung wird und Gestalt gewinnt"[37].

Der Wehrgedanke ist somit notwendig zur Konstituierung von Volk, die Volkseinheit entsteht und bleibt nur existent unter Bedrohung. Damit offenbart sich einer der fundamentalen Widersprüche in der Theorie des revolutionären Konservatismus. Einerseits wird argumentiert, die Volkseinheit sei eine natürlich vorgegebene, die auch durch die atomisierende Wirkung des Liberalismus nicht zerstört werden könne und die unabhängig vom liberal verfaßten Staatswesen fortbestehe, andererseits ist der Kampf die Vorbedingung für die Volkseinheit. Der Mythos von der Volkseinheit ist demnach eine willkürliche Konstruktion. Sie verdeckt die Tatsache, daß die realen Existenzbedingungen einer derartig konfliktlosen Volksgemeinschaft Kampf und Bedrohung sind.

Heidelberg 1953). Soll der Begriff überhaupt benutzt werden, so beschreibt er am ehesten Gesellschaftsformen, die Residuen des Privatlebens verbieten, die nicht (wie autoritäre Regime) sich zufrieden geben mit dem Schweigen der Opposition, sondern volle Anerkennung fordern. Ebensolche Forderung stellten auch die revolutionären Konservativen. Vgl. zum Begriff des Totalitarismus Peter Christian *Ludz*, Parteielite im Wandel, Köln—Opladen 1968 (insbesondere 1. Kap.) und Bruno *Seidel*, Einleitung zu Wege der Totalitarismusforschung, Hrsg. Bruno Seidel und Siegfried Jenkner, Darmstadt 1968.

[34] Werner *Wirths*, Das Erlebnis des Krieges, in: Neue Front, a.a.O., S. 78.
[35] Ebd.
[36] Heinrich *von Gleichen*, Staat, Opposition und Nation, III: Aufgabe und Kampffeld, in: Der Ring, Unabhängige Wochenschrift für Politik, Hrsg. Heinrich von Gleichen, 1. Jg. 1928, S. 913.
[37] Ernst *Krieck*, Volk im Werden, Oldenburg i. O. 1932, S. 8.

Die Gemeinschaftslehre des revolutionären Konservatismus behauptet die Volksgemeinschaft als gegeben und will sie doch revolutionär herstellen. Was als „seiend" ausgesagt wird, soll heißen „eigentlich sein sollend". In diesem Sinne *ist* ihnen Volk ein „Organismus" ein „lebendiger Leib"[38] mit unterschiedlichen, verschiedenwertigen Gliedern. Damit die reale Volksgliederung wieder der organischen entspreche, müssen aber zuvor alle „mechanischen" Gliederungsprinzipien abgeschafft werden, insbesondere das allgemeine Wahlrecht, welches Gruppierungen aufgrund bloßer Zählungen zustande bringt. „Unorganisch" sind darüber hinaus alle Gliederungen, die auf Interessensolidarität beruhen, da sie im besten Falle eine Summierung von Individualinteressen, nie aber das Volksinteresse repräsentieren. Man ist überzeugt, daß alles Elend deutscher Politik von den Parteien komme[39] und will nicht nur sie, sondern alle Gruppierungen beseitigen, denen man auf Grund eigener Option, nicht aber schicksalsmäßig angehört.

Nach Freyer greift die „Revolution von rechts", wie er die konservative Revolution nennt, „an allen Stellen durch die gesellschaftlichen Interessen durch. Sie greift auf den Menschen zurück. Sie emanzipiert ihn: nicht abstrakt-juristisch, sondern konkret-politisch. Sie nimmt ihn in denjenigen Willen auf, in dem er frei ist: in die geschichtliche Front des Volkes"[40]. Der revolutionäre Vorgang besteht somit in der Auflösung und Aufhebung aller bisherigen interessenmäßigen Gruppierungen: die Gesellschaft revolutioniert sich zur Volksgemeinschaft. Diese Zielsetzung wird treffend gekennzeichnet durch Edgar Jung im Nachwort des von ihm herausgegebenen Sammelbandes: „Deutsche über Deutschland": „Konservative Revolution nennen wir die Wiedereinsetzung all jener elementaren Gesetze und Werte, ohne welche der Mensch den Zusammenhang mit der Natur und mit Gott verliert und keine wahre Ordnung aufbauen kann. An Stelle der Gleichheit tritt die innere Wertigkeit, an Stelle der sozialen Gesinnung der gerechte Einbau in die gestufte Gesellschaft, an Stelle der mechanischen Wahl das organische Führerwachstum, an Stelle bürokratischen Zwangs die innere Verantwortung echter Selbstverwaltung, an Stelle des Massenglücks das Recht der Volkspersönlichkeit[41]."

Nur ein Teil der Jungkonservativen hat sich Gedanken darüber gemacht, wie eine organische Volksordnung konkret auszusehen habe. Sie

---

[38] Max Hildebert *Boehm*, Körperschaftliche Bindung, in: Die neue Front, a.a.O., S. 40.

[39] Arthur *Moeller van den Bruck* in seinem Brief an Heinrich *von Gleichen*, Einleitung zu: Das dritte Reich, a.a.O., S. 11.

[40] Hans *Freyer*, Revolution von Rechts, Jena 1931, S. 71.

[41] Edgar *Jung*, Hrsg., Deutsche über Deutsche. Die Stimme des unbekannten Politikers, München 1932, S. 380.

4. Antiliberalismus

gelangen weitgehend zu ständischen Programmen, wobei nicht immer klar wird, ob neu zu bestimmende Geburtsstände eingeführt werden sollen, oder ob die Stände Berufsgruppen bzw. Produktionszweige umfassen sollen. Für alle Ständetheoretiker des revolutionären Konservatismus gilt, daß die Ständegliederung *organisiert* werden soll. Eine gegliederte Gesellschaft soll konstruiert werden, über das Gliederungsprinzip jedoch herrscht keine Einigkeit. Heinrich von Gleichen, in vieler Beziehung der unbekümmertste unter den konservativ-revolutionären Ideologen, beschreibt treffend die konservativ-revolutionären Ordnungsvorstellungen: „Wir Jüngeren unter den konservativen Politikern haben uns niemals auf Einrichtungen festlegen lassen. Wir wußten, daß der konservative Karakter (!), und nicht die konservative Institution entscheidet."[42] und: „Die Form der Nation, den neuen Staat aber bildet das staatsmännische Genie. Ihm obliegt es, dem lebendigen Recht unseres Volkes im Inneren neue Formen und nach außen neue Geltung zu schaffen[43]." Die Konsequenz, dem Führer schließlich die „organische" „Organisation" des Volkes zu überlassen, ist folgerichtig: Eine Volksordnung hierarchischer Gliederung, die Interessengruppierungen ausschließt, ist agrarisch-feudal oder diktatorisch.

c) Liberaler, konservativ-revolutionärer Staat

Die Geschichte des politischen Liberalismus ist gekennzeichnet durch eine Divergenz von Theorie und Praxis. Forderte die Theorie den „Nachtwächterstaat", so forderten, bzw. duldeten die Liberalen weit häufiger einen starken Staat, dessen rigorose Eingriffe die wirtschaftliche Basis schützen und die industrielle Entwicklung gewährleisten sollten[44]. Den revolutionären Konservativen galt die Republik von Weimar als Verkörperung klassisch liberaler Prinzipien, wobei sie nicht nur deren historische Modifikationen, sondern auch die Tatsache außer acht ließen, daß solch klassisch liberaler Staatstheorie zufolge der Staat zwar die inneren Angelegenheiten gesellschaftlichen Kräften zur Regelung überlassen, die Nation jedoch sehr wohl ihrer Macht entsprechend nach außen vertreten sollte. Eben seiner — für den politischen Liberalismus durchaus untypischen — außenpolitischen Schwäche wegen distanzierten sich die revolutionären Konservativen praktisch und theoretisch vom Weimarer Staat. Ihrer Ansicht nach ist zwar das Volk als solches eine politische Entität, die sich nicht in einen gesellschaftlichen und einen politischen Teil aufgliedern läßt, aber: „Die Einsicht, daß das

---

[42] Heinrich *von Gleichen*, Jungkonservativ, a.a.O.
[43] Derselbe, a.a.O., S. 387.
[44] Vgl. hierzu Herbert *Marcuse*, Der Kampf gegen den Liberalismus in der totalitären Staatsauffassung, a.a.O., S. 22.

Volk (oder wie einige mit konkreter Wendung dieses Begriffs sagen: das Volkstum) eine eigenständige Wesenheit und eine eigenständige Wirklichkeit gegenüber der politischen Nation sei, wird von der deutschen Situation so nahegelegt, daß sie heute bei uns als allgemein anerkannt gelten kann[45]." Um diesen Sachverhalt der Trennung des per se politischen Volkes vom Staat zu erläutern, ist Moeller van den Bruck gezwungen auf liberale Begriffe zurückzugreifen, das deutsche Volk sei noch nicht Nation geworden[46], es habe seine (eigentliche) politische Einheit und deren (eigentliche) Form noch nicht gefunden. Daß in Weimar eine solche Form immerhin bestand, erschien irrelevant. Weimar sei gar kein Staat, allenfalls ein „Formalstaat", er verkörpere nichts weniger als den Willen des deutschen Volkes: „Die Regierung ist faktisch nur noch der Exekutor des Willens unserer Feinde[47]."

Der eigentliche Staatswille war nach Meinung der revolutionären Konservativen nur in der völkischen Bewegung verkörpert. Da diese jedoch bislang noch nicht stark genug erschien, den Parlamentarismus abzulösen, galt es abzuwarten und die nationalen Kräfte zu sammeln[48]. Erst nach der Überwindung des Parlamentarismus sei wahre Demokratie möglich, nämlich nicht die Selbstregierung des Volkes, sondern die „Anteilnahme des Volkes an seinem Schicksal"[49]. Eine — notfalls zwangsweise erreichte[50] — gesinnungsmäßige Einheit also heißt den revolutionären Konservativen Demokratie, ihr Wert liegt in der Sicherstellung außenpolitischer Aktionsfreiheit. Am deutlichsten formuliert wiederum Heinrich von Gleichen das „konservative Staatswollen": „nach Außen die Macht, nach Innen die Bindung"[51].

d) *Imperialismus — deutsche Sendung*

Den revolutionären Konservativen galt der Liberalismus als kosmopolitisch und aller nationalen Machtpolitik abhold. Sie sahen von der Entwicklung des liberalen zum imperialistischen Nationalismus ab, orientierten ihre Kritik wie immer an den Prinzipien des klassischen

---

[45] Hans *Freyer*, Der politische Begriff des Volkes. Kieler Vorträge über Volkstum- und Grenzlandfragen und den nordisch-baltischen Raum, Nr. 4, Hrsg. Carl Petersen, Neumünster 1933, S. 15.
[46] *Moeller van den Bruck*, Das dritte Reich, a.a.O., S. 20.
[47] Eduard *Stadtler*, „1922", in: Gewissen Nr. 1, 4. Jg. 1922.
[48] Sie erwarteten keine schnelle Wendung der pol. Verhältnisse, vgl. Heinrich *von Gleichen*, Die Politik der vaterländischen Verbände, in: Gewissen Nr. 3, 6. Jg. 1924.
[49] Arthur *Moeller van den Bruck*, Die Nationalisierung der Demokratie, in: Gewissen Nr. 27, 4. Jg. 1922.
[50] Rüdiger Robert *Beer*, Konservativ? a.a.O., S. 15.
[51] Heinrich *von Gleichen*, Jungkonservativ, a.a.O.

4. Antiliberalismus

Liberalismus und verstanden zudem — wovon noch zu handeln sein wird — den marxistischen Sozialismus als eine Ausprägung des Liberalismus. Dem so verstandenen vorgeblichen liberalen Internationalismus setzten die revolutionären Konservativen die Notwendigkeit nationaler Machtpolitik entgegen[52]. Zu deren Rechtfertigung übernahmen sie bezeichnenderweise jene sozialdarwinistischen Theorien, die dem historisch gewordenen politischen Liberalismus bereits zur Begründung imperialistischer Politik dienten.

Trotz des offensichtlichen Einflusses sozialdarwinistischer Gedankengänge[53] finden sich plump rassistische Argumentationen vergleichsweise selten in revolutionärkonservativen Schriften, da der mechanistische Naturalismus vieler Rassentheorien dem grundsätzlichen Irrationalismus des Jungkonservatismus widersprach. Desto eher fanden sogenannte „geistige" Rassentheorien bei ihnen Eingang, deren bekannteste zur damaligen Zeit Oswald Spenglers Lehre von der „Rassenseele" war[54]. Das Verhältnis der revolutionären Konservativen zu Spengler war zwiespältig[55]. Einerseits folgten sie ihm in seiner Rassentheorie, andererseits widersprach Spenglers Dekadenzperspektive, die zu dem logischen Schluß vom Untergang des Abendlandes führte, all ihren Hoffnungen und Plänen. Um der Spengler'schen Schlußfolgerung sich entziehen zu können, waren sie gezwungen, teils auf Nietzsche zurückzugehen[56], teils den Kulturkreisläufen Spenglers sozialdarwinistische

---

[52] Vgl. Eduard *Stadtler*, Was ist heute nationale Politik? in: Gewissen Nr. 7, 5. Jg. 1923.

[53] Vgl. Arthur *Moeller van den Bruck*, Das dritte Reich, a.a.O., S. 67..

[54] Oswald *Spengler*, Der Untergang des Abendlandes, 1. Bd. Wien und Leipzig 1918, 2. Bd. München 1922. „Rasse ist etwas Kosmisches und Seelenhaftes. Irgendwie ist sie periodisch und in ihrem Innern von den großen astronomischen Verhältnissen mitbedingt." (2. Bd., S. 134) „Ich komme also zu dem Schluß, daß Rasse ebenso wie Zeit und Schicksal etwas ist, etwas für alle Lebensfragen ganz Entscheidendes, wovon jeder Mensch klar und deutlich weiß, solange er nicht den Versuch macht, es durch verstandesmäßige und also entseelende Gliederung und Ordnung begreifen zu wollen. Rasse, Zeit und Schicksal gehören zusammen." (2. Bd., S. 155)

[55] In seinem Nachwort zu der Moeller-Biographie von Hans-Joachim Schwierskott schreibt A. Ringleb, Spengler sei Moellers Widersacher gewesen und deutet an, der Freitod Arthur Moeller van den Brucks habe auch im Zusammenhang gestanden mit der Erkenntnis, daß Spenglers Thesen logisch nicht zu widerlegen waren. A. Ringleb, Epistola post scripta, in: Hans-Joachim *Schwierskott*, Arthur Moeller van den Bruck..., a.a.O., S. 164. Wenngleich diese Interpretation Ringlebs sich nach den Schriften Moellers nicht belegen läßt, ist sicher, daß Moeller seine Lehren in bewußtem Widerspruch zu Spengler entwickelt hat.

[56] Arthur Moeller van den Bruck war in seiner Jugend ein Nietzsche-Anhänger. Obwohl er sich später von ihm distanzierte, greift er gerade in der theoretischen Gegnerschaft zu Spengler auf Kategorien zurück, die sich aus Nietzsches Schriften entwickeln ließen. Über das Verhältnis Arthur Moeller van den Brucks zu Nietzsche, vgl. Hans-Joachim *Schwierskott*, Arthur Moeller van den Bruck..., a.a.O., S. 21 ff.

Gesetze entgegenzuhalten. Sie kamen damit in die Situation, einerseits „naturwissenschaftliche" Rassentheorien abzulehnen, andererseits aber biologistischer Argumente zu bedürfen, um die Folgerungen der „geistigen" Rassentheorien widerlegen zu können. Moellers „Recht der jungen Völker"[57] steht in dieser Auseinandersetzung und noch 1928 hält Edgar J. Jung Oswald Spengler entgegen, ein wachsendes Volk habe Hoffnung auf Zukunft[58].

Moellers Theorie vom Recht der jungen Völker gilt jedoch nicht nur der Widerlegung Spenglers, sondern auch der Abwehr einer Realität, die allzu sehr den Spengler'schen Untergangserwartungen zu entsprechen schien. Er hat seine Schrift deshalb Wilson als Petition zugesandt, dem Recht der Siegerstaaten das „natürliche" Recht der „jungen" Völker entgegenstellend.

Die jungen Völker sind Moeller zufolge an den untrüglichen Zeichen von „Wachstum, Wille zur Nachkommenschaft, Mut zur verzehnfachten Kindschaft"[59] zu erkennen. Weniger biologisch bestimmt er die Eigenschaften der alten, ausgereiften Völker: „Die alten Völker sind die Völker auf gehobender Stufung, ausgeglichener Gliederung, eingeebneter Begabung, deren Gesellschaft vor lauter Subjektivität bei der Entpersönlichung endet[60]." In dieser Charakterisierung ist unschwer das konservativrevolutionäre Gegenbild der „Zivilisation" zu erkennen. Alt wäre demzufolge ein Volk, das sich auf einer hohen Entwicklungsstufe der Zivilisation befindet. Das Recht der jungen Völker ist erwachsen aus der jungkonservativen Hoffnung, mit dem ersten Weltkrieg die Chance zur Revision der zivilisatorischen Entwicklung erhalten zu haben[61]. Mit dieser Abwehrideologie setzte Arthur Moeller van den Bruck dem seiner Ansicht nach vorläufigen Sieg jener Staaten, die die Zivilisation verkörpern, das höhere Recht der unverbrauchten Lebensformen gegenüber. Zugleich ist das Recht der jungen Völker eine Abwehrideologie in dem Sinne, als dem Imperialismus der Siegerstaaten die zukünftige Vorherrschaft der antiwestlichen, antikapitalistischen und antizivilisatorischen Völker entgegengestellt wird, dem Imperialismus der „haves" jener der „have nots"[62].

---

[57] Arthur *Moeller van den Bruck*, Das Recht der jungen Völker, München 1919.

[58] Edgar Julius *Jung*, Die Herrschaft der Minderwertigen, ihr Zerfall und ihre Ablösung durch ein neues Reich, 2. Aufl., Berlin 1930 (erstmalig 1928), S. 515 und 532.

[59] Arthur *Moeller van den Bruck*, Das Recht der jungen Völker, a.a.O., S. 24.

[60] Ebd., S. 25.

[61] Ebd., S. 63.

[62] Dies die Terminologie Franz Neumanns. Franz *Neumann*, Behemoth, The Structure and Practise of National Socialism, London 1942, S. 167 ff.

4. Antiliberalismus

Das Recht der jungen Völker erscheint somit zunächst als eine jener Abwehrideologien, welche die Solidarität der Unterdrückten ihren Unterdrückern entgegenstellt. Dieser zweifellos vorhandene Ansatz wird jedoch von Moeller van den Bruck dadurch zunichte gemacht, daß er auf die Solidarität der Unterdrückten zugunsten einer antizipierten deutschen Vormachtstellung von vornherein verzichtet. Bereits bei der Bestimmung der „alten" Völker zeigt sich, daß diese Theorie ausschließlich auf Deutschland zentriert ist, denn nicht die Stufe der Zivilisation, sondern die Kriegsgegnerschaft zu Deutschland definiert schließlich die „alten" Völker. Italien war ein „junges" Volk, bis es die Fronten wechselte[63]. Wichtiger ist jedoch die mangelnde Solidarität mit anderen unterdrückten Völkern, die damals durchaus als Verbündete einer antikolonialistischen und -imperialistischen Bewegung in Betracht gekommen wären. Moeller schließt derartige Bündnisse aus, wenn er den Polen keine Selbstbestimmung zugestehen will, weil sie „von Preußen erst gewaschen, zu Menschen gemacht und in Ordnung gewöhnt worden" seien[64] und an anderer Stelle schreibt: „Das Tier im Menschen kriecht heran. Afrika dunkelt in Europa herauf. Wir haben die Wächter zu sein an der Schwelle der Werte[65]."

Die Theorie vom Recht der jungen Völker durchläuft die konservativ-revolutionären Schriften. Sie bildet ein Teilstück des machtpolitischen Nationalismus und eine besondere Variante des deutschen Sendungsglaubens.

Kein konservativer Revolutionär, der nicht überzeugt gewesen wäre von der deutschen Sendung für die Menschheit. Die Einsicht in das Vorhandensein einer solchen Sendung setzt, wie Friedrich Hielscher unwiderlegbar ausführt, Einigkeit über folgende Punkte voraus: „Zum Ersten, daß die Menschen ein Volk bilden, die von derselben seelischen Kraft besessen sind; zum Zweiten, daß solche seelischen Kräfte — und nur sie — die Geschichte gestalten; zum Dritten, daß auch diejenigen Menschen, die nur ihrem Nutzen zu leben beabsichtigen, in Wirklichkeit einer seelischen Kraft untertan sind und daher eine geschichtliche Einheit bilden; zum Vierten, daß diese Einheit heute die Erdherrschaft besitzt und jedes Volk, das frei sein, das heißt seine Eigenart verwirklichen will, zuvor diese Erdherrschaft stürzen muß; zum Fünften, daß dieser Sturz vom deutschen Volke abhängt[66]."

Inhalt der deutschen Sendung ist immer die Durchführung der konservativen Revolution, die Ablösung der „liberalistischen", „westleri-

---

[63] Arthur *Moeller van den Bruck*, Das Recht der jungen Völker, a.a.O., S. 29.
[64] Derselbe, Das Ende der Irredenta, in: Sozialismus und Außenpolitik, hrsg. Hans Schwarz, Breslau 1933, S. 27.
[65] Derselbe, Das dritte Reich, a.a.O., S. 350.
[66] Friedrich *Hielscher*, Das Reich, a.a.O., S. 26.

schen" Zivilisation durch neue Lebensformen. Da letzteres die Ausschaltung der bisher politisch vorherrschenden Länder zur Voraussetzung hat, läuft die deutsche Sendung auf die deutsche Vorherrschaft hinaus.

Die revolutionären Konservativen verstanden die deutsche Vorherrschaft zumeist explizit als „geistige" und implizit als politische. Die Verquickung expliziter Programmatik mit impliziten Intentionen ist am deutlichsten in der höchsten Steigerung deutschen Sendungsbewußtseins, im Reichsgedanken. In den allermeisten Fällen[67] war Reich als geistige Größe zu verstehen, aber auch diejenigen konservativen Revolutionäre, die das Reich als Gottesreich deuteten, bezogen sich dabei auf die historische Ausprägung des christlichen Reiches deutscher Nation.

e) Kapitalismus und konservativrevolutionärer „Antikapitalismus"

„Für unseren Kreis sind Parlamentarismus und Kapitalismus einander verschwistert. Der Parlamentarismus ist französischen, der Kapitalismus angelsächsischen Ursprungs. In die Gestalt geschossen sind aber beide erst durch den Zuschuß Calvinistisch-nationalistischen Geistes, den sie im 17. und 18. Jahrhundert erhielten. Westeuropäischen Geblüts, wurden sie den Völkern des Westens nicht zur Lebensgefahr, wennschon sie ihnen auch nicht förderlich waren. Uns Mitteleuropäern sind sie wider die Natur und wie Mehltau auf unser ganzes Dasein gefallen. Sie greifen uns ins Wesen unseres Volkstums. Sie werden uns vernichten[68]." Martin Spahns antikapitalistische Argumentation ist charakteristisch für den revolutionären Konservatismus, insofern sie wirtschaftliche Fragen ausklammert und den Kapitalismus als ein geistiges Phänomen auffaßt, das seiner Fremdheit wegen abzulehnen sei.

Konservativ-revolutionärer Antikapitalismus begründet sich vorwiegend kulturkritisch. Der Kapitalismus habe zur Industrialisierung geführt, zur Entstehung der „Großstadtkloaken"[69], zur modernen Industriegesellschaft. Alle diese Entwicklungen stünden in Widerspruch zu deutschem Wesen, meinten die Jungkonservativen. Es habe keinerlei historische Notwendigkeit für sie bestanden. „Der Bauern und Handwerkerstaat, der wir zu Großvaters und Urgroßvaters Zeiten noch waren, hätten wir bleiben können bei Zuerteilung, bei Zuerkämpfung von Neuland[70]." Durch den Krieg sei zum letzten Mal die Chance ge-

---

[67] Vgl. auch Christoph *Steding*, Das Reich und die Krankheit der europäischen Kultur, Hamburg 1938.
[68] Martin *Spahn*, Fassaden für Gebäude, in: Gewissen Nr. 19, 5. Jg. 1923.
[69] Heinrich *von Gleichen*, Die völkische Frage, a.a.O.
[70] Hans *Grimm*, Bayer 105. Ein Aufruf an alle Deutschen, in: Gewissen Nr. 44, 4. Jg. 1922.

4. Antiliberalismus

wachsen, die Entwicklung zu revidieren[71]. Die Lebensfrage bestehe jetzt darin, ob der Volkskörper noch die Kraft zu verjüngter Leibwerdung, zu Wachstum und Behauptung aufbringe[72], damit „Zersetzung" und „mechanischer Massengeist" aufgehoben werden[73]. Deshalb sei die Aufgabe der Jungkonservativen die Revision der historischen Entwicklung.

Die Kritik an der Industriegesellschaft konkretisierte sich im revolutionären Konservatismus in einer generellen Ablehnung des Westens und einer Hinwendung zum Osten. Die Sympathie für „den Osten" ist zwar vor allem Moeller van den Bruck zuzuschreiben, zugleich aber als durchgängiger Zug im revolutionären Konservatismus festzustellen; sie ließ sich durchaus vereinbaren mit dem militanten Antibolschewismus, den Eduard Stadtler in die Ring-Bewegung einbrachte.

Die konservativ-revolutionäre Bindung an den „Osten" ist emotional. Für die konservativen Revolutionäre war Rußland vor allem das Land Dostojewskijs, die Oktoberrevolution wurde vorwiegend als Aufbegehren der russischen „Volksseele" interpretiert. Die angeblich rein jüdische Führung des Bolschewismus werde von der russischen Volksseele bald abgeschüttelt werden, dachten sie. Rußland zählten sie — obwohl bolschewistisch — zu den „jungen" Völkern. Um dies zu begründen, benutzte Moeller van den Bruck die im revolutionären Konservatismus übliche Methode der Mythisierung: „Die Welt der jungen Völker liegt im Osten. Sie alle sind irgendwie dem Westen abgewandt. Der Osten ist ihr heiliges, ihr werdendes und doch so wirkliches Land. Der Westen selbst hat überall seinen Osten. Ein jedes Land ist in seinem Westen alt, in seinem Osten jung. An jeder Grenze, dort, wo sie innerlich, und sehr oft auch, wo sie äußerlich gezogen ist, endet ein Westen und beginnt ein neuer Osten. *Westen ist überall, wo Kultur, Industrie, Verkehrsdichtung, Menschenanhäufung, Großstadtbildung vorherrscht. Osten ist überall, wo es Bauern gibt.* Beides mischt sich in den einzelnen Ländern, greift ineinander, springt über. In England und in Oberitalien, in Nordfrankreich, in Belgien und am Rhein ist Westen zusammengeballt. Bis Polen, bis zum Don ist Westen hinübergesprengt. Aber je mehr wir uns vom Westen entfernen, desto mehr nimmt Östlichkeit zu, nimmt Natur zu und natürliche Schichtung des Lebens[74]."

Spricht Moeller van den Bruck von „Osten", so ist keineswegs immer auszumachen, ob dieser Begriff geographisch oder geistig zu verstehen

---

[71] Arthur *Moeller van den Bruck*, Das Recht der jungen Völker, a.a.O., S. 63.
[72] Max Hildebert *Boehm*, Ruf der Jungen. Eine Stimme aus dem Kreise um Moeller van den Bruck, Freiburg i. Br. 1933 (erstmalig 1919). S. 59.
[72] Ebd.
[74] Arthur *Moeller van den Bruck*, Das Recht der jungen Völker, a.a.O., S. 101 (Hervorhebung von mir).

ist, entsprechend wird nie klar, inwieweit die angestrebte Agrarisierung (Veröstlichung) im wörtlich-ökonomischen oder im geistig-übertragenen Sinne gemeint ist. Es scheint allerdings, daß das eindeutig wörtliche Verständnis der Reagrarisierung, wie es etwa bei Hans Grimm vorliegt, die Ausnahme ist im revolutionären Konservatismus. Sicherlich, die Siedlungsbewegung soll gefördert werden — möglichst auf Neuland — aber bei keinem der revolutionären Konservativen ist zu lesen von einer Industriedemontage im Inland, die ja Voraussetzung gewesen wäre für Reagrarisierung. Man will, so scheint es, die Industriegesellschaft zu einer geistigen Landgemeinschaft revolutionieren.

Von der realen Situation der Bauern, von agrarischen Produktionsmethoden im 20. Jahrhundert, bestanden bei den revolutionären Konservativen kaum klare Vorstellungen. Als sie gegen Ende der zwanziger Jahre versuchten, Kontakte zur Landbundbewegung zu gewinnen, stellte sich heraus, daß sich sowohl die Voraussetzungen als auch die Ziele beider Richtungen erheblich voneinander unterschieden. Hieran, unter anderem, zeigt sich, daß das konservativ-revolutionäre Gegenbild zur industriellen Gesellschaft ein bloßes Wunschbild war. Die immer erforderliche und zur Zeit der Weimarer Republik sicherlich besonders gerechtfertigte Gesellschaftskritik, verlangt, will sie fruchtbar werden, durchdachte Alternativen. Die Alternative des „Ostens" entbehrte der Reflexion über die realen Voraussetzungen ihrer Verwirklichung. Sie war somit kein Programm, sondern eine Chiffre für das verbreitete Unbehagen an der Industriekultur.

Die wichtigsten gesellschaftlichen Inhalte des revolutionären Konservatismus finden sich allerdings nicht im Gegenbild des „Ostens", sondern in seiner Theorie vom „deutschen Sozialismus". Dieser wurde ausdrücklich als Alternative zum liberalen Kapitalismus und zum Marxismus formuliert. Der marxistischen Herausforderung sollte durch den revolutionären Konservatismus eine spezifisch deutsche, zugleich jedoch allgemeingültige Antwort erteilt werden.

Im Selbstverständnis der revolutionären Konservativen war der „deutsche Sozialismus" ein geistiges Produkt der Kriegszeit. Er hatte seine ersten Formulierungen bereits in den „Ideen von 1914" gefunden und gipfelte wie diese in der Idee einer die Nation umfassenden Organisation. Moeller berief sich denn auch zu Recht auf Johann Plenge, Karl Renner und vor allem auf Wichard von Moellendorffs gemeinwirtschaftliche Pläne[75]. Nach Kriegsende wurden diese Gedankengänge von Oswald Spengler aufgegriffen, der durch eine Verbindung von Preu-

---

[75] Ebd. S. 64, vgl. dazu insbesondere Wichard *von Moellendorff*, Deutsche Gemeinwirtschaft, Berlin 1916; aufschlußreich ist auch: Wichard *von Moellendorff*, Konservativer Sozialismus, Hrsg. Hermann Curth, Hamburg 1932.

III. Der revolutionäre Konservatismus

ßentum und Sozialismus spezifisch deutsche Traditionen in eine Zeit hinüberzuretten suchte, in der auf die Integration der Arbeiterschaft in den Staat nicht mehr verzichtet werden konnte[76]. Daß die Jungkonservativen sich seiner Programmatik anschlossen[77], zeigt, daß auch sie obrigkeitlich geprägt waren. Ihre Verpflichtungsgefühle galten zwar keinem gegenwärtigen Staatsoberhaupt, wohl aber dem Geist von Fridericus Rex, dessen aufklärerische Komponente allerdings gänzlich verdrängt wurde.

Der „deutsche Sozialismus" ist im Unterschied zu anderen Bestandteilen des revolutionären Konservatismus nicht nur eine Antithese zu dem, was die Jungkonservativen unter Liberalismus verstanden, sondern auch eine originäre Auseinandersetzung mit gesellschaftlichen Strukturproblemen zur Zeit der Weimarer Republik. Er wurde allerdings ausdrücklich formuliert als Alternative zu liberalen und marxistischen Prinzipien, wobei der marxistische Sozialismus als Konsequenz aus dem Liberalismus gewertet und diesem subsumiert wurde. Der individualistische Ansatz des Liberalismus habe notwendig zum Klassenindividualismus geführt, und damit zur Geltendmachung von Klasseninteressen an der Stelle von Volksinteressen.

Am liberalen Wirtschaftssystem kritisierten sie, daß es auf Eigennutz aufgebaut sei. Individuell führe solcher Wirtschaftsegoismus zum Wucher, kollektiv zum „Egoismus einer Klasse". Zur Beseitigung des Wuchers und der Ausbeutungsfreiheit wünschte sich Heinz Brauweiler „einen Faszismus, der den Augiasstall auszumisten die Kraft besäße"[78], einen starken Staat also. Um den Klassenegoismus zu überwinden, der im übrigen ausschließlich der Arbeiterklasse zugeschrieben wurde, wollten sie die Arbeiter anerkennen und sie davon überzeugen, daß ihre Probleme untrennbar mit denen der ganzen Nation verwoben seien[79].

Unterstützung für ihren Kampf gegen einen individualistischen Wirtschaftsliberalismus meinten die revolutionären Konservativen zunächst aus dem Rätegedanken der äußersten Linken ziehen zu können. Nach der Revolution von 1918 und dann noch einmal 1923[80] schien sich eine antikapitalistische Front zwischen Rechts und Links abzuzeichnen, doch

---

[76] Oswald *Spengler*, Preußentum und Sozialismus, München 1922.

[77] Vgl. Arthur *Moeller van den Bruck*, Preußentum und Sozialismus, Einleitung zu: Sozialismus und Außenpolitik, hrsg. Hans Schwarz, Breslau 1933 S. 13 ff.

[78] Heinz *Brauweiler*, Stärkung der inneren Front, in: Gewissen Nr. 7, 5. Jg. 1923.

[79] Siehe unten S. 53.

[80] Gegen Ende der Weimarer Republik wurde eine gemeinsame Front zwischen Links und Rechts vom Tatkreis erwartet, doch fehlte damals selbst die Gesprächsbereitschaft auf seiten der Linken.

die vor allem von Karl Radek (in der „Roten Fahne") und Moeller van den Bruck (im „Gewissen") geführte Diskussion, offenbarte sehr schnell, daß die fundamentalen Unterschiede der beiden Richtungen ihre Gemeinsamkeiten bei weitem übertrafen. Der Sozialismus von Links war zwar zur Zeit der Weimarer Republik teilweise national geworden (im Nationalbolschewismus sogar nationalistisch), geblieben aber war ein ökonomisch begründeter Antikapitalismus. Der Sozialismus von Rechts dagegen war vorwiegend nationalistisch und keineswegs antikapitalistisch im ökonomischen Sinne.

Der programmatische Antikapitalismus der Jungkonservativen war nicht auf den Kapitalismus als Wirtschaftssystem bezogen. Für sie war Kapitalismus ein geistiges Phänomen; sie intendierten deshalb auch nicht die Abschaffung des Kapitalismus, sondern dessen nationale Bändigung[81]. Moeller van den Bruck sah einen solcherart revolutionierten Kapitalismus bereits heraufsteigen: „*Eine kapitalistische Geistesverfassung* bereitet sich vor, in der die Unterschiede von „Kapital" hier und „Arbeit" dort nicht mehr zureichend sein werden. Ein Kapitalismus bildet sich, der an die Stelle des freien Händlerkapitalismus den *gemeinwirtschaftlichen gebundenen Unternehmerkapitalismus* setzt, in dem „Kapital" und „Arbeit" nicht mehr Geld, sondern Macht, Verfügungskraft, Bewegungsfreiheit bedeutet. Von einem solchen Kapitalismus hat der Sozialismus die schwersten Rückschläge zu befürchten. Ein solcher Kapitalismus setzt an die Stelle der Ausbeutung vieler die Arbeit aller und nimmt dem Kommunismus die Voraussetzungen. Eine Ausbeutung der ganzen Erde bereitet sich vor, an der alle souveränen Völker in dem Grade Anteil nehmen werden, in dem ihre geistige und auf Arbeit gerichtete Entwicklung sie dazu befähigt[82]."

Die neue Wirtschaftsform ist ein „gemeinwirtschaftlich gebundener Unternehmerkapitalismus". Was unter diesem Schlüsselbegriff sich vorzustellen sei, fand keine Erläuterung. Die häufigen Hinweise auf das Vorbild der Kriegswirtschaft lassen einerseits vermuten, daß an eine Wirtschaft mit Privateigentum und staatlicher Kontrolle gedacht wurde, andererseits ist es möglich, daß in der Kriegswirtschaft nur das Vorbild einer wirtschaftsfriedlichen Gemeinschaft mit nationaler Ausrichtung gesehen wurde.

---

[81] Über ähnliche, teilweise früher liegende Versuche der Bändigung des liberalen Kapitalismus vgl. Bruno *Seidel*, Industrialismus und Kapitalismus. Sozialethische und institutionelle Wandlungen einer Wirtschaftsform; Schriften zur wirtschaftswissenschaftlichen Forschung, Bd. 3, Meisenheim/Glan 1955, insbesondere Kap. 3.

[82] Arthur *Moeller van den Bruck*, Der Wanderer ins Nichts (Dieser Artikel kommentierte Radeks Schlageter-Artikel), in: Gewissen Nr. 26, 5. Jg. 1923 (Hervorhebung von mir).

4. Antiliberalismus

Der nationalen Ausrichtung der Volkswirtschaft, ihrer Bestimmung als einer „dem Staate dienenden Wirtschaft"[83] stehen die korporativ-organischen Wirtschaftsvorstellungen nicht entgegen. Das erklärte Endziel der Ständetheoretiker unter den revolutionären Konservativen war, durch „ein neues beruflich verankertes Standesbewußtsein" „das Gefühl der Zusammengehörigkeit des Volksganzen, der nationalen und sozialen Solidarität" bei jedem Volksgenossen zu wecken[84]. Der ständische Sozialismus wollte die „ungeordnete", freie Wirtschaft durch eine „geordnete" Wirtschaft überwinden. Die wirtschaftlichen Kräfte des Kapitals und der Arbeit sollten in eine neue Beziehung zueinander gesetzt werden. „Der Träger dieser Ordnungskräfte muß und kann nach unserer Überzeugung nur der starke deutsche Staat sein, die staatliche Ordnungsgewalt, nicht aber die Wirtschaft selbst, weder das Kapital, noch auch die Organisation der Arbeiterklasse. Und hier ist der Punkt, wo wir zu der Klassenlehre des Sozialismus und Kommunismus in den schärfsten Gegensatz treten[85]." Die vom „ständischen Sozialismus" geforderte „geordnete" Wirtschaft ist im engeren Kreis der revolutionären Konservativen nie genau definiert worden, auch der Ständebegriff ist nicht eindeutig, einmal werden Berufsgruppen, ein anderes Mal Produktionszweige als Stände bezeichnet[86]. Kapital und Arbeit sollten sich in den Ständen selbst verwalten, die Weisungsbefugnis aber dem Staat zufallen. Eine Selbst- oder Mitregierung durch die Wirtschaftsstände wurden ausdrücklich abgelehnt[87]. Die Wirtschaft ist eindeutig dem Primat des Staates und staatlichen Zielen untergeordnet[88].

Zur Erreichung ihrer nationalen Ziele erstrebten die revolutionären Konservativen Wirtschaftsautarkie[89] und sozialen Frieden. Zumindest für einen Teil von ihnen[90] war jedoch der Wirtschaftsfrieden nicht nur Mittel zum Zwecke der wirtschaftlichen Stärke nach außen, sondern soziales Ziel an sich. Dabei bedeutete Wirtschaftsfrieden im Verständnis dieser revolutionären Konservativen die Lösung ökonomischer Probleme, nicht nur deren Postponierung zugunsten der wirtschaftlich

---

[83] Heinz *Brauweiler*, Nationale Wirtschaft, in: Gewissen Nr. 30, 6. Jg. 1924.

[84] Max Hildebert *Boehm*, Kleines politisches Wörterbuch, Leipzig 1919, S. 74.

[85] Heinz *Brauweiler*, Staat und Wirtschaft (Antwort auf einen Radek-Artikel in der Roten Fahne), in: Gewissen Nr. 37, 5. Jg. 1923.

[86] Vgl. Reinhold *Quaat*, Wirtschaftsföderalismus, in: Die Neue Front, a.a.O., S. 231.

[87] Heinz *Brauweiler*, Zur Frage des berufsständischen Parlaments, in: Beilage zum Gewissen Nr. 5, 6. Jg. 1924.

[88] Derselbe, Staat und Wirtschaftsordnung, a.a.O.

[89] Vgl. hierzu Wolfgang *Hock*, Deutscher Antikapitalismus, Frankfurt/Main 1960, S. 54.

[90] Das gilt vor allem für den Kreis um Heinz Brauweiler und Walther Schotte.

Stärkeren. Die Integration der Arbeiter in die Volksgemeinschaft, die sie während des ersten Weltkrieges erlebt zu haben glaubten, war für sie deshalb das Ziel des deutschen Sozialismus.

Die revolutionären Konservativen hatten erkannt, daß die sozialen Ungerechtigkeiten der liberalen Gesellschaft ihren Ursprung in der liberalen Wirtschaftsform haben. In der Lokalisierung der Konfliktquelle stimmen sie also mit den Sozialisten aller Schattierungen überein. Da sie jedoch Wirtschaftssysteme nicht nach ökonomischen, sondern ausschließlich nach geistigen Kriterien bestimmten, sind ihre Lösungsvorschläge nie ökonomischer und damit nie sozialistischer Natur. Der „deutsche Sozialismus" beschränkte sich auf die Proklamation einer geistigen Revolution. Dadurch reduzierte sich der Inhalt des sozialreformerischen Impetus der revolutionären Konservativen. Nicht die ökonomischen, sondern die psychischen Bedingungen sollten geändert werden, um die Integration der Arbeiter in die Volksgemeinschaft zu bewirken.

Weit davon entfernt, die Abschaffung des Kapitalismus zu fordern, gehörten die Vertreter des „deutschen Sozialismus" trotz ihres offiziellen „Antikapitalismus" vielmehr zu den Verteidigern des Unternehmerkapitalismus. Die freie Wirtschaft, die vom Schöpferwillen der einzelnen lebe, sei „irgendwie Naturzustand", schreibt Walther Schotte[91]. Ganz im Stile des Wirtschaftsliberalismus wurden die Unternehmer als die schöpferischen Naturen gedeutet[92] und als ein Phänomen der Initiative, der Energie, der wirtschaftlichen Phantasie verstanden[93]. Heinrich von Gleichen befürchtete, daß die „Befriedung der Wirtschaft" durch den Staat oder die Einrichtung einer planmäßigen Wirtschaftsdemokratie den Impuls der Produktion lähmen und schließlich töten würde: „Der ursprüngliche Wirtschaftsimpuls, der dem Lebensimpuls gleichgestellt werden muß mit den Forderungen: kämpfe um dein Leben, kämpfe um deinen Besitz, kämpfe um dein Erbe! würde abgelöst werden durch eine unpersönliche und sterile Planwirtschaft[94]."

Wie ohne Beeinträchtigung des wirtschaftlichen Kampfinstinktes der Unternehmerkapitalismus gemeinwirtschaftlich gefunden werde, war ein Hauptinhalt des „deutschen Sozialismus" und für die revolutionären Konservativen ein ausschließlich sittliches Problem. Für dessen Lösung bestanden nach ihrer Ansicht gute Aussichten, denn die konservative

---

[91] Walther *Schotte*, Staatssozialismus oder freie Wirtschaft?, in: Der Ring, H. 24, 1. Jg. 1928, S. 434.

[92] Wilhelm *Stapel*, Die wirtschaftliche Autonomie, in: Deutsches Volkstum, 24. Jg. 1924, S. 108.

[93] Arthur *Moeller van den Bruck*, Die Entstehung des Proletariats, in: Gewissen Nr. 34, 5. Jg. 1923.

[94] Heinrich *von Gleichen*, Staat, Opposition und Nation, III, Aufgabe und Kampffeld, in: Der Ring, H. 48, 1. Jg. 1928, S. 914.

4. Antiliberalismus

Bewegung „hatte das Vertrauen zu den bodenständigen Faktoren der Kapitalbildung (i. e. den deutschen Unternehmern, H. G.) behalten, das Vertrauen, daß diese Faktoren *Macht* sammeln, *nicht um den Staat zu beherrschen, sondern um ihn nicht in den Besitz innerlich staatsloser Menschen übergehen zu lassen und ihn einer besseren Zukunft des deutschen Volkes zu retten*"[95]. Teils wurde, wie hier durch Walther Schotte, auf die gesinnungsmäßige Integrität der Unternehmer vertraut, teils wurden diese ermuntert, „den Arbeiter als Volksgenossen und Bruder im Volke" zu werten[96]. Die Unternehmer sollten nicht befürchten, daß eine Besitzbeteiligung ihre unternehmerische Freiheit beeinträchtigen würde, meinte Heinz Brauweiler, und forderte auf zum „freudigen" Geben: „Ihr müßt die Seele des Arbeiters, eures Arbeiters gewinnen"[97], am besten, indem „Arbeitsfamilien" in den einzelnen Betrieben gebildet werden. Die Gemeinschaft dieser „Familien" soll sich dabei nicht durch eine größere Mitbestimmung der Arbeitnehmer herstellen, sondern durch die Gemeinsamkeit der Verantwortung, in der Unternehmer und Arbeitnehmer Volk und Staat gegenüber leben[98].

Der scheinbar egalitäre Ansatz des revolutionären Konservatismus ergibt sich, indem der Begriff des Arbeiters von der Klassenbasis gelöst und jegliche Tätigkeit als Arbeit bezeichnet wird[99].

Für die revolutionären Konservativen ist die Frage der Ausbeutung keine Frage der Produktionsverhältnisse, sondern des Charakters. Proletariat ist für sie nicht die Arbeiterklasse, sondern eine Gruppe von Menschen, die sich aufgrund ihrer gleichen Gesinnung zusammengefunden haben[100]: „Proletarier ist, wer Proletarier sein will[101]."

Zu den Schlüsseldokumenten des revolutionären Konservatismus gehört Moeller van den Brucks Aufsatz über „Die Entstehung des Pro-

---

[95] Walther *Schotte*, Die kapitalistische Republik, in: Gewissen Nr. 38, 4. Jg. 1922 (Hervorhebung im Original).

[96] Heinz Dietrich *Wendland*, Nationaler Sozialismus?, in: Gewissen Nr. 51, 5. Jg. 1923.

[97] Heinz *Brauweiler*, Stärkung der inneren Front, a.a.O.

[98] Derselbe, Rückkehr zu deutschem Recht, in: Die Neue Front, a.a.O., S. 249.

[99] Es läge nahe, hier Ernst Jüngers Begriff von der „Gestalt des Arbeiters" einzuführen, denn Jünger hat revolutionärkonservative Ansätze in seinem kriegerischen Arbeitertypus konsequent zuende gedacht. Er unterscheidet sich jedoch in anderen Punkten, in seiner Anerkennung der Technik, dem Verzicht auf das konservative Lippenbekenntnis, so sehr von den revolutionären Konservativen, daß die Einbeziehung seiner Abhandlung nicht gerechtfertigt erscheint. Ernst *Jünger*, Der Arbeiter, Hamburg 1932.

[100] Paul *Ernst*, Die allgemeine Proletarisierung, in: Gewissen Nr. 36, 6. Jg. 1924.

[101] Arthur *Moeller van den Bruck*, Proletarisch, in Gewissen Nr. 9, 4. Jg. 1922.

letariats". Moeller warf dem Marxismus vor, dieser habe niemals die Vorfrage gestellt, wie denn das Proletariat entstanden sei. Die Industrialisierung sei ausschließlich Folge der Überbevölkerung, das habe der Marxismus nie berücksichtigt, deshalb könne er auch keinen „Blick für die unternehmenden Menschen mitbringen, die den bevölkerungspolitischen Sinn der Massen verstanden hatten, welche sie plötzlich als ein geballtes Phänomen vor sich fanden. Der Marxismus sah nicht, daß die Fabrikanten ihre Fabriken in dem Augenblicke einer höchsten bevölkerungspolitischen Gefahr gründeten, da das Proletariat nun wirklich als „Proletariat" aus dem Volksganzen ausscheiden sollte und seine Rettung in der Auswanderung suchen oder untergehen mußte. Er sah nicht, daß die Unternehmer den Massen in den Betrieben zwischen Himmel und Erde eine neue und letzte, dem Boden noch einmal abgerungene Unterkunft geschaffen hatten"[102]. Daß es ein Proletariat, eine arme und in völliger Abhängigkeit lebende Schicht, gibt, war für Moeller van den Bruck eine natürliche Tatsache. Proletariat, das sind die „überschüssigen Menschen"[102a], die früher das Lumpenproletariat bildeten und heute das Arbeiterproletariat stellen. Im Stadium des Lumpenproletariats habe der „überschüssige" Mensch versucht, sich als Individuum durchzuschlagen, heute habe er sich zur Klasse formiert. Moeller wertete dies als eine Undankbarkeit den Unternehmern gegenüber, die dem Proletariat „zwischen Himmel und Erde" eine Unterkunft geschaffen hatten.

Es ist ein Verdienst sozialistischer wie konservativer Kritiker des Industrialismus, dessen beeinträchtigende Wirkungen auf die humane Selbstentfaltung verdeutlicht zu haben. Mit ihrem Hinweis auf die Entfremdung des Menschen in der industriellen Produktion und Zivilisation entsprachen die revolutionären Konservativen sozialistischer wie konservativer Tradition. Während jedoch die Theorie des marxistischen Sozialismus in strukturellen Änderungen des ökonomischen Systems die notwendige Voraussetzung zur Aufhebung der Entfremdung sieht, hielten die revolutionären Konservativen ihrerseits das Verbundenheitsgefühl des einzelnen mit dem Volksganzen für hinreichend, um die Entfremdung aufzuheben[103]. Es ist dies eine Solidarität, die ohne gesellschaftliche Veränderungen, losgelöst von den gesellschaftlichen Strukturen zustande kommen soll. So sehr die Theorie des klassischen Marxismus für seine damalige Praxis einer Ergänzung durch die Analyse psychischer Phänomene bedurft hätte[103a], so wenig konnte die Theorie

---

[102] Derselbe, Die Entstehung des Proletariats, in: Gewissen Nr. 34, 5. Jg. 1923.

[102a] Ebd.

[103] Heinz *Marr*, „Seellose" Arbeit, in: Deutsches Volkstum, 24. Jg. 1924, S. 57 ff.

[103a] Es ist das Verdienst Wilhelm Reichs auf diese Problematik des Marxis-

4. Antiliberalismus

des revolutionären Konservatismus mit ihrer Mißachtung aller ökonomischen Strukturbedingungen zur Lösung des von Sozialisten und konservativen Revolutionären gleichermaßen erkannten gesellschaftlichen Problems beitragen.

Daß die revolutionären Konservativen jeglichen Materialismus verachteten und somit glaubten, die ökonomisch bedingten Strukturen der zu revolutionierenden Gesellschaft außer acht lassen zu können, hat dazu geführt, daß der gesellschaftliche Kern des Jungkonservatismus nicht als revolutionär zu bezeichnen ist, sondern als „konservativ" in einem von den Jungkonservativen immer bekämpften Sinne. Was die Wirtschaftsordnung anbelangt, so wird sie in ihrer Grundstruktur, der auf Eigentum beruhenden Verfügungsgewalt, von den revolutionären Konservativen anerkannt, wie sie ist. Ihr am Frühliberalismus orientiertes Ideal von der Unternehmerpersönlichkeit ist kein Gegenbild, sondern eine Vorform des organisierten Kapitalismus mit seinem Übergang zur Managerleitung. Wer die Wirtschaftsform des Unternehmerkapitalismus anerkennt, kann — sofern er ökonomische Bedingungen überhaupt in Rechnung stellt — dessen immanente Entwicklungstendenzen nicht ablehnen.

Die im traditionellen Sinne konservative Einstellung der revolutionären Konservativen zur Wirtschaftsform nimmt deren Revolutionsprogramm zwar die strukturelle, nicht aber jegliche gesellschaftliche Basis. Die revolutionären Konservativen haben die gesellschaftliche Relevanz von Emotionen erkannt. Im ersten Weltkrieg haben sie eine soziale Einheit der Nation erlebt, die sich ihnen als existentielle Gemeinschaft darstellte, welche Klassenunterschiede und Interessengegensätze auszulöschen imstande. war.

Gelegentlich erwähnten Jungkonservative jene Erscheinungen[104], die wie die annäherungsweise Entwicklung der Gewerkschaften zu Hilfsorganen des Staates[105] und die „Arbeitsgemeinschaft" zwischen Arbeitgebern und Arbeitnehmern den nationalen Wirtschaftsfrieden institutionell festigten. Sie sahen jedoch nicht in der Weiterführung dieser institutionellen, sondern in der Wiedererzeugung jener emotionalen Basis die Voraussetzung der konservativen Revolution. Die konservative Revolution als eine Umformung der industriellen Gesellschaft zur Gemeinschaft soll durch die Bewußtseinsänderung der Volksglieder, deren „natürliche" Bindung an das Volksganze, zustande kommen. Jegliche Ar-

---

mus frühzeitig hingewiesen zu haben. Daß seine eigenen Lösungsvorschläge ungenügend bleiben mußten, ist demgegenüber nebensächlich. Vgl. Wilhelm *Reich*, Massenpsychologie des Faschismus, a.a.O.

[104] Vgl. Max Hildeberg *Boehm*, Ruf der Jungen, a.a.O., S. 24.
[105] Vgl. hierzu Otto *Kirchheimer*, Weimar- und was dann? Analyse einer Verfassung, in: Politik und Verfassung, Frankfurt/Main 1964, S. 9 ff.

beit ist dann ausschließlich auf das Volksganze zu beziehen, die Wirtschaft hat dem nationalen Staat zu dienen, individuelle Befriedigung oder gar individuelle Persönlichkeitsbefreiung sind demgegenüber gänzlich irrelevant, weil in der höheren Freiheit des Volkes aufgehoben.

Die emotionale Gleichheit der Volksverbundenheit ist der einzige Inhalt des anscheinend egalitären Ansatzes revolutionär-konservativer Gesellschaftstheorie. Deshalb kann auch allen „sozialen Fragen", die sich mit materiellen Ungleichheiten befassen, kein Gewicht im Rahmen dieser Theorie zufallen. Dies läßt sich sehr deutlich ablesen an der Einstellung der revolutionären Konservativen gegenüber wohlfahrtsstaatlichen Tendenzen, die in der Weimarer Verfassung angelegt waren. Die Jungkonservativen vertraten in allen sozialen Fragen einen eindeutig frühliberalen Standpunkt. Soziale Not war für sie ein individuelles, kein strukturelles Problem, erforderte deshalb individuelle Fürsorge, nicht planvolle Vorsorge. Anders als die traditionellen Konservativen des 19. Jahrhunderts, die durchaus Vorbeugungsmaßnahmen zur Verhütung sozialer Not als notwendig erachteten, begründeten die revolutionären Konservativen ihre Fürsorgepflicht nicht mehr religiös, sondern allein aus ihren elitären Persönlichkeitswerten. Eine gesamtgesellschaftliche soziale Verantwortung lehnten sie ab.

Es entspreche der pazifistischen Mode der Zeit, den wirtschaftenden Menschen gegen das Risiko des Hungers und der Not zu versichern, schrieb Heinrich von Gleichen[106]. Die Übertragung der individuellen Verantwortung auf den Staat komme einer Kastrierung der Persönlichkeit gleich[107]. Auf die Dauer könne keiner Kultur und damit auch keiner Wirtschaft die Kampfmoral entzogen werden, es sei denn, man gäbe das wesentlichste der menschlichen Erprobung und sittlichen Spannung preis[108].

Obwohl die revolutionären Konservativen die existentielle Aufgabe des Privatlebens zugunsten der Volksgemeinschaft forderten, hielten sie andererseits am Ideal der ökonomisch selbstverantwortlichen und selbständigen Existenz fest. So konnte Hans Prinzhorn zu dem Schluß kommen, daß der staatlich Versorgte zu einem hoffnungslosen Zwitter mit infantilen und senilen Zügen verkümmere[109].

Berücksichtigt die Beurteilung des „deutschen Sozialismus" dessen Einstellung zu sozialen Fragen, so wird recht eigentlich deutlich, daß

---

[106] Heinrich *von Gleichen*, Sozialpolitik, in: Der Ring, 4. Jg., 2. Halbbd. 1931, S. 174.
[107] Ebd.
[108] Ebd., S. 175.
[109] Hans *Prinzhorn*, Zur Psychologie der Sozialversicherten, in: Der Ring, 4. Jg., 1. Halbbd. 1931, S. 157.

es diesem „Sozialismus" nicht um das persönliche Wohl der Volksglieder geht. Sozialismus ist „Statik durch Organisation als Selbstschutz eines Volkes"[110] schrieb Moeller van den Bruck. Was allein zählt, ist die Kraft der Nation. Sie sollte gewährleistet werden durch Wirtschaftsfrieden. Dieser kommt zur Entstehung ausschließlich durch die Verantwortung aller einzelnen gegenüber der Nation, durch ein Gemeinschaftsgefühl also, welches Einheit voraussetzt. Da jedoch der Wirtschaftsfrieden seinerseits Voraussetzung der nationalen Einheit ist und als solche auch anerkannt wird, bedingen sich die Grundlagen der konservativen Revolution gegenseitig. Ihr Zustandekommen ist demzufolge nicht möglich ohne das Hinzutreten eines äußeren Integrationsfaktors. Dieser kann entweder in einer realen Bedrohung gegeben sein, wie sie im ersten Weltkrieg erlebt wurde, oder aber in einer ideologisch erzeugten Bedrohung. Das spezifische Integrationsmittel des revolutionären Konservatismus, ohne welches die Theorie vom „deutschen Sozialismus" nicht denkbar ist, wird im folgenden zu behandeln sein.

Exkurs

Während sich der „deutsche Sozialismus" im Juni-Klub und weitgehend in der gesamten Ringbewegung als politischer Mythos darstellte, hat er sich in zwei anderen Gruppen, die teilweise dem revolutionären Konservatismus zugerechnet werden können, sich aber nicht als „konservativ" verstanden, zum politischen Programm konkretisiert. Es sind dies der Tatkreis[111] auf der einen, die Strasser-Gruppe[112] auf der anderen Seite. Für beide stand fest, daß die Mittelschichten unter den Bedingungen des Kapitalismus zwischen Großkapital und Proletariat zerrieben würden. Ihr Lösungsvorschlag: Subventionierung der Mittelklassen durch einen starken Staat, Ende der freien Wirtschaft (aber keine Enteignung), wirtschaftliche Autarkie zur Erlangung nationaler Unabhängigkeit.

Die Brüder Strasser und Zehrer waren überzeugt, daß sich die Synthese zwischen Rechts und Links anbahne, daß Nationalismus und So-

---

[110] Arthur *Moeller van den Bruck*, Sozialistische Außenpolitik, in: Sozialismus und Außenpolitik, a.a.O., S. 83. Bemerkenswerterweise fällt hier der Ausdruck „Organisation" als Vorbedingung einer durchgehend als „organisch" bezeichneten Wirtschaftsform; aufschlußreich ist ferner die Betonung der Statik: ein Gesellschaftsprogramm, welches alle sozialen Hoffnungen ausschließt.

[111] Vgl. die Analyse von Kurt *Sontheimer*, Der Tatkreis; in: Vierteljahrsschrift für Zeitgeschichte, 7. Jg. Stuttgart 1959, S. 229 ff.

[112] Vgl. Richard *Kühnl*, Die nationalsozialistische Linke 1925—1930, Meisenheim am Glan 1966.

zialismus im nationalen Sozialismus zur höheren Einheit gelangten[113]. Beide Gruppen sahen im italienischen Faschismus, vor allem in dessen Wirtschaftspolitik, ihr Vorbild.

Der nationale Sozialismus, wie er im Tat-Kreis und in der Strasser-Gruppe vertreten wurde, ist realistischer als der „deutsche Sozialismus", hier wie dort ist er politisches Mittel, doch überwiegt im „deutschen" Sozialismus der revolutionären Konservativen die nationale Komponente stärker.

In einem allerdings standen die jungen Leute, die seit Oktober 1929 zu Hans Zehrers Redaktionskreis von der Tat gehörten, der jungkonservativen Gruppe weit näher als den linken Nationalsozialisten um die Brüder Strasser. Sie wollten zwar das Los der Mittelklassen ändern, sahen in ihnen jedoch zunächst vor allem „die Spaltpilze"[114], mit deren Hilfe das liberale System zu sprengen sei. Ihre Überzeugung, die Elite der Nation zu sein, ließ sie der Versuchung erliegen, die unzufriedenen Gesellschaftsschichten als Mittel für ihre eigenen politischen Ziele zu betrachten — diese Ziele aber waren mehr national als sozial. Die Brüder Strasser und ihre Anhänger waren weit mehr bewußte Vertreter wirtschaftlich benachteiligter Schichten. Die Lösung der sozialen Frage war für sie nicht nur ein Mittel zum Zweck. Deshalb war ein Nationalismus ohne Sozialismus für sie auch nicht akzeptabel, solange sie noch unabhängig von Hitler dachten, bzw. zu denken wagten.

f) Revolutionärkonservative Rassenlehre und Antisemitismus

Die psychologische Funktion des revolutionärkonservativen Antisemitismus, insbesondere seine Rolle als soziales Vorurteil, sollen erst im Anschluß an die Darstellung des radikal-völkischen Antisemitismus behandelt werden, da dann sowohl Unterschiede als auch Zusammenhänge deutlicher herausgestellt werden können. Vorläufig ist lediglich die oben bereits angedeutete ideologische Funktion dieser Komplexe zu erörtern.

Die meisten revolutionären Konservativen haben den „naturwissenschaftlichen" Rassenantisemitismus abgelehnt. Er widersprach zu sehr ihrer Wissenschaftsfeindlichkeit und dem von ihnen betonten Irrationalismus. „Naturwissenschaftlicher" und „geistiger" Rassenbegriff unterschieden sich zwar in ihrer psychologischen und ihrer ideologischen Funktion, doch waren derlei Unterschiede zur Zeit der Weimarer Re-

---

[113] Vgl. Hans *Zehrer*, Rechts oder Links?, in: Die Tat, Jg. 1931, 2. Halbbd., S. 550; Gregor *Strasser*, Die Staatsidee des Nationalsozialismus, in: Kampf um Deutschland, München 1932, S. 381.

[114] Ferdinand *Fried*, Die Spaltpilze, in: Die Tat, Jg. 1929/30, 2. Halbbd., S. 520 ff.

4. Antiliberalismus

publik kaum wahrnehmbar. Zudem haben sich beide Rassenbegriffe gegenseitig ergänzt und beeinflußt und sie tendierten beide zur Annahme von Wertunterschieden zwischen den Rassen.

Für Moeller van den Bruck war Rasse ein Mythos[115], wie ja auch das Blut, der Boden, das Leben Mythen sind. Rasse war ihm nichts Beständiges, sie muß dauernd neu werden, durch räumliche und/oder geistige Sonderung[116]: „Aus dieser Sonderung kann Sendung erwachsen, die uns zwingt, uns als Rasse zusammenzufassen und in dem Bewußtsein, Rasse zu sein, uns als Nation in Europa durchzusetzen"[117]. Im Widerspruch zu konservativen Denkgewohnheiten wurde hier Sendung also nicht aus der Geschichte, sondern — entsprechend völkischer Denkschemata — aus der Rasse abgeleitet. Weshalb gerade der deutschen Rasse eine besondere Sendung zufalle, erfuhr lediglich eine subjektivistisch-dezisionistische Erklärung: „Der Mittelpunkt der Welt ist immer dort, wo Menschen das Bewußtsein fassen, dieser Mittelpunkt zu sein"[118]. Die revolutionären Konservativen hatten solches Bewußtsein durchaus gefaßt, für sie war nicht nur die Höchstwertigkeit der weißen Rasse gänzlich unbestritten, sondern auch, daß die Deutschen ein (zumeist: *das*) Kernvolk der weißen Rasse bildeten[119].

Der in der Ring-Bewegung vorherrschende geistige Rassenbegriff entsprach den ideologischen Bedürfnissen des revolutionären Konservatismus. Dieser Rassenbegriff erlaubte — anders als etwa der „naturwissenschaftliche" Hans F. K. Günthers[120] — von allen biologischen Differenzierungen innerhalb der „deutschen Rasse" abzusehen. Der geistige Rassenbegriff *muß* nichts und niemanden aus dem Volke ausgliedern, *kann* aber jedes und jeden als „undeutsch" diffamieren. Was als „undeutsch" zu gelten hatte, wurde von den revolutionären Konservativen als „jüdisch", „welsch" oder „westlerisch" bezeichnet. Moeller van den Bruck vor allem benutzte das „Welsche" als Gegenbild zum „Deutschen". Er war sich während eines längeren Frankreichaufenthaltes seiner Deutschheit bewußt geworden und seither von einem chauvinistischen Haß gegen alles Französische beseelt[121]. Die übrigen revolutionären Konservativen bedienten sich zwar auch des „westlerischen" Gegenbildes, mehr jedoch des gängigeren „jüdischen". Insoweit das „jüdische" Gegenbild gewählt wurde, ist eine Konzession des revolutionären

---

[115] Arthur *Moeller van den Bruck*, Rasse, in: Gewissen Nr. 14, 6. Jg. 1924.
[116] Arthur *Moeller van den Bruck*, Rasse, in: Gewissen Nr. 14, 6. Jg. 1924.
[117] Ebd.
[118] Ebd.
[119] Vgl. Heinrich *von Gleichen*, Die völkische Frage, a.a.O.
[120] Siehe unten S. 118 ff.
[121] Vgl. Hans Joachim *Schwierskott*, Arthur Moeller van den Bruck ...", a.a.O., S. 36 und passim.

Konservatismus an den sogenannten „Zeitgeist" festzustellen. In seinen ideologischen Gesamtrahmen hätte sich auch ein anderes Gegenbild gefügt. Als mehr oder minder zufällig ist die Benennung der Feindgruppe, nicht deren ideologische Proklamierung zu werten.

Für den revolutionären Konservatismus liegt die prinzipielle und notwendige Funktion eines Gegenbildes, bzw. einer Feindgruppe in deren Integrationswirkung und in der Möglichkeit, „falsche" historische Entwicklungen dieser Feindgruppe zuschreiben zu können.

Wird angenommen, jedes Volk sei einzigartig und offenbare das ihm besondere Wesen in seiner Geschichte, so kann, nach Ansicht der Jungkonservativen, an diesem in der Geschichte geoffenbarten Wesen als einer Norm gemessen werden, inwieweit Gedanken, Handlungen, Entwicklungen für ein Volk richtig oder falsch sind. Da jedoch die historische Entwicklung Deutschlands zum Liberalismus geführt hatte, konnte sie nur dadurch als belanglose, bzw. „undeutsche" „Zwischengeschichte" abgetan werden, daß ihre Verursachung undeutschen Kräften zugeschrieben wurde. Die revolutionären Konservativen haben sie teils dem Westen, teils den Juden zugeschrieben, wobei die beiden Fremdprinzipien entweder wahlweise oder gemeinsam oder als Synonyme (westlich = jüdisch) angeführt wurden. Es ging hier nicht darum, bestimmte, genau abgrenzbare Personengruppen verantwortlich zu machen, verantwortlich waren vielmehr fremde, deutschfeindliche Prinzipien, wobei man allerdings vermutete, daß diese vorzugsweise von bestimmten Personengruppen vertreten würden.

Der revolutionärkonservative Antisemitismus behauptete eine „geistige" Verschiedenheit der Juden von den Deutschen. Auch dort, wo von einem rassischen Unterschied die Rede war, sollte dieser nicht biologisch verstanden werden. Der Jude als „Ungeist" ist ein Symbol, das gelegentlich zum übermächtigen Feind erhöht wurde. Nur der metaphorische Gebrauch der Bezeichnung „Jude" erlaubte überdies seine Anwendung auf Personen, von denen alle Welt wußte, daß sie keine Juden waren (Stresemann etwa). Desgleichen gestattete nur sie die Abqualifizierung der Weimarer Republik als jüdisch[122]. Während das Judenstereotyp der Radikal-Völkischen zum „Untermenschen"-Stereotyp tendierte, findet sich beim revolutionären Konservatismus eher ein überhöhtes, als übergefährlich, wenngleich minderwertig erlebtes Judenbild.

Die Vorstellung vom überaus mächtigen, überaus fähigen, überaus geheimnisvollen und nie genau zu ermittelnden Judenfeind ermög-

---

[122] Über den tatsächlichen Einfluß von Juden auf die Politik der Weimarer Republik vgl. Werner E. *Mosse*, Der Niedergang der Weimarer Republik und die Juden, in: Entscheidungsjahr 1932, a.a.O., S. 11 ff.

4. Antiliberalismus

lichte dem revolutionären Konservatismus die Forderung, ständig gegen den „Feind in uns" zu kämpfen[123]. Während nach der radikal-völkischen Ideologie ein für allemal feststand, wer Jude war und wer nicht, stand für die konservativen Revolutionäre jeder unter Judenverdacht. Er stempelte sich zum Juden, indem er fremdes, deutschfeindliches Gedankengut äußerte, d. h. aber, indem er für gut hielt, was die revolutionären Konservativen verurteilten: Individualismus, Kapitalismus, Freiheit und Gleichheit, Internationalismus, Literatentum, Demokratie, Pazifismus usw.

Obwohl die Wahl des „jüdischen" Gegenbildes vorwiegend als Übernahme eines weitverbreiteten sozialen Vorurteils zu werten ist, ist diese Wahl nicht gänzlich zufällig erfolgt, denn tatsächlich war das historische Judentum eng verbunden mit allen Emanzipationsbestrebungen, mit dem politischen Liberalismus im weitesten Sinne. Dessen erste Manifestation, die Revolution von 1789, ermöglichte zugleich den zeitweiligen und individuellen Ersatz „des Juden" durch „das Welsche", „Westlerische". Als Gegenprinzip zur revolutionärkonservativen Form des Antikapitalismus mußte jedoch vorwiegend das Judentum dienen, denn real und assoziativ war dieses vor allem mit der Entwicklung des Kapitalismus verknüpft.

Aus einem weiteren Grund eigneten sich die Juden besonders gut zu Trägern eines deutschfeindlichen Prinzips. Durch ihre in Deutschland weit fortgeschrittene Assimilation waren sie vielfach nicht als Juden kenntlich. Diese Tatsache erleichterte es, „den Juden" zum Symbol, zum Prinzip aufzubauen, denn die Falsifizierung des Judenbildes an einer deutlich erkennbaren jüdischen Bevölkerungsgruppe war so gut wie unmöglich. Insofern hätte eine stärkere ostjüdische Einwanderung das revolutionärkonservative, nicht nach körperlichen, sondern nach geistigen Kriterien bestimmte Judenbild ins Wanken bringen und zur Wahl einer anderen Feindgruppe führen können. Der radikal-völkische Antisemitismus dagegen ist durch die Einwanderung der Ostjuden gestärkt worden.

Der revolutionärkonservative Antisemitismus hatte die ideologische Funktion, die Errungenschaften des politischen Liberalismus als „jüdisch", „feindlich" und „bedrohlich" erleben zu lassen. Er sollte politische Aktion in Richtung auf Integration motivieren und dazu führen, daß alle „liberalen" Bestandteile aus der deutschen Gesellschaft „ausgemerzt" werden und sich alle Deutschen zu einer kämpferischen Gemeinschaft zusammenschließen. Eine Abwehrhaltung sollte geschaffen werden gegenüber dem Juden in uns und um uns.

---

[123] Vgl. Arthur *Moeller van den Bruck*, Die Nationalisierung der Demokratie, in: Gewissen Nr. 27, 4. Jg. 1922.

III. Der revolutionäre Konservatismus

Da eine derart konfliktlose Gemeinschaft, wie die revolutionären Konservativen sie für die Zukunft Deutschlands schaffen wollten, ohne die integrative Wirkung einer Bedrohung kaum zustande kommt[124], steht die Proklamation einer Feindgruppe in ideologischem Zusammenhang mit dem revolutionären Konservatismus. Daß dies zum Antisemitismus geführt hat, ist ein historisches Akzidenz des revolutionären Konservatismus.

---

[124] Die Verf. beruft sich mit dieser Feststellung weniger auf die Ergebnisse der Gruppendynamik als auf die historisch belegbare Feststellung, daß die „Harmonie" einer Gesellschaft jeweils deren Herrschaftsstruktur verdeckte. Vgl. hierzu die theoretische Formulierung der Volkstheorie durch Max Hildebert *Boehm,* unten S. 78 ff.

IV. Fallstudien

In der Literatur ist immer wieder betont worden, daß es *den* revolutionären Konservatismus nie gegeben habe[1], da sich im Juni-Klub und in der Ring-Bewegung Einzelpersönlichkeiten mit höchst unterschiedlichen, teilweise widersprüchlichen Ansichten zusammengefunden hätten. Dieser Auffassung ist zuzustimmen, doch beeinträchtigen die aufzeigbaren Widersprüche nicht die Feststellung, daß die Summe revolutionärkonservativer Aussagen eine vergleichsweise geschlossene Ideologie mit eindeutigen gesellschaftlichen Inhalten ergibt. Um dies zu belegen, sind die folgenden Fallstudien erstellt worden. Dabei ließen sich einerseits Wiederholungen nicht vermeiden, andererseits tauchen in den Fallstudien aber auch Begriffe und Gedankengänge des revolutionären Konservatismus auf, die in der systematischen Darstellung keine Erwähnung gefunden haben.

Bewußt ist darauf verzichtet worden, eine Studie über Moeller van den Brucks Gesamtwerk anzufertigen, da Hans-Joachim Schwierskott und Fritz Stern bereits biographische Arbeiten über Moeller van den Bruck vorgelegt haben. Außerdem wurde bei der Auswahl für die Einzelstudien versucht, möglichst unterschiedliche Vertreter des revolutionären Konservatismus zu berücksichtigen.

Für die Fallstudien ist von dem durchgängigen Prinzip dieser Arbeit, den revolutionären Konservatismus zunächst unabhängig von der historischen Folge des Nationalsozialismus zu betrachten, abgesehen worden, da die abschließende Beurteilung des revolutionären Konservatismus die Entwicklung einer Mehrzahl seiner Protagonisten zu Nationalsozialisten nicht unberücksichtigt lassen darf. An drei Beispielen soll gezeigt werden, welche Haltung zum Nationalsozialismus die ideologische Ausgangsposition des revolutionären Konservatismus zuließ.

1. Max Hildebert Boehm

Max Hildebert Boehm ist am 16. März 1891 in Birkenruh, Livland, geboren und auch im Baltikum aufgewachsen. In den Jahren 1909 bis 1914 studierte er in Straßburg, Jena, Bonn, München, Berlin und wurde

---

[1] Vgl. Hans-Joachim *Schwierskott*, Moeller van den Bruck ..., a.a.O., S. 75; Max Hildebert *Boehm*, Ruf der Jungen, a.a.O., S. 9; Klemens *von Klemperer*, Konservative Bewegungen ..., a.a.O., S. 114.

1914 zum Dr. phil. promoviert. In den folgenden Jahren war Boehm schriftstellerisch und politisch tätig. 1919 war er sowohl Gründungsmitglied des „Deutschen Schutzbundes für das Grenz- und Auslandsdeutschtum" als auch des Juni-Klubs; er wurde ein wichtiges Verbindungsglied zwischen den beiden Gruppen. 1920 übernahm Boehm — zusammen mit Fritz Kern — die Herausgeberschaft der „Grenzboten", ebenfalls 1920 die „Arbeitsstelle für Nationalitätenprobleme" am Politischen Kolleg des Juni-Klubs. Nach dem Tode Moeller van den Brucks trennte er sich mit einem Teil seiner Mitarbeiter vom Politischen Kolleg und begründete im April 1926 das selbständige „Institut für Grenz- und Auslandsstudien", dem er bis 1945 vorstand.

1933 richtete die Universität Jena einen Lehrstuhl für Volkstheorie und Volkstumssoziologie ein, auf den Boehm berufen wurde. Daneben war er in den Jahren 1928—1935 Dozent für Ethnopolitik an der Deutschen Hochschule für Politik in Berlin.

Von 1951 bis 1964 leitete Max Hildebert Boehm die von ihm gegründete „Ostdeutsche Akademie" in Lüneburg.

Max Hildebert Boehm's Volkstheorie:

a) Der Begriff der „Grenze"

Boehms Volkstheorie ist durch seine Kindheits- und Jugenderlebnisse im Baltikum nachhaltig geprägt worden. Aus den Schwierigkeiten der Auslandsdeutschen, deren Kampf um Bewahrung kultureller Eigentraditionen, leitete er die Situation des Gesamtvolkes ab: Das Reichsgebiet galt als Grenzhinterland, die Reichsdeutschen als potentielle Grenzdeutsche. Zwar blieb nach dem Versailler Vertrag Boehms Betonung des Grenzdeutschtums immer an der Realität der abgespaltenen Gebiete orientiert, doch fiel darüber hinaus der Grenze eine umfassendere, geradezu symbolhafte Bedeutung zu. Grenzland ist nach Boehm kein staatsrechtlich, historisch, sprachlich oder geographisch zu bestimmendes Gebiet, sondern ein „nationalpolitischer Begriff" und „eine Angelegenheit zielhaften völkischen Wollens"[2]. Diese voluntaristische Deutung der Grenze ist konstituierend für Boehms Volkstheorie und ist in die gesamte Volkstums-Ideologie der zwanziger Jahre eingegangen.

Der Grenzbegriff verdeutlicht die Weigerung der Volkstumspolitiker, sich mit dem durch den Versailler Vertrag geschaffenen Restdeutschland abzufinden. Boehm war sich wohl bewußt, daß die grenzdeutsche Arbeit, welche er als die Pflicht beschrieb, alle Kraft an die Wahrung des völkischen Zusammenhanges der Deutschen zu setzen, von selbst in die großdeutsche Arbeit überging: „Nicht ein irrläufiger ‚patriotischer'

---

[2] Max Hildebert *Boehm*, Die deutschen Grenzlande, Berlin 1925, S. 15.

Eifer, der die Außengebiete leerpumpt und alten deutschen Boden dadurch fremder Besiedlung preisgibt, sondern diese Zähigkeit des Zusammenhalts, ein besonnenes Wissen um die herbe Bedeutung der neuen Grenzen, zugleich aber ihre innerliche Nichtanerkennung, ihre seelische Überwindung: das ist die Aufgabe"[3].

Da das gforderte zielhafte völkische Wollen nicht vom Weimarer Staat erwartet werden konnte, schrieb Boehm die große Aufgabe der grenzdeutschen Arbeit dem Volke zu. Das Volk befindet sich in Boehms Theorie in fortwährender Distanzierung von seinem Staat, weder ist es für diesen verantwortlich, noch wird der staatlichen Regierung gestattet, als Sprecherin für Volksbelange aufzutreten. So schrieb er bereits 1919: „Das Schicksal von Reich und Nation hat sich aber heute auf weiter Strecke getrennt ... Gewiß ist für die Rettung der Nation der Wiederaufstieg des Reiches unerläßliche Voraussetzung, der kleindeutsche Staat aber, der sich dem Joch von Versailles gebeugt hat, ist für die Stunde nicht mehr der ausschließliche Willensträger des deutschen Volkstums in der Welt ... Es ist die Stunde gekommen, wo die Nation von den verfallenden, staatlichen Formen Abstand gewinnen, wo sie sich auf sich selbst und auf ihre tiefsten Wurzelkräfte besinnen muß"[4]. Die deutliche Trennung des Volkes vom Staat führte schließlich logisch zur Betonung des völkischen Eigenwertes, zur Lehre vom „eigenständigen Volk", wie Boehm sie in seinem 1932 erschienenen Hauptwerk dargelegt hat[5].

b) Die Lehre vom eigenständigen Volk

Boehm grenzte seine Volkstheorie ab gegen die radikal-völkische Rassentheorie, da er durch diese eine Relativierung der eigenständigen Volklichkeit zugunsten nur rassepolitischer Ziele befürchtete. Allerdings bezog sich diese Abgrenzung mehr auf die Ziele als auf die Inhalte der Rassetheorien. Zwar vertrat Boehm nicht das Ziel der Reinrassigkeit, sondern das der volklichen Einheit, daneben aber verstand es sich für ihn von selbst: „Daß dieses Volk eine leibliche Grundlage aufweist, die wir als Volkskörper bezeichnen wollen"[6]. Boehms Volksbegriff weist zwar biologische Inhalte auf, so etwa wenn er vom Volkskörper und vom lebendigen „Wir-Ich" des Volkes spricht[7], doch werden diese nicht zu Hauptcharakteristika des Volkes erhoben. Es läßt sich

---

[3] Ebd., S. 261.
[4] Derselbe, Ruf der Jungen, a.a.O., S. 56 f.
[5] Max Hildebert *Boehm*, Das eigenständige Volk, Volkstheoretische Grundlagen der Ethnopolitik und Geisteswissenschaften, Göttingen 1932.
[6] Ebd., S. 18.
[7] Ebd., S. 310.

auch nicht immer entscheiden, inwieweit die von Boehm verwendeten Termini auf sozialdarwinistische oder auf christliche Tradition zurückzuführen sind; beispielsweise kann der wichtige Begriff „Volksleib" auch als Analogon zur „Leibeinheit der Kirche Christi" verstanden werden.

Boehm sah das Volk „im Zeichen der Grenze ... als ein eigenständiges Wesen, als Volksindividualität, die zur Volkspersönlichkeit werden kann ... Volk in diesem Sinne verwirklicht sich in einer gemeinschaftlichen Kulturaussonderung, die wir Volkstum nennen ... Zugleich verwirklicht sie (die Volksgemeinschaft, H. G.) sich in Sitte und Recht und prägt dem einzelnen Volksgenossen eine bestimmte Haltung auf, die im völkischen Sinn auf Blut und Art hält"[8].

Die ausgesonderte Kulturgruppe bildet im Innenraum eine leibhafte Gemeinschaft, deren Glieder außerhalb der Grenzen als schmerzlich abgetrennte und heimzuholende gelten müssen. So schrieb Boehm zum Jahrestag der Abtrennung Elsaß-Lothringens: „In Elsaß-Lothringen wohnen Alemannen und Franken. Staatlich-neudeutsch sind das geschichtlich versunkene Gestalten. In ihren Dialekten, in ihren Sitten, in der Sprache ihres Blutes sind sie noch immer lebendig. Aus diesen Kräften müssen wir Kultur und kulturellen Lebenswillen holen. Das Blut des deutschen Volkes, das im Dienste des Reiches sieglos vergossen wurde, muß wieder zu reden beginnen. Auf diese Stimme wird deutsches Volk aufhorchen, wohin immer es durch politische Schicksale verschlagen ist. Volk muß wieder Leib werden, Leib ist Wille. Und Wille ist Zukunft. Glaube in die Bindekraft von Volkstum und Sprache: darin liegt heute mehr als je die elsaß-lothringische Lehre beschlossen"[9].

c) *Minderheitenschutz*

Freiwillige Aufgabe eines traditionsreichen Volkstums und Assimilation in einem neuen kulturellen Umfeld waren für Boehm widersinnige Vorstellungen. Er sah in allen Auslandsdeutschen Kampfbastionen des Deutschtums in fremder Umgebung: „Völkerbegegnung wird in den Berührungs- und Überschneidungszonen der Völker nicht selten zum Grenzkampf. *Volksgenossenschaft gewinnt ihren tiefsten Sinn als Kampfgenossenschaft*"[10]. Von dieser Auffassung her mußte Boehm sich

---

[8] Ebd., S. 38.
[9] Max Hildebert *Boehm*, Die elsaß-lothringische Lehre, in: Die Grenzboten. Zeitschrift für Politik, Literatur und Kunst, 79. Jg., 4. Viertelj., Berlin 1920, S. 188.
[10] Max Hildebert *Boehm*, Was ist Volkslehre, Stuttgart 1934, S. 29 (Hervorhebung von mir).

zwar einerseits zum Wortführer für die Forderung von Minderheitsrechten machen, da nur solche Rechte den Fortbestand kulturell ausgesonderter Volksgruppen in fremdnationaler Umgebung ermöglichen, gleichzeitig mußte er sich gegen den vom Völkerbund eingeführten Minderheitenschutz wenden[11], da dieser zwar den Bestand der Volksgruppe sicherte, deren kämpferische Gemeinschaft mit dem Mutterland jedoch unterband.

Die von Max Hildebert Boehm erhoffte Form des Minderheitenschutzes, den er — das soll nicht vergessen werden — damals für *alle* Minderheiten forderte, entwickelte er in seinem 1923 erschienenen Buch „Europa Irredenta"[12]. Eine befriedigende Regelung des Minderheitenproblems war nach Boehm im Rahmen des bestehenden Nationalitätensystems nicht möglich und konnte nur im Zusammenhang mit einer europäischen Wiedergeburt erreicht werden. Deren Voraussetzung sei die Loslösung der Volkstümer aus jahrhundertelanger staatlicher Umklammerung und eine großpolitische Neugliederung des Abendlandes, die möglich würde, sobald korporative Untergliederungen die Staatsmänner entlasteten und deren Kräfte für außenpolitische Aufgaben freisetzten[13]. Die neue Gliederung Europas sollte nicht nach formalnationalistischen, sondern nach volklichen Gesichtspunkten erfolgen. Was aber „Völker am Leben erhält, sie blühen und wachsen läßt, das ist der Glaube an eine unveräußerliche Sendung und der triebhafte Wille zur völkischen Selbstbehauptung"[14].

Die Rechtfertigung der Machtpolitik vom Volke her hat der nationalstaatlichen gegenüber den Vorteil, ihrer Begründung über biologische (triebhafte) Bezüge, naturrechtlichen Charakter verleihen zu können. Für die politischen Realitäten bedeutet es keinen Unterschied, ob Machtpolitik nur nationalistisch oder auch völkisch begründet wird. Europa würde nach wie vor von machtpolitischen Kämpfen heimgesucht werden; ein befriedetes Europa gehörte nicht zu den absehbaren Zielen Max Hildebert Boehms. Mit Recht stellte er lediglich rhetorisch die Frage: „Bedarf es noch der Abwehr des Mißverständnisses, als wurzelten unsere Gedanken über eine künftige Neuordnung des Abendlandes im brüchigen Boden eines Pazifismus, der einen harmonischen Ausgleich aller Gegensätze und eine endgültige Ruhelage im Kampf der Völker und Staaten für möglich und erstrebenswert hält? ... Wir glauben nicht, daß selbst die radikalsten Systemänderungen alle Grenzfragen unsres alten Erdteiles schlichten können. Europa irredenta ist eines

---

[11] Max Hildebert *Boehm,* Ruf der Jungen, a.a.O., S. 19.
[12] Derselbe, Europa Irredenta. Ein Einführung in das Nationalitätenproblem der Gegenwart, Berlin 1923.
[13] Ebd., S. 320.
[14] Ebd., S. 322.

der tiefsten Sinnbilder unaufhebbarer weltgeschichtlicher Tragik. Aber auch jede relative Aussöhnung ältesten Widerstreites will im Kampf errungen sein. Schwerste Kämpfe stehen unserem Erdteil auch weiterhin bevor. Nur zum Teil werden sie sich in der überlieferten Form zwischenstaatlicher Kriege abspielen. Das Ringen um eine neue Grenzführung und die Befreiung der Volkstümer, die durch den Kampf der Geister eingeleitet und weitergeführt wird, kann revolutionärer Formengebung nicht entraten ... So erkennen wir nach dem tiefen Wort Hegels in der Weltgeschichte nicht den Boden des Glücks. Der Mensch der Grenze ist der geborene Dualist. Die Lehre des Grenzlandes ist eine heroische Lehre. Die Grenze ist das unverlöschliche Sinnbild für Werden und Vergehen von Macht und Recht im Völkerleben[15]."

Boehm erläutert nicht, ob in dem politisch neugegliederten Europa alle Volkstümer gleichberechtigt nebeneinander stehen sollten, oder ob etwa dem deutschen der Vorzug vor anderen gebühre. Es ist allerdings kaum anzunehmen, daß seine Konzeption die Möglichkeit einer Dominanz etwa des französischen Volkstums mit eingeschlossen hätte.

d) Innere Volksordnung — Korporativismus

Obwohl Boehm wußte, daß seine Ansicht im Widerspruch zu den Prognosen namhafter Gesellschaftswissenschaftler stand, war er der festen Überzeugung, daß „ein Zeitalter staatlichen Übergewichts abläuft"[16]. Seines Erachtens hatte sich die Ausdehnung des staatlichen Machtbereiches endgültig ad absurdum geführt durch den während des Kriegs erfolgten Einbruch in die Privatwirtschaft, „denn an dieser ihrer wirtschaftlichen Überspannung recht eigentlich ist die staatliche Autorität zugrunde gegangen"[17]. Ein Sozialismus von oben, ein Staatssozialismus also, sei damit ein für allemal indiskutabel geworden. Daß 1918 die „lebendigen Volkskräfte" das Joch der Staatsautorität nicht gänzlich abgeschüttelt hatten, konnte nach Boehm nur auf deren gänzliche Ermattung durch den Krieg zurückgeführt werden. Vorübergehend sei es deshalb in Deutschland zu einem „reaktionären Rückfall in eine westlerische Verfassungsform" gekommen[18]. Da der Weimarer Parlamentarismus den noch verbliebenen Glauben an den Staat jedoch schnell aufzehre, hindert er keineswegs den unaufhaltsamen Niedergang der Staates und die Notwendigkeit, auf „tiefere Kräfte des Volkes" zurückzugreifen[19].

---
[15] Ebd., S. 323.
[16] Max Hildebert *Boehm*, Körperschaft und Gemeinwesen, Grundbegriffe der Politik, H. 1, Leipzig 1920, S. 12.
[17] Ebd., S. 53.
[18] Ebd., S. 59.
[19] Ebd., S. 61.

Der westlerisch parlamentarischen Staatsverfassung, einer aus Individuen und deren Interessenverbänden zusammengesetzten Staatseinheit, setzte Boehm die volkliche Leibeinheit des korporativen Staatswesens entgegen. Bei genauerem Zusehen übernahm Boehm jedoch für seinen Korporativismus die liberale Zweiteilung in Staat und Gesellschaft — denn — wie oben bereits zitiert — sollten korporative Untergliederungen die Staatsmänner entlasten und deren Kräfte für außenpolitische Aufgaben freisetzen[20]. Weder also war an eine politische Einheit der vom Volke ausgehenden politischen Aktivitäten gedacht, noch sollte der Korporativismus eingeführt werden, damit die Beteiligung des Volkes an *allen* Entscheidungen gewährleistet sei. In Boehms korporativem Staat sollte das Volk sich selbst verwalten, aber nicht über sich selbst entscheiden.

Da die Einheit des Volkes vorgegeben ist, konnte auf einem formal festgelegten Modus zur Willensbildung verzichtet werden. Ein Parlament als Ort, an dem gesellschaftliche Gegensätze in kompromißhafte Entscheidungen eingehen können, sei gänzlich überflüssig, denn in der Leibeinheit des Volkes könnten gesellschaftliche Gegensätze gar nicht zur Entstehung kommen — das biologische Bild ließ nur auszumerzende Krankheitserscheinungen und Fremdkörper als Denkmöglichkeiten zu. Die einzelnen Volksteile können sich „frei" entwickeln, da eine das Volk oder einzelne Volksteile negierende Entwicklung in der Leibeinheit des Volkes für unmöglich gehalten wurde.

Vom biologistisch geprägten Ausgangspunkt der volklichen Leibeinheit gelangte Boehm folgerichtig zum „organisch-konservativen Sozialismus" als einer synonymen Bezeichnung für Korporativismus. Inhalt des organisch-konservativen Sozialismus ist ein Gesellschaftsbild, welches — ausgehend von einer natürlichen vorgegebenen Zwangsgemeinschaft (daß es sich um eine solche handelt, läßt sich durch Boehms Ablehnung des Genossenschaftswesens belegen; Genossenschaften beruhen nach Boehm zu stark auf „Willkür der Übereinkunft und Lösbarkeit der Bindung"[21]) — keinerlei gesellschaftliche Konflikte kennt. In die politische Praxis transponiert, bedeutet dies die Aufhebung individueller Entscheidungsfreiheit und die bedingungslose Anerkennung einer gegebenen Volksordnung, denn die Veränderung einer Gesellschaftsordnung hat in jedem Falle die Manifestation von Interessengegensätzen zur Voraussetzung.

Die Bindung des körperschaftlichen Gemeinwesens an eine ganz bestimmte Ordnungsvorstellung wurde zwar von keinem Vertreter des

---

[20] Max Hildebert *Boehm*, Europa Irredenta, a.a.O., S. 320.
[21] Max Hildebert *Boehm*, Körperschaft und Gemeinwesen, a.a.O., S. 74.

Korporativismus konstatiert, doch läßt sich das jeweils zugrunde liegende Gesellschaftsideal zumeist unschwer ermitteln.

Max Hildebert Boehm stellte 1920 in einem Aufsatz über „Stadt und Land" dem mechanischen Sozialismus des „Stadtmenschtums" den organischen des „Landmenschentums" gegenüber[22]. Wenn er schrieb, ländlicher Sozialismus nähere sich von selbst jener Form der Vergemeinschaftung, die er als Korporativismus bezeichne, so bedeutete dies zugleich, daß Korporativismus in einer vorwiegend städtisch bestimmten Gesellschaft schwerlich zu verwirklichen sein würde. Dabei ist zu beachten, daß für Boehm ländliche und städtische Lebensform nicht wirtschaftlich, sondern geistig bedingt sind. „Landmenschentum ist Leibmenschentum, Stadtmenschentum ist Kopfmenschentum"[23], und an anderer Stelle: „Es ist ein tiefes Geheimnis, daß man die Leiber der Toten in die Erde senkt — die der Erde nah leben, sind auch ihrem Willen am nächsten. Aus dem mütterlichen Boden, dem sich unsere gespensterhaften Großstädte entfremdeten, wächst die erdhaft gesunde Kraft unseres Volkstums, in der Sehnsucht nach dem Lande überwindet sich der kranke Sozialismus aus sich selbst heraus. Nicht auf das Eigentum am Lande kommt es an ... Das Wesentliche bleibt die zeugerische Berührung mit der Erde, aus der einem Volke die jungen Kräfte kommen, wie dem mythischen Riesen der antiken Legende. Korporativismus ist Bindung an die schöpferische Vergangenheit durch Mittlertum des Bodens, Neugebärung des Gemeinwesens aus der Nation, des Vaterlandes aus dem Mutterland[24]."

Die Setzung geistiger Chiffren anstelle wirtschaftlicher Strukturbegriffe stimmt überein mit Boehms Definition von Körperschaft, die sich keineswegs den gängigen Vorstellungen berufsständischer Programme einordnen läßt: „Körperschaft bezeichnet uns jenseits aller formal-juristischen Überspitzung ein soziales Urgebilde, in dem eine Mehrheit von Personen bewußt zu einer leibhaften Lebens-Willens- und Tatgemeinschaft verschmolzen ist[25]."

Die ideellen Grundlagen des Boehmschen Korporativismus, eine Geisteshaltung, wie sie mit mehr oder weniger Berechtigung agrarischen Gesellschaften zugeschrieben wird und eine Körperschaftsdefinition, die von allen materiellen Lebensbedingungen einer Industriegesellschaft des 20. Jahrhunderts abstrahiert, ermöglichten freilich keine politische Programmatik. Boehm scheint dies selbst gewußt zu haben,

---

[22] Max Hildebert *Boehm*, Stadt und Land, Die Grenzboten, 79. Jg., 1. Viertelj. 1920, S. 97.
[23] Ebd., S. 98.
[24] Max Hildebert *Boehm*, Körperschaftliche Bindung, in: Die Neue Front, a.a.O., S. 41.
[25] Max Hildebert *Boehm*, Körperschaft und Gemeinwesen, a.a.O., S. 74.

denn er belegte die Verwirklichung seines Gesellschaftsideals durchgängig mit der Bezeichnung „Wunder". So schrieb er beispielsweise in einer Rezension von Spenglers „Preußentum und Sozialismus": „Gelingt aber das Wunder der Leibwerdung unserer zersetzten Volksgemeinschaft, dann wird im körperschaftlich gebundenen und verantwortlich geführten Volksganzen auch wieder Kultur möglich. Dann versagt die Spenglersche Voraussage, die historische Dynamik allzu einfach, weltgeschichtliche Abläufe allzu typisch sieht. Wir prophezeien nicht, sondern wir hoffen und fordern ... Auch ein Glaube, der Unmögliches wollte, würde von der lebendigen Geschichte in höherem Sinne recht behalten, als die reifere Vernunft, die sich in Verzichten bescheidet. Denn in wesenhaften Dingen darf nie die Berechnung des Verstandes, darf nur die Gewalt des Lebens uns Verzichte aufzwingen. Gegen das verständlerische entscheiden wir uns für das tragisch-heroische Weltbild ..."[26].

e) Die jüdische Minderheit

Vor der nationalsozialistischen Machtergreifung sind — soweit sich feststellen ließ — von Max Hildebert Boehm keine schriftlichen Äußerungen zur Judenfrage erschienen. Seine Arbeit für das Grenz- und Auslandsdeutschtum hatte ihn vor der Übernahme radikaler Rassentheorien bewahrt, da er wohl wußte, daß die auslandsdeutschen Gruppen keine Erbreinheit nachweisen konnten, ihre Zugehörigkeit zum deutschen Volk vielmehr durch gemeinsames Kulturgut belegen mußten.

Seine Abstinenz von rassistischem Antisemitismus hinderte Boehm jedoch nicht, jenen anzuerkennen, der sich im gesellschaftlich geduldeten Rahmen hielt und zum gebräuchlichen Arsenal politischer Aussagen in der Weimarer Zeit gehörte. So war ihm beispielsweise der von dem Juden Marx geprägte Sozialismus seines jüdischen Ursprungs wegen für Deutschland indiskutabel, auch sah er in der demokratischen Linken „ein taktisches Organ der jüdischen Weltdespotie, die ihr Hauptquartier in Moskar aufgeschlagen hat"[27].

Am 28. April 1933 erschien dann allerdings im Ring ein Aufsatz Boehms, der sich nicht mehr im Rahmen der vor 1933 üblichen und gesellschaftlich geduldeten Judenfeindschaft hielt. Indem er die beginnende nationalsozialistische Sondergesetzgebung für Juden rechtfertigte, kompromittierte der Aufsatz über „Minderheiten, Judenfrage und das neue Deutschland" noch nachträglich Boehms Eintreten für den

---

[26] Max Hildebert *Boehm*, in: Die Grenzboten, 79. Jg., 1. Viertelj., 1920, S. 62.
[27] Max Hildebert *Boehm*, Die Parteien und der körperschaftliche Gedanke, in: Die Grenzboten, 79. Jg., 1. Viertelj. 1920, S. 349.

Schutz aller Minderheiten. Seine Argumentation ging nun nicht mehr von den elementaren Rechten aller Minderheiten aus, sondern allein von der Situation Deutschlands nach dem Kriege. Die Verbindung zu den abgespaltenen Volksteilen sei nicht nur aus einem „elementar völkischen Gewissen" heraus selbstverständlich gewesen, sondern auch durch den gefährlichen biologischen Zustand des deutschen Volkes „mit seinen erschütternden Schrumpfungserscheinungen" notwendig geworden[28]. Was vor 1933 zu den Selbstverständlichkeiten seines politischen Denkens gehört hatte, die Schicksalsverbundenheit der deutschen mit allen übrigen Minderheiten, stellte Boehm jetzt grundlegend in Frage: „Ergibt sich daraus der zwingende Schluß, daß die deutschen Minderheiten und durch sie das ganze deutsche Volk in eine unlösbare Schicksalsverbundenheit mit allen Minderheiten auf der ganzen Welt hineinverflochten sind, die der Selbstherrlichkeit deutschen staatlichen Wollens ganz bestimmte und vielleicht sehr spürbare Grenzen steckt? Das ist eine Frage, die eine außerordentliche aktuelle Bedeutung zu einem Zeitpunkt erlangt, wo der lange im Verfolg der Niederlage gelähmte staatliche Wille unseres Volkes sich in revolutionären Maßnahmen freie Bahn zu schaffen sucht und dabei *mit dem Recht des Lebens und der Zukunft* über manche bislang wohl befestigte Gerechtsame von einzelnen Personen, Anstalten Körperschaften und ganzen Gruppen im Volk hinweggeht[29]."

Zumindest für die Juden wurde die Allgemeingültigkeit des Minderheitenschutzes jetzt abgelehnt. Erstens sei Deutschland durch keinerlei völkerrechtliche Schutzverträge den Juden gegenüber gebunden, zum anderen befinde sich die Judenpolitik der Reichsregierung durchaus in Einklang mit den Grundsätzen des Minderheitenschutzes, da sie auf Dissimilation einer Volksgruppe abziele. Boehm zufolge ist das Grundanliegen des Minderheitenschutzes „der Schutz gewachsener (!) selbstbewußter, auf ihre völkische Sonderart stolzer Minderheiten gegen die aufsaugende Wirkung der Minderheitsvölker"[30], deshalb konnte seiner Ansicht nach im Namen des Minderheitenschutzes die eventuell gewünschte Assimilation einer Minderheit an eine völkische Mehrheit unterbunden werden. Den Juden sollte Schutz also nur dann zugestanden werden, wenn sie bereit wären, sich „als eine Volksgruppe eigenen Stammes und eigener Art" vom deutschen Volk zu trennen[31].

Daß Boehms langverfochtene Forderung nach allgemeingültigem Minderheitenschutz sich so umdeuten ließ zur Rechtfertigung einer diskri-

---

[28] Max Hildebert *Boehm*, Minderheiten, Judenfrage und das neue Deutschland, in: Der Ring, 1933, H. 17, S. 270.
[29] Ebd., S. 270 (Hervorhebung von mir).
[30] Ebd., S. 271.
[31] Ebd.

minierenden Sondergesetzgebung drängt den Schluß auf, die Forderungen aus der Zeit vor 1933 seien eben doch ausschließlich von deutschen Belangen ausgegangen und auf diese zugeschnitten gewesen. Der von Boehm vertretene Minderheitenschutz erweist sich vollends als problematisch, wenn er feststellt, echte Minderheitenpolitik und kritiklose Verehrung einer liberalen Toleranzpolitik seien miteinander nicht zu vereinbaren[32]. Das bedeutet doch, daß ein Minderheitenschutz, der zur Erhaltung der eigenen Art zwingt und Assimilation ausschließt, in den Minderheitsgruppen zukünftige Anschlußgruppen sieht. Minderheitenschutz ist dann Teil eines machtpolitischen Konzepts ewiger Freund-Feind-Situationen, nicht aber Teil einer umfassenden Friedenspolitik. Nachträglich wird einsichtig, warum Boehm jene „formal-pazifistische Ideologie", die den Minderheitenschutz des Völkerbundes auszeichnete, so scharf abgelehnt hat[33].

f) Max Hildebert Boehms Verhältnis zum Nationalsozialismus

Zwar gilt Boehm als äußerst vielseitige und schwer zu fassende Persönlichkeit[34], doch scheinen zumindest seine schriftlich fixierten Gedanken während der Weimarer Republik vordringlich durch die Problematik des Auslandsdeutschtums und die Hoffnung auf das Wunder der Leibwerdung aller Volksglieder bestimmt worden zu sein. Das Vorherrschen dieser Gedankenkomplexe hat auch bewirkt, daß Boehm, obwohl zum engeren Kreis um Moeller van den Bruck gehörig, in wichtigen Einzelheiten von dessen Grundanschauungen abwich. (Bezeichnend ist etwa Boehms Verteidigung des „Bürgers" als der Verkörperung eines bestimmten Lebensideals[35].)

Boehm war ein hervorragendes Mitglied der Ring-Bewegung, obwohl er nicht jenen zugerechnet werden kann, welche die Idee des revolutionären Konservatismus als geistigen Gesamtzusammenhang entwickelt haben. Seine Stellung innerhalb der im Ring vertretenen Gedankenwelt ergab sich vielmehr aus der Kongruenz seiner Theorie vom „eigenständigen Volk" mit der Mehrzahl aller konservativ- und nationalrevolutionären Theoriebildungen. Boehms Volkstheorie konnte unschwer zum integralen Bestandteil verschiedenartiger konservativer Lehren erhoben werden und er selbst hat die Breite des im Ring vertretenen Gedankengutes nur insoweit und in solcher Form rezipiert, als es sich in seine Volkstheorie einfügen ließ und mit ihr vereinbar war.

---

[32] Ebd.
[33] Max Hildebert *Boehm*, Ruf der Jungen, a.a.O., S. 19.
[34] So das Vorwort der Herausgeber, in: Festgabe für Max Hildebert Boehm, Jahrbuch des Ostdeutschen Kulturrates, Bd. VIII, München 1961.
[35] Vgl. Max Hildebert *Boehm*, Der Bürger im Kreuzfeuer, Göttingen 1933.

Ganz ähnlich hat Boehm — zumindest anfänglich — den Nationalsozialismus unter dem Aspekt der für ihn vordringlichsten politischen Fragen beurteilt. Vor 1933 finden sich kaum Stellungnahmen Boehms zu der nationalsozialistischen Bewegung. Im Dezember 1932 schien ihm, daß „das Experiment des Nationalsozialismus als Partei und Bewegung an gewisse Grenzen des Könnens und Vollbringens und damit in eine Krise geführt" habe.[36] Nach 1933 allerdings schrieb er ohne Einschränkung anerkennend von der stattgefundenen Revolution (bezeichnenderweise hat Boehm die „Revolution" von 1918 immer in Anführungszeichen gesetzt, die von 1933 nie) und sah nachträglich im Juni-Klub „ein Stück Vorgeschichte des Dritten Reiches"[37].

Die Voraussetzungen Boehms mußten ihn zu einer Bejahung des Nationalsozialismus führen. Ausschlaggebend war sicherlich, daß die von Hitler vertretene Politik der nationalen Sammlung, die Erfüllung jener großdeutschen Hoffnungen möglich erscheinen ließ, welche der Pflege des Grenz- und Auslandsdeutschtums schließlich und endlich doch zugrunde gelegen hatten. Da die neue Regierung mit den von Boehm vertretenen Volkszielen übereinstimmte, war sie für ihn als Vertreterin „des Volkes" anzusehen und schien in jedem Falle eine bessere Lösung zu bieten als die voraufgegangenen machtlosen Regierungen[38]. 1934 schrieb Boehm: „Der autoritäre Führerstaat leiht (sic) unserem Volk heute seine mächtige Hilfe, um wieder zu artgerechten Formen völkischen Eigenlebens zu kommen. Die Auswirkung dieser totalen Bewegung macht an den Reichsgrenzen nicht halt..."[39].

Wenngleich sich Boehm den nationalsozialistischen Forderungen an deutsche Wissenschaftler angepaßt hat — so baute er etwa die nationalsozialistische Rassenlehre in seine Volkskunde ein[40] — findet sich auch in den ersten Jahren des Regimes keine Äußerung begeisterter Zustim-

---

[36] Ebd., S. 10.
[37] Max Hildebert *Boehm*, Ruf der Jungen, Vorwort der Ausgabe von 1933, a.a.O.
[38] Nach 1945 freilich sieht Boehm rückblickend keine Identität zwischen Volk und Staat im Dritten Reich. So warnt er in einem 1966 erschienenen Aufsatz über „Ursprung und nationale Funktion des Deutschlandliedes" davor, aus schlechtem Gewissen der deutschen Vergangenheit eine Absage zu erteilen und deshalb die erste Strophe des Deutschlandliedes nicht zu singen. (In: Westöstliche Perspektiven. Festschrift für Erik v. Sievers, Stuttgart 1966, S. 10.) In den Denkkategorien Max Hildebert Boehms, die er auch 1945 nicht geändert hat (das beweist sich u. a. in den beiden Aufsätzen, die enthalten sind in der von Eugen Lemberg und Friedrich Edding herausgegebenen Dokumentation: Die Vertriebenen in Westdeutschland. Ihre Eingliederung und ihr Einfluß auf Gesellschaft, Wirtschaft, Politik und Geistesleben, Kiel 1959, 3 Bde) bedeutet dies, daß das deutsche Volk nicht verantwortlich ist für die Vergangenheit des nationalsozialistischen Staates.
[39] Max Hildebert *Boehm*, Was ist Volkslehre?, Stuttgart 1934, S. 26.
[40] Vgl. Max Hildebert *Boehm*, Volkskunde, Berlin 1937, S. 77.

mung, ja 1934 polemisierte er sogar gegen den „totalen Staat": „Grenzvolk weiß sich deshalb in einem ganz anderen Sinne, als es ein gewisser Geist unserer Zeit sehen will, im Zustand ‚totaler Mobilmachung', die hier auf die Totalität völkischen Einsatzes und nicht auf den ‚totalen Staat' zurückverweist"[41]. Immerhin ging seine Zustimmung soweit, daß er selbst solche Erscheinungen akzeptierte, die den Prinzipien des Nationalkonservatismus widersprachen. So rechtfertigte er die Tatsache, daß sich die deutsche Revolution in Form einer Massenbewegung vollzogen hatte und schrieb nachträglich die „Scheu vor dem Massentümlichen" dem Liberalismus zu[42]. Gerade durch die Preisgabe eines der wichtigsten Charakteristika des Jungkonservatismus, die massenfeindliche Kulturkritik, zeigt Boehm selbst, daß ihm ein starkes Volk selbst dann volkhaft erschien, wenn es sich als Masse darstellte. Als sein Kriterium für die Volkhaftigkeit erweist sich somit nicht eine wie immer geartete organische Gliederung, sondern die machtpolitische Potentialität eines Gemeinwesens. Auch aus persönlichen Gründen mußte Boehm dem Nationalsozialismus positiv gegenüberstehen. Während der Weimarer Zeit war ihm die Anerkennung seiner Volkstumslehren von Seiten der etablierten Wissenschaft weitgehend versagt geblieben. In den jetzt propagierten Wissenschaftsbegriff dagegen fügte sich Boehms Theorie vom „eigenständigen Volk" nahtlos ein.

g) Max Hildebert Boehms Wissenschaftsbegriff

M. H. Boehm war Professor für Volkstheorie und Volkstumssoziologie. Seine „soziologischen Analysen" sind jedoch in keiner Weise jener Soziologie verpflichtet, zu deren wissenschaftlichen Traditionen der dialektische Materialismus einerseits und der Positivismus andererseits zählen. Boehms Soziologie abstrahiert bewußt von materiellen Lebensbedingungen. Einem Gedankenschema verhaftet, welches nur entweder ideellen oder materiellen Komponenten Geschichtsmächtigkeit zuschreibt, entscheidet Boehm sich eindeutig für die Vorrangigkeit der geistigen Kräfte. Beispielsweise dient ihm der Begriff Proletariat nicht zur Bezeichnung einer bestimmten wirtschaftlich bedingten Existenzform und einer daraus resultierenden Geisteshaltung, vielmehr ging Boehm zufolge der wirtschaftlichen Proletarisierung die seelische voraus[43]. Auch nach der Industrialisierung charakterisiert sich die Gesell-

---

[41] Max Hildebert *Boehm*, Vom Grenzdeutschen, in: Volksspiegel. Zeitschrift für Soziologie und Volkswissenschaft. In Verbindung mit der Deutschen Gesellschaft für Soziologie hrsg. von M. H. Boehm, H. Freyer, M. Rumpf, 1. Jg., 1934, Stuttgart-Berlin, S. 22.
[42] Max Hildebert *Boehm*, Was ist Volkslehre, a.a.O., S. 15 f.
[43] Max Hildebert *Boehm*, Europa Irredenta, a.a.O., S. 19.

schaftsschicht „Proletariat" weniger nach ihrer wirtschaftlichen Lage als nach einer ihr eigenen Geisteshaltung: „Proletariat ist aus stabilen Verhältnissen, aus Bindungen herausgerissenes, in ruhelosen Umtrieb geworfenes Volk"[44].

Die „eigenständige" Soziologie Boehms ist weiterhin gekennzeichnet durch biologische Einsprengsel. Zwar distanzierte er sich — zumindest vor 1933 — von der darwinistischen Rassenlehre, seine Widerlegung erschöpfte sich jedoch darin, auf die Widersprüchlichkeit der bisherigen rassentheoretischen Ergebnisse hinzuweisen und sich ihnen gegenüber lieber auf den „gesunden Volksinstinkt" zu verlassen[45]. Erste Versuche, Ausprägungen des sogenannten Volkscharakters mit streng wissenschaftlichen Methoden zu analysieren, wie sie etwa von Lazarus und Steinthal unternommen wurden, waren für ihn lediglich unheilvolle „Einwirkungen des jüdischen Geistes"[46].

Auch Boehms Begriff der „Eigenständigkeit" des Volkes ist wissenschaftlicher Untersuchung nicht zugänglich, denn die „Eigenständigkeit" ist einerseits Resultante eines fortlaufenden Volkstumskampfes, immerwährender Abgrenzung gegen andere Völker, andererseits aber ein mythisiertes Postulat von der absoluten Überlegenheit des Volkes über den Staat. Insofern ist Boehms „Theorie" das historische Ergebnis eines verspätet zur Nation geeinten Volkes und vor allem eines geschlagenen Volkes, welches zum Fortbestand seines Selbstverständnisses sich von einem schwachen Staat distanziert und diesem gegenüber seine nie gebrochene „Eigenständigkeit" betont. Boehm sah und akzeptierte diese psychologisch-politische Funktion seiner Volkstheorie. Die vornehmlich von ihm vertretene Neubegründung der Volkstheorie in Deutschland ist nach seiner eigenen Ansicht notwendig geworden „aus dem Kriegs- und Nachkriegserlebnis der deutschen Volkszerreißung und Volksverkümmerung heraus" und die Anstöße dazu sind von der praktischen Volkstumspolitik ausgegangen[47].

Zwar verstand Boehm seine eigene Tätigkeit als „an der Grenze von Politik und Wissenschaft" befindlich[48], doch hat er mit der oben angeführten Begründung seiner Wissenschaft diesen — für alle Gesellschaftswissenschaften charakteristischen Grenzbereich — bereits verlassen. Er ist zum Ideologen einer bestimmten Politik geworden. Die

---

[44] Max Hildebert *Boehm*, Der Bürger im Kreuzfeuer, a.a.O., S. 11.
[45] Max Hildebert *Boehm*, Europa Irredenta, a.a.O., S. 12.
[46] Max Hildebert *Boehm*, Volkskunde, a.a.O., S. 3.
[47] Max Hildebert *Boehm*, Volkstheorie und Volkstumspolitik der Gegenwart, Wissenschaftliche Forschungsberichte zum Aufbau des neuen Reiches, H. 4, Berlin 1935, S. 19.
[48] Ebd., S. 8.

Wissenschaft erhielt deutlich Mittelfunktionen und war, sofern die politischen Ziele beibehalten werden konnten, Manipulationen zugänglich. So konnte Boehm 1933 die „allseitige Lehre von Volk und Volkstum in den weiteren Rahmen der Rassenkunde und Eugenik" einordnen[49], weil der ideelle Ausgangspunkt seiner Volkstumstheorie zwar logisch der Rassentheorie widerspricht, nicht aber politisch. Mit dem grundsätzlichen Verzicht auf die Ausarbeitung alternativer Zielvorstellungen ist die „Volkstheorie als politische Wissenschaft" — dies das Thema von Boehms Jenenser Antrittsvorlesung am 2. 12. 1933 — eindeutig in den Dienst der Politik getreten und hat damit ihren Erkenntniswert auf ideologische Aussagen reduziert.

2. Wilhelm Stapel
(geboren 1882, gestorben 1954)[50]

Dr. Wilhelm Stapel war einer der bekanntesten Volkstumstheoretiker der Weimarer Zeit. Für unseren Zusammenhang ist Stapel aufschlußreich, weil er zwar durch seinen Beitrag für die „Neue Front"[51], der revolutionär-konservativen Programmschrift, seine Verbundenheit mit dem Kreis um Moeller van den Bruck dokumentierte, aber keine engere Bindung an die Organisation der Ring-Bewegung eingegangen ist. Stapel war als Herausgeber des „Deutschen Volkstums" dem traditionell völkischen Verband der Deutschnationalen Handlungsgehilfen verbunden, er stand andererseits durch die persönliche Freundschaft mit Hermann Ullmann in enger Beziehung zu den Volkskonservativen und war schließlich Mitglied im „Jungdeutschen Bund". Man wird Stapel am ehesten gerecht, wenn man ihn keiner dieser Gruppierungen zuordnet, sondern ihn — wie er sich selbst — als Einzelgänger sieht.

---

[49] Max Hildebert *Boehm*, Volksdeutsche Forderungen zur Hochschulerneuerung, Stuttgart 1933, S. 33.

[50] Für alle weiteren biographischen Daten verweise ich auf die Untersuchung von Heinrich *Keßler*, Wilhelm Stapel als Politischer Publizist, Nürnberg 1967. Diese sehr materialreiche Studie ist nach Abschluß der vorliegenden Fallstudie erschienen. Obwohl Stapel auch deshalb für eine Fallstudie ausgewählt worden war, weil noch keine größere Untersuchung über ihn vorlag, ist die vorliegende Fallstudie beibehalten worden, da gerade die Randposition Stapels aufschlußreich ist für das Gesamtphänomen des revolutionären Konservatismus. Einzelne Forschungsergebnisse Keßlers wurden noch nachträglich in die Fallstudie eingearbeitet, eine generelle Auseinandersetzung mit seiner Arbeit erübrigte sich jedoch, da sich Keßlers Stapel-Interpretation weitgehend mit der hier vorgelegten deckt. Unterschiede kommen vor allem dadurch zustande, daß Keßler eine Biographie geschrieben hat, während hier lediglich die Denkmodelle Stapels dargestellt werden sollen.

[51] Wilhelm *Stapel*, Volk und Volkstum, in: Die Neue Front, a.a.O., S. 80 ff.

Eigenen Aussagen zufolge erfuhr Wilhelm Stapel seine geistige Prägung vor allem durch Friedrich Naumann[52] und Ferdinand Avenarius[53]. Während er Naumann zunächst in seinen Schriften bewunderte und später wiederholt hörte, trat er zu Avenarius als Geschäftsführer des von diesem gegründeten Dürerbundes und als Redakteur des von Avenarius herausgegebenen „Kunstwart" in den Jahren 1911 bis 1916 in engeren Kontakt. Avenarius, ein Neffe Richard Wagners, hatte sich im „Kunstwart" seit der Jahrhundertwende für die Förderung „echt" deutscher Kunst und die Verbreitung volkstümlicher Literatur eingesetzt. Auch der Dürerbund, welcher der Jugendbewegung nahestand[54], wurde durch seinen Einfluß in den Dienst deutscher Art und Kultur gestellt. Von Avenarius und dessen Mitarbeiter für Kunstfragen, Schultze-Naumburg lernte Stapel, daß deutsche Kunst und damit deutsches Volkstum nur durch die Bekämpfung fremder Einflüsse gefördert würden, und er behielt diese Auffassung bei, als er 1917 Leiter des Hamburger Volksheims und 1919 Herausgeber des „Deutschen Volkstums" wurde.

Das „Deutsche Volkstum" war 1917 vom Deutschnationalen Handlungsgehilfenverband übernommen worden[55] und sollte sowohl der verbands-internen als auch -externen Bildungspolitik dienen. Als reines Mitteilungsblatt des DHV bestand nach wie vor die „Deutsche Handels-Wacht". Unter der Herausgeberschaft Wilhelm Stapels (ab 1926 war A. E. Günther Mitherausgeber) von 1919 bis 1938 entwickelte sich das „Deutsche Volkstum" zu einer weitverbreiteten und beachteten kulturpolitischen Zeitschrift.

Für die Berufung Stapels zum Herausgeber des „Deutschen Volkstums" und für die politische Generallinie dieser Zeitschrift nach 1919 war neben Stapels ausgeprägter persönlicher politischer Meinung die neue Politik des DHV entscheidend, die deshalb kurz skizziert werden soll[56].

Die Gründung des Verbandes (1893) ist auf die Politisierung des Mittelstandes in den letzten Jahrzehnten des 19. Jahrhunderts zurückzuführen. Der Deutschnationale Handlungsgehilfenverband wollte damals

---

[52] Vgl. hierzu die Ausführungen von Heinrich *Keßler*, Wilhelm Stapel als politischer Publizist, a.a.O., S. 15.
[53] Wilhelm *Stapel*, DV (Deutsches Volkstum), 26. Jg. 1924, S. 71.
[54] Der Dürerbund nahm vom 11.—13. 1. 1913 an der Tagung der Freideutschen Jugend auf dem Hohen Meißner teil. Diese Mitteilung findet sich bei Karl O. *Paetel*, Jugendbewegung und Politik, Bad Godesberg 1961, S. 31.
[55] Die Zeitschrift hieß früher „Bühne und Welt" und war über die völkische Hanseatische Verlagsanstalt zum DHV gekommen.
[56] Für die folgenden Ausführungen über den DHV stütze ich mich vor allem auf: Iris *Hamel*, Völkischer Verband und nationale Gewerkschaft. Der Deutschnationale Handlungsgehilfenverband 1893—1933, Frankfurt/Main 1967.

in erster Linie die Lage der Kleinhandelsangestellten — in Zusammenarbeit mit deren Arbeitgebern! — bessern. Dieses Ziel stand in Einklang mit allgemein mittelständischen Forderungen und deren politische Durchsetzung war im ausgehenden 19. Jahrhundert zumeist eng mit der Proklamation eines nationalistischen Antisemitismus verbunden. Der DHV ist mit seiner Entwicklung einer antisemitischen Abwehrideologie gegen Industrialisierung und gegen die Sozialdemokratie als ein besonders typischer mittelständischer Verband jener Jahre anzusehen.

Mit der Ausweitung der Angestelltenschicht in Großhandel und Industrie änderten sich die Zusammensetzung und die Politik des DHV. Nach der Jahrhundertwende entwickelte sich der Verband zunehmend zu einer Angestelltengewerkschaft. Er gab die Interessensolidarität mit den Arbeitgebern auf und nannte sich seit 1919 zusätzlich „Gewerkschaft kaufmännischer Angestellter".

Die vor allem von Hans Bechly und Max Habermann vertretene gewerkschaftliche und weitgehend parteineutrale Politik des Verbandes blieb allerdings ohne größeren Einfluß auf die ideologische Selbstdarstellung des DHV. Das „Deutsche Volkstum", die von Verbandsmitgliedern gegründete „Fichtegesellschaft von 1914" und die sonstige recht intensive Bildungsarbeit des DHV waren nach wie vor deutschnationalen Traditionen verpflichtet. Die vorherrschende politische Tendenz des Verbandes wurde von Walter Lambach in dessen Beitrag zur „Neuen Front" treffend formuliert. Zwar stehe auch der DHV im Klassenkampf, schrieb Lambach, doch habe er darüber noch nicht das „nationale Fühlen" eingebüßt. Durch die gegenwärtige politische und wirtschaftliche Lage sei Deutschland als Ganzes in die Lage eines Arbeitnehmers gegenüber den arbeitgebenden Siegerstaaten versetzt worden, der so entstandene „zwischenvölkische Klassenkampf" zwinge zur Volkssolidarität, so daß die Deutschnationalen Handlungsgehilfen jenseits ihres Klassenkampfes gegen die Arbeitgeberschaft „die solidarische Volksgemeinschaft mit dieser Arbeitgeberschaft nach außen" fänden[57].

Neben der nationalen hatte sich der DHV seine antisemitische Tradition erhalten. Ebenso wie die Gründer von 1893 verstanden auch die Verbandsmitglieder der Weimarer Zeit unter „Deutschnationalität" die rassische und völkische Zugehörigkeit zum Deutschtum. Schon 1893 bestimmte § 7 der Verbandssatzung, daß Juden nicht Mitglieder werden konnten. Die 1909 abgeänderte Fassung dieses Paragraphen, welche bis zur Übernahme des DHV in die „Deutsche Arbeitsfront" in Kraft blieb,

---

[57] Walter *Lambach*, Verinnerlichung des Klassenkampfes, in: Die Neue Front, hrsg. von Moeller van den Bruck, Heinrich von Gleichen und Max Hildebert Boehm, Berlin 1922, S. 222.

lautete: „Juden und in einem bewußten Gegensatz zum Deutschtum stehende Angehörige anderer Nationen oder Rassen können keinerlei Mitgliederrechte erwerben[58]."

Durch die Breitenwirkung des DHV ist die von ihm vertretene Synthese aus Nationalismus und Antisemitismus für die politischen Anschauungen großer Teile des Mittelstandes bestimmend geworden. Das „Deutsche Volkstum", in welchem sich die Verbandspolitik mit sehr persönlichen Ansichten Wilhelm Stapels verband, gewinnt hierdurch seine Bedeutung, die dadurch noch gesteigert wird, daß seine Wirkung weit über die Mitgliedschaft des DHV hinausreichte.

a) Volkstumsideologie Stapels

Die politischen Ansichten Stapels sind weder eindeutig festgelegt, noch in sich geschlossen oder logisch folgerichtig. Insofern unterscheidet er sich in nichts von anderen Vertretern der völkischen Ideologie. Für unsere Untersuchung ist Stapel vor allem deshalb symptomatisch, weil sich an seiner umfangreichen und kontinuierlichen publizistischen Tätigkeit zeigen läßt, wie eine verhältnismäßig unbestimmte nationalkonservative Einstellung durch die politische Situation der Weimarer Zeit[59] und die sich verschärfende nationalsozialistische Propaganda allmählich so präzisiert, bzw. verändert wurde, daß sie schließlich eine problemlose Anerkennung des Nationalsozialismus ermöglichte. Dieser Prozeß läßt sich an wenigen, für Stapels Denken dominanten Ansichten verdeutlichen, auf die sich die folgende Darstellung deshalb auch konzentrieren wird.

Stapel zählte sich selbst zu den Jungkonservativen als den „vorwärtsdrängenden Kräften" der nationalen Bewegung[60]. Sein nachdrückliches Bekenntnis zum Fortbestand des Preußentums[61] — ohnehin einer mehr geistig als staatspolitisch verstandenen Größe — schloß keineswegs den Wunsch nach Wiedereinführung der Monarchie mit ein. So sah Stapel mit vielen seiner Gesinnungsgenossen in dem politischen Zusammenbruch von 1918 die Chance für einen Neubeginn. Zur Zeit der Friedensverhandlungen in Versailles schrieb er im „Deutschen Volkstum": „Zu dem Friedensgeschäft in Versailles halten wir den Mund. Wenn der

---

[58] Abgedruckt bei Iris *Hamel*, Völkischer Verband und nationale Gewerkschaft, a.a.O., S. 83.

[59] Keßler verdeutlicht, wie sehr der Ruhrkampf und die Inflation das politische Denken Stapels radikalisiert haben. Heinrich *Keßler*, Wilhelm Stapel ..., a.a.O., S. 74.

[60] Wilhelm *Stapel*, Von der Zukunft der nationalen Bewegung, in: DV 1924, S. 1.

[61] Wilhelm *Stapel*, Preußen muß sein, 2. Aufl., Hamburg 1933.

Friede fertig ist und wir wissen, woran wir sind, werden wir uns entschließen zu dem, was not tut. Einstweilen nur: Je grausamer, je besser; denn je mehr der deutsche Staat von 1871 in Trümmer geht, um so fester und inniger wird das deutsche *Volk*, das weit größer ist als jener Staat, über alle Staatengrenzen hinweg zusammengeschmiedet. Zähne zusammen — es darf auch knirschen — und nicht umgeblickt[62]."

Nachdem die von Stapel erhoffte Wirkung des Versailler Vertrages, durch die äußere Not einen geistigen Aufschwung und eine wirkliche „nationale Revolution" herbeizuführen, ausgeblieben war, schloß er sich in zunehmendem Maße den völkischen Forderungen nach einer Revision des Friedensvertrages an. Den Übergang zu radikal-völkischen Forderungen markiert sein — formal an die bekannte Claudius-Schrift angelehnter — Aufsatz „An meinen Sohn". Stapel veröffentlichte ihn 1919 im Augustheft des „Deutschen Volkstums" und ließ ihn später auch in Buchform erscheinen. Darin hieß es: „Stellen unsere Feinde die Ehre und Freiheit des deutschen Volkes nicht aus eigener Freiheit und Vernunft wieder her, so wirst du, mein Sohn, so werden Enkel und Enkelkinder stets daran denken müssen, sie durch Blut und Eisen wieder herzustellen. Darum, mein Sohn, halte dich stets wehrhaft ... Laß dir nicht gute edle Worte wie Haß, Rache und Feind entwerten. Es gibt einen erbärmlichen Haß, eine verächtliche Rache, eine niedrige Feindschaft. Aber es gibt auch einen großen Haß, eine edle Rache, eine Freiheit und Leben erweckende Feindschaft[63]."

Im Laufe der Jahre weitete sich die Forderung auf Revision des Versailler Vertrages aus und verband sich mit der Sehnsucht nach dem „Reich", dem durch die politische Vorherrschaft in Europa eine machtpolitische Basis geschaffen werden sollte: „Nur ein von Deutschen geführtes Europa kann ein befriedetes Europa werden. Europa krankt an der Schwäche der Deutschen. Nur wenn wir die *Vormacht* haben, können uns die Grenzen so bedeutungslos werden, daß wir sie sogar lassen können, wie sie sind ...[64]" Hatte er zunächst geistigen Neubeginn und geistige Vorherrschaft angestrebt, so ließ ihn die Enttäuschung über die politischen Realitäten allmählich zum Agitator unverhüllt machtpolitischer Ziele werden. 1932 hieß es dann bei Stapel: „Eines aber fordern wir: das *Imperium*. Wo uns das Imperium nicht zugestanden wird, muß es errungen werden. Denn wir sind nicht andern ‚gleich‘, sondern wir sind ‚Deutsche‘[65]."

---

[62] Wilhelm *Stapel*, in: DV 1919, S. 196 (Hervorhebung im Original).

[63] Wilhelm *Stapel*, in: DV 1919, S. 233.

[64] Wilhelm *Stapel*, Der christliche Staatsmann. Eine Theologie des Nationalismus, Hamburg 1932, S. 255 (Hervorhebung im Original).

[65] Ebd., S. 256 (Hervorhebung im Original).

Ein ähnlicher Wandlungsprozeß läßt sich für manche Äußerung Stapels zur inneren Ordnung des politischen Gemeinwesens feststellen. In zwei Reden zur „volksbürgerlichen Erziehung"[66], die er 1917 im Hamburger Volksheim hielt, entwickelte Stapel die theoretische Trennung von Volk und Staat, die für sein Denken bis zur Anerkennung der Führerschaft Adolf Hitlers programmatisch bleiben sollte. Der „Lebensgemeinschaft" des Volkes stellte Stapel den Staat als eine bloße „Arbeitsgemeinschaft" gegenüber[67]. Der Staat könne von den Staatsbürgern nur die Erfüllung ihrer Pflicht, das Volk von den Volksgliedern jedoch Liebe verlangen[68].

Nach Stapel setzt die Seele des Volkes, „indem sie handelnd die Welt, die geistige und stoffliche Welt gestaltet, aus sich einen allgemeinen Besitz heraus: beispielsweise die deutsche Sprache, die deutsche Sitte, die deutsche Kunst, ein deutsches Staatsideal..."[69].

Obwohl einerseits die Realisation der Volksseele im Volkstum als Naturgegebenheit aufzufassen ist, erachtete Stapel doch andererseits eine Erziehung zum Volksbürger als notwendig, da die „natürliche Gemeinschaft" zerrissen und „künstliche, durch Menschenhand geschaffene Gebilde" an ihre Stelle getreten seien[70]. Um jeden Zweifel an der Hochwertigkeit des Volkstums auszuschließen, rekurrierte Stapel — wie immer, wenn er seinen Postulaten besondere Bedeutung zumaß — auf Glaubenstatsachen eines nach seinen Bedürfnissen interpretierten Protestantismus. Über die Unabdingbarkeit völkischer Zugehörigkeit steht in seinem Beitrag zur „Neuen Front": „Meine Volkheit lebe ich ebenso wie meine Persönlichkeit nur, wenn ich den Mut habe, unreflektiert aus mir selbst zu leben. Um diesen Mut zu haben, muß ich Glauben an mein Volk und Glauben an mich haben. Nun aber sind Volk und ich irdische Erscheinungen ... Glauben kann ich ... nur an ein niemals Wankendes, an Gott. Nur sofern ich mein Volk und mich als von Gott geschenkte Erscheinungen glaube, habe ich den Mut zum unmittelbaren, völkischen wie persönlichen Leben[71]." Die Gedankenführung zeigt, daß — zumindest damals[72] — Gott für Stapel eine instrumentale Größe im Rahmen völkischer Weltanschauung war.

Zur Bestärkung seiner Volkslehre gebrauchte Stapel auch andernorts religiöse Begriffe, so häufig „Nomos" anstelle von „Volksseele". „No-

---
[66] Wilhelm *Stapel*, Volksbürgerliche Erziehung, 2. Aufl., Hamburg 1924 (erstmalig 1917 erschienen).
[67] Ebd., S. 39.
[68] Ebd., S. 44.
[69] Ebd., S. 21.
[70] Ebd., S. 37.
[71] Wilhelm *Stapel*, Volk und Volkstum, in: Die Neue Front, a.a.O., S. 86 f.
[72] Keßler zufolge hat sich Stapel in dieser Frage nach 1945 revidiert, Heinrich *Keßler*, Wilhelm Stapel..., a.a.O., S. 227.

mos" definierte Stapel als dasjenige Gesetz des Lebens, welches ein Volk zusammenhält, dessen innere und äußere Form, dessen Kult und Ethos, dessen Verfassung und Recht bestimmt[73]. So werden völkische Besonderheiten zu göttlichen Prägungen, die schließlich auch mit den natürlichen sich deckten, als Stapel dazu überging, Volkstum, Nomos und Rasse als Synonyma zu behandeln.

Rasse war für Stapel „nicht nur etwas Körperliches und Biologie ist nicht nur eine ‚materialistische' Wissenschaft. Rasse ist Seele und Geist, *darum* ist sie *auch* Blut und Körper. Denn der Rassengeist baut sich den Rassenkörper. Wie immer man das Phänomen Rasse deuten mag — ich selbst deute es auf die heute übliche Weise (sic) —, Rasse ist eine unbestreitbare Tatsache. Es gibt Rasse. Weil es sie gibt, bestimmt sie auch die Erscheinungsformen der Religion"[74]. Diese Feststellung stammt aus Stapels „Theologie des Nationalismus" — so der Untertitel seines 1932 erschienenen Buches „Der christliche Staatsmann". Noch 1926 hatte er sich nicht pauschal dem gängigen Rassenverständnis angeschlossen, er distanzierte sich damals von dem „nordischen Spleen" und von denjenigen, die Rassenmischungen grundsätzlich ablehnten. Wichtig war ihm allerdings auch schon damals „die Schärfung der Sinne für rassische Typen und für das Adlige in der menschlichen Erscheinung ... in diesen Zeiten der gesellschaftlichen Umschichtung, wo nur allzu leicht die Canaille (in Raabes Sinne) nach oben kommt, von hohem Wert. Aber klein und eng wäre es, wenn wir aus den Rassetypen *Dogmen* zurechtmachen würden, so daß unser unmittelbares instinktives Gefühl für den Persönlichkeitsgehalt durch eine Rassen‚lehre', also durch intellektuelles Wissen ersetzt würde"[75]. Hier wird deutlich, wie leicht eine Volkstumsideologie, die ursprünglich nur von kulturellen Unterschieden ausgegangen war, rassistisch umgedeutet werden konnte. Denn vor seiner ausdrücklichen Übernahme rassistischer Kategorien bestimmte Stapel völkische Eigenart nach der jeweiligen Kulturform, die sich für ihn vor allem in der Volkssprache und einer spezifischen Volksordnung ausdrückte. Die innere Ordnung des Gemeinwesens bildete den Kern der Stapel'schen Lehren. Insofern unterschied er sich von den meisten Radikal-Völkischen, deren Programme zumeist auf die außenpolitisch mächtige Stellung der deutschen Nation allein gerichtet waren.

Nach Stapel zerfällt das Volk in drei große Schichten: „Erstens das Bauerntum, das, an den Erdboden geklammert, die eigentliche Wurzel unseres Volkes ist, aus der heraus das Volk sich immerfort körperlich und seelisch erneuert. Zweitens das Bürgertum, das seit Jahrhunderten der stete Träger der Kultur ist; der Zusammenhang der deutschen Bil-

---

[73] Wilhelm *Stapel*, Der christliche Staatsmann, a.a.O., S. 172.
[74] Ebd., S. 17 (Hervorhebungen im Original).
[75] Wilhelm *Stapel*, Rasse, in: DV 1926, S. 798 (Hervorhebung im Original).

dung und des geschichtlichen Bewußtseins ist an den Bestand dieser Gruppe geknüpft. Drittens die Industrie-Arbeiterschaft, der jüngste Zweig des deutschen Volkes, der infolge der zivilisatorischen Entwicklung und des technischen Fortschrittes im letzten Jahrhundert erwachsen ist. Von dieser Schicht hängt die ganz auf Kohle und Elektrizität gegründete moderne Zivilisation ab. Ihr Daseinsrecht hängt davon ab, ob man den Wert und die Notwendigkeit dieser Zivilisation bejaht oder verneint[76]." Diese Feststellung Stapels enthält einige Charakteristika völkischer und revolutionär-konservativer Ideologie: Er leugnete einerseits die Notwendigkeit einer Entwicklung zum hochentwickelten Industriestaat und zwar nicht nur rückwirkend, sondern auch für den Augenblick. Noch 1919 hielt er es für möglich, sich für oder gegen eine „auf Kohle und Elektrizität gegründete moderne Zivilisation" zu entscheiden. Seiner Ansicht nach war das ganze Elend der Zeit „nur das Ergebnis eines ungesunden Wachstums, das durch unnatürliche, künstliche Mittel — Kapitalismus, Industrialismus — hervorgerufen war. Es ist das Ergebnis einer wirtschaftlichen, seelischen und geistigen Fehlentwicklung. Wir müssen aus dieser ganzen Fehlrichtung unseres Volkslebens heraus, wir müssen wieder von vorn anfangen; auf der wohlgegründeten, dauernden *Erde*"[77]. Bei näherem Zusehen erweist sich dieses Agrarprogramm jedoch andererseits als die unter Völkischen gebräuchliche Romantisierung des Kapitalismus. Gefordert wurde imperiale Siedlungsbewegung nach außen unter Beibehaltung des Unternehmerkapitalismus im Inland: „Ein gesundes Volk, das in ehrenfester Sitte lebt, dehnt sich kolonisierend aus, sobald der Menschen im Heimatland zuviele werden. Ein ungesundes Volk ist dazu nicht mehr tapfer genug, sondern schafft sich, um leben zu können, überflüssige (sic) Industrien, Bürokratien, Banken, und da hocken die Menschen in Klumpen und betrügen einer den andern um die echten Werte des Lebens[78]."

An Stapels zitierter Äußerung war ferner charakteristisch, daß seine Einteilung des Volkes in drei Schichten nicht auf deren ökonomischen Funktionen beruhte. Lediglich die Schicht der Industrie-Arbeiterschaft wurde formal nach ökonomischen Kriterien bestimmt, das Bauerntum wurde dagegen seiner biologischen, das Bürgertum seiner kulturellen Funktionen wegen für wertvoll erachtet. Indem Stapel die ökonomische-kapitalistische Funktion des Bürgertums gänzlich außer Betracht ließ, erkannte er diese indirekt an und damit zugleich den Kapitalismus, dem, wie bereits ausgeführt, Agrarprogramme nur scheinbar entgegengestellt wurden.

---
[76] Wilhelm *Stapel*, Revolution über Revolution, in: DV 1920, S. 134.
[77] Wilhelm *Stapel*, Linkser als links und rechtser als rechts, in: DV 1919, S. 315 (Hervorhebung im Original).
[78] Wilhelm *Stapel,* Volkswirtschaft und Volkssitte, in: DV 1923, S. 5.

2. Wilhelm Stapel

So wenig der Gesellschaftsordnung ein einheitliches Schichtungsprinzip zugrundelag, so sehr galt sie Stapel als schicksalhaft und unveränderlich: „Die Sitte ordnet die Menschen nach Ständen mit bestimmter Ehre. Der Krieger, der Bauer, der Handwerker, der Kaufmann, der Gelehrte: jeder hat seinen Rang im Ganzen und seine Standesehre. Dieser Rang ist Schicksal, da *ist jedes Ressentiment, jedes Warum, jeder Neid ausgeschlossen*[79]."

Die ideologische Funktion des von Stapel vorwiegend mit biologischen Inhalten gefüllten Schicksalsbegriffes wird alsbald deutlich: „Es gibt zwei Arten von Menschen: kämpferische und friedsame. Den einen ist die seelische Aktivität und damit der Expansionsdrang eingeboren ... Arbeit ist für sie ein inneres Muß ... Sofern diese Menschen zu wirtschaften beginnen, werden sie alsbald zu ‚Unternehmern' ... Für Menschen dieser Art ist das Leben und somit auch das Wirtschaftsleben ein *Kampf*. Wirtschaften ist *erobern* ... Aus einer solchen kämpferischen, freiheitsstolzen, abgegrenzten und in sich selbst geschlossenen Geistesart kann sich nur eine ‚Raubtierwirtschaft' entwickeln: der ‚Kapitalismus'. Die Führer dieser Wirtschaft sind ‚Herren' und wollen es bleiben. Zerbricht ihr ‚Herrentum', so zerbricht diese Wirtschaft[80]."
Auch Stapel stand, wenn es um die Wirtschaftsform ging, ganz im Banne des Kapitalismus, er vertrat einen rigorosen Wirtschaftsliberalismus und verherrlichte dessen „Raubtierwirtschaft". Der von ihm erhoffte „deutsche Sozialismus" sollte keineswegs das „Herrentum" der Unternehmer beseitigen, denn dies würde zu einer „Herdenwirtschaft" führen, wie sie durch die — von ihm zwar nicht gänzlich verurteilten, aber doch verächtlich betrachteten — Sozialisten angestrebt wird[81]. Er selbst war Sozialdarwinist und verband demzufolge mit der Eigentumsvorstellung den „Zweckbegriff der Erhaltung des Lebens in der *Zukunft* ... Wir sehen also den biologischen Grund des Eigentums in engerem Sinne in der *Brutpflege* ... Damit ist gesagt: Zum Wesen des Eigentums gehört, daß es *vererbt* wird ... Eigentum, das nicht den Anspruch auf Erblichkeit erhebt, ist kein Eigentum. Eigentum ist ein Übergreifen der seelischen und körperlichen „Erbmasse" auf die Umwelt"[82].

Schließlich ist im Sinne der völkischen Ideologie charakteristisch, daß Stapels Bild der inneren Ordnung des deutschen Gemeinwesens weder von einer Analyse ausging, noch eine solche anstrebte. Wären seine Vorstellungen an Realitäten orientiert gewesen, so hätte er diejenige

---

[79] Ebd., S. 2 (Hervorhebung von mir).
[80] Wilhelm *Stapel*, Die wirtschaftliche Antinomie, in: DV 1924, S. 108 (Hervorhebung im Original).
[81] Ebd., S. 109.
[82] Wilhelm *Stapel*, Das Gesetz unseres Lebens, 2. Aufl., 1941 (erstmalig 1939), S. 76 (Hervorhebungen im Original).

Berufsgruppe bei seiner Volksgliederung immerhin berücksichtigen müssen, deren Verband er seinen Lebensunterhalt verdankte. Als Herausgeber einer Zeitschrift des „Deutschnationalen Handlungsgehilfenverbandes" mußte Stapel das zahlenmäßige Anwachsen des neuen Mittelstandes bekannt sein. Während die Verbandsleitung längst eingesehen hatten, daß eine gemeinsame Subsumierung von Arbeitgebern und Arbeitnehmern kaufmännischer Unternehmungen unter den Begriff „Bürgertum" den gesellschaftlichen und ökonomischen Realitäten widersprach, hielten die Ideologen im Umkreis des Verbandes an ihren Wunschvorstellungen eines ökonomisch unabhängigen Bildungsbürgertums fest.

Die Vorstellungen Stapels und aller revolutionären Konservativen sind durch einen fundamentalen Widerspruch gekennzeichnet, der sich aus der gleichzeitigen Romantisierung agrarischer und kapitalistischer Lebensformen ergibt. Weder für Stapel noch andere revolutionäre Konservative schloß die Idealisierung agrarischer Gemeinschaften die ihrer Ansicht nach elitäre „Raubtierwirtschaft" im Sinne des Wirtschaftsliberalismus aus. Sie meinten reinen Unternehmerkapitalismus mit nationalem Gemeinsinn verbinden zu können, gegen das Proletariat als eine historisch überflüssige Schicht polemisieren und doch das Erstarken der nationalen Wirtschaft erhoffen zu dürfen. Stapel setzte diese einander ausschließenden Argumentationen nirgends in Beziehung zueinander, war sich dieser Widersprüchlichkeit wohl auch kaum bewußt. Sucht die nachträgliche Analyse derartige Beziehung herzustellen, so kann deren Ansatz exemplarisch an Hand von Stapels Aufsatz über „Die wirtschaftliche Antinomie" aufgezeigt werden. Stapel zufolge besteht ein grundlegender Unterschied zwischen der nur in Industriebetrieben auftretenden „Antinomie' von Arbeitgebern und Arbeitnehmern und dem ständischen Gegensatz von ‚Herr' und ‚Gesinde', der die Ehre und die Würde des Untergebenen wahrt[83]. Wird davon ausgegangen, daß einerseits der Unternehmerkapitalismus mit seiner industriellen Produktionsform erhalten bzw. wieder eingeführt und andererseits agrarisch-ständische Lebensformen durchgesetzt werden sollten, so hätte die von Stapel angestrebte soziale Revolution bedeutet, daß die Industriearbeiter aus dem antinomischen Verhältnis ihres gegenwärtigen Daseins in die ständische Untergebenenbeziehung überführt worden wären. Diese geistige „Entproletarisierung" ist der einzige Inhalt des Stapel'schen „deutschen Sozialismus", denn das private Eigentum und die aus ihm sich ableitende Verfügungsgewalt, war ihm wie allen nationalen Sozialisten sakrosant.

---

[83] Wilhelm *Stapel*, Die wirtschaftliche Antinomie, a.a.O., S. 106.

2. Wilhelm Stapel

b) *Stapels Salon-Antisemitismus*[84]

Welche Konsequenzen sich aus Stapels Vorstellung eines geschlossenen, hierarchisch gegliederten Volksstaates für das Leben einer Minderheit innerhalb der nationalen Grenzen ergaben, zeigte sich explizit und implizit am deutlichsten in Stapels Aufsatz über den „Versuch einer praktischen Lösung der Judenfrage"[85], den er für den von A. E. Günther herausgegebenen Sammelband „Was wir vom Nationalsozialismus erwarten" verfaßt hatte:

„Ein national-konservativer Staat faßt die Bevölkerung in klar und streng geformte Gruppen zusammen, die in einer bestimmten Rangfolge geordnet sind und zusammen ein ineinander-arbeitendes Gefüge bilden. Das ist das konservative Element. Dieses Gruppengefüge wird erfüllt von einem festen, der Diskussion entzogenen Volksgeist. Das ist das nationale Element. Ein solcher Staat ist durch sich selbst immun gegen die Angriffe eines fremdartigen und fremdwilligen Geistes. Damit ist die Judenfrage in ihrem wichtigsten Teil gelöst: Der Jude steht alsbald vor der Wahl einer *unbedingten Einordnung* oder einer *Sonderstellung*[86]." Da Stapel wie die meisten Volkstumstheoretiker davon ausging, daß sich „das Judentum als Ganzes" den Ideen der französischen Revolution verbunden und eine Arrangierung mit den konservativen Mächten in Deutschland verschmäht habe, war die Alternative von Einordnung oder Sonderstellung zum Zeitpunkt ihrer Formulierung unter Stapels Voraussetzungen bereits inexistent und die Sonderstellung der Juden unabänderlich. Ihr sollte durch eine „Sonderbehandlung" des „jüdischen Standes" Rechnung getragen werden, die unter anderem die Befreiung der Juden vom Kriegsdienst vorsah, „denn wir wollen die Juden nicht in die Lage zwingen, mit den Juden anderer Länder zu kämpfen"[87]. Die Vermutung, bei den Juden seien internationale Bindungen vorrangig gegenüber den nationalen, sollte also institutionalisiert werden. Des weiteren dürften — zur besseren Unterscheidung — jüdische Bücher, Zeitschriften und Zeitungen nicht mehr in Fraktur gedruckt werden[88].

Stapel gestand der von ihm angestrebten ständischen Gesellschaft eine gewisse, jeweils biologisch zu rechtfertigende Mobilität zu, und schloß deshalb auch die Möglichkeit nicht gänzlich aus, daß ein Jude

---

[84] Diese Bezeichnung übernehme ich von Iris Hamel, Völkischer Verband ..., a.a.O., S. 269.
[85] Wilhelm *Stapel*, Versuch einer praktischen Lösung der Judenfrage, in: Was wir vom Nationalsozialismus erwarten. Hrsg. Albrecht Erich Günther, Heilbronn 1932, S. 186 ff.
[86] Ebd., S. 188 (Hervorhebungen im Original).
[87] Ebd., S. 189.
[88] Ebd.

von einem jüdischen in einen deutschen Stand übertritt. Allerdings sollte das Mißtrauen gegenüber Assimilanten in einem vorgeschriebenen Übertrittsmodus institutionalisiert werden. Stapel erläuterte diesen Plan folgendermaßen: „Wer übertreten will, dem muß seine Absage an die bisherige Gemeinschaft und sein Bekenntnis zur neuen Gemeinschaft so ernst sein, daß er beides nicht nur und nicht sowohl für sich selbst, als vielmehr für sein ganzes Geschlecht, also für seine Nachkommenschaft will. Er muß für seine Person das Martyrium auf sich nehmen, das Recht der einen Gemeinschaft aufzugeben, ohne das Recht der anderen Gemeinschaft zu erwerben. Ebenso sein Nachkomme. Erst bei der dritten Generation wird die Übernahme in die erstrebte andere Gemeinschaft wirklich vollzogen. Denn die zwischen die Generationen gelegte Karenzzeit gibt eine gewisse Sicherheit dafür, daß der Übertritt nicht aus einem *Interesse*, sondern aus innerer *Notwendigkeit* erfolgt[89]."

Stapel erklärte nicht, wie in einen berufsständischen Staat ein „jüdischer" Stand eingefügt werden sollte, der doch in sich die berufsständische Ordnung des Gesamtstaates wieder hätte enthalten müssen, er erläuterte nicht, wie ein Mensch in einem „klar und streng geformten" Ständestaat „standeslos" während der vorgeschriebenen „Karenzzeit" existieren sollte. Er betonte zwar, daß das Verhältnis zu den Juden durch „achtungsvolle Distanz"[90] bestimmt sein solle, doch liegt in der erzwungenen Absonderung bereits die Diskriminierung. Zwar war die Sonderstellung des „jüdischen Standes" hier noch nicht durch den gelben Stern gekennzeichnet, doch wäre seine Einführung schließlich die Voraussetzung für die angestrebte „achtungsvolle Distanz" gewesen. Wie sonst hätte man zur Zeit der Weimarer Republik Juden von Deutschen unterscheiden sollen? Stapel freilich berief sich auf sein untrügliches Gefühl[91].

Indem er sich vom Radau-Antisemitismus und dessen rassistischer Dogmatik distanzierte[92], um sich dafür auf seinen „gesunden Instinkt" bei der Beurteilung einzelner Juden zu verlassen, war Stapel überzeugt, „niemals Niedrigkeiten gegen jüdische Menschen (zu) begehen"[93]. Trotz solcher Zurückhaltung, die bemüht ist, „rohe Fehlgriffe" auszuschließen[94], unterschied sich Stapels Antisemitismus nicht von dem der

---

[89] Ebd., S. 190 (Hervorhebungen im Original). Die Vorschrift, daß der endgültige Übertritt erst in der dritten Generation erfolgen soll, entspricht der zwischen Ägyptern und Edomiter, vgl. Dtn, 23, 8.
[90] Ebd., S. 191.
[91] Wilhelm *Stapel*, Antisemitismus und Antigermanismus. Über das seelische Problem der Symbiose des deutschen und des jüdischen Volkes. Hamburg-Berlin-Leipzig 1928, S. 74.
[92] Ebd., S. 13.
[93] Ebd., S. 74.
[94] Ebd., S. 74.

Rassisten. Bei aller Berücksichtigung des Einzelfalles wurden unüberbrückbare Schranken des „Taktes" zwischen Juden und Deutschen aufgerichtet. So hielt es Stapel für „taktlos", wenn der „jüdische Geist" versuchte, die deutsche Weltanschauung zu ändern, indem jüdische Literaten Liberalismus und Pazifismus in Deutschland zu verbreiten suchten[95]. Schlechterdings unerträglich war ihm der Gedanke, von Juden regiert zu werden: „Staat und Politik ist nicht weniger wie die Kunst ein Erzeugnis des Volkstums. Deutsches Staatsdenken ist anders als französisches, türkisches, jüdisches, und deutsche Politik wird stets anderer Art sein als die anderer Völker. Es spielen darin allertiefste Instinkte mit. Deutsche und Juden haben ein verschiedenes Gefühl für Wirklichkeiten, für Folgerichtigkeit, für Treue, für Würde, sie haben verschiedene Weisen, auf Angriffe zu reagieren, verschiedene Organisationsideale, verschiedene Ideale des Heldentums. Ein jüdisches Staatswesen und seine Politik muß ganz anders aussehen als ein deutsches. Es ist nun das natürliche Recht eines jeden Volkes, daß es sein Schicksal nach seinen eigenen Instinkten geleitet wissen will. Sobald sich also ein Jude an eine verantwortliche leitende Stelle der deutschen Politik drängt oder drängen läßt, begeht er zwar kein Unrecht, aber eine Taktlosigkeit[96]."

Stapel war zwar der Ansicht, daß der Ausschluß jüdischer Mitbürger von staatsbürgerlichen Rechten der Gleichberechtigung „durchaus nicht zu nahe trete"[97], aber der Ausschluß aus Gründen der völkischen Verschiedenheit unterscheidet sich in nichts von rassischer Diskriminierung. Auch die Rassentheoretiker argumentierten nicht nur mit drohender Mischung des Erbgutes, die Stapel 1928 wie selbstverständlich ebenfalls ablehnte[98], sondern mit den von ihnen behaupteten kulturellen Ausprägungen biologischer Unterschiede.

Sofern „verschieden völkische" Gruppen gleichberechtigt nebeneinander leben sollen, darf niemand die *freiwillige* Assimilation verwehrt werden, denn einer erzwungenen Absonderung entspricht immer die Unterdrückung der Abgesonderten. Deshalb zeugen Stapels folgende Ausführungen entweder von grenzenloser Realitätsferne oder von bewußter Täuschung: „So wäre die Möglichkeit denkbar, daß zwei Völker, in sich gefestigt und klar abgegrenzt, dabei offen und ohne Engherzigkeit, als einander Fremde, aber doch als vom Schicksal zum Zusammenleben Gezwungene miteinander auskommen, ohne daß ihr Volkstum überfremdet und ihre Geschichte verfälscht wird[99]."

---

[95] Ebd., S. 86.
[96] Ebd., S. 22.
[97] Ebd., S. 17.
[98] Ebd., S. 75.
[99] Ebd., S. 77.

Die ideologische Funktion des Stapel'schen Antisemitismus ist eindeutig. Er ist Mittel zur Ausschaltung all derjenigen Geisteshaltungen, die dem deutschen Volkstum widersprechen. Der Titel, „Antisemitismus und Antigermanismus", den er der gesammelten Ausgabe seiner Aufsätze zum Judenproblem gab, sollte besagen, daß Antisemitismus nur insoweit und solange notwendig sei, als das deutsche Volk sich gegen den jüdischen Antigermanismus zur Wehr setzen müsse. Durch die Gleichsetzung des Judentums mit allen Emanzipationsbestrebungen und mit der Entwicklung zur Industriegesellschaft wäre aber der Antisemitismus — entgegen Stapel — fortdauerndes und notwendiges Korrelat der von ihm erhofften deutschen Lebensformen gewesen.

c) Stapels ideologische Zielsetzungen

Stapel war kein Verbandsfunktionär; seine Ideologie konnnte der gewerkschaftlichen Propaganda des „Deutschnationalen Handlungsgehilfenverbandes" kaum von Nutzen sein. Wohl aber bot Stapels Lehre einer in sich geschlossenen Volksgemeinschaft, die sich mittels Antisemitismus aller fremden Einflüsse erwehrt, eine Hilfe für diejenigen DHV-Mitglieder, die sich in der neuen Zeit nicht zurechtfanden. Seine Forderung, jedem Volksglied einen festen Platz zuzuweisen, war Orientierungshilfe und Entlastung von persönlicher Entscheidung. Folgerichtig setzte Stapel an Stelle des Persönlichkeitsideals den „*Funktionalismus*, der frei von Ressentiment und Sentimentalität, die harte, oft vielleicht herbe Einordnung des individuellen Lebens in ein überindividuelles Leben fordert: Selbstverleugnung, damit das Ganze sich als wahres Ganzes behaupte. Der *Funktionswert* des Menschen wird sein *öffentlicher* Wert sein, der *Persönlichkeitswert* des Menschen wird sein *privater* Wert sein"[100].

Stapel scheute sich nicht, die Konsequenz aus der Einführung eines öffentlichen Funktionswertes des Menschen zu ziehen: er lehnte die individuelle Gerechtigkeit ab. Die neue Gerechtigkeit sollte einen Wertunterschied setzen zwischen „regenerativen und devastablen Menschengruppen, zwischen solchen, welche die Zukunft tragen, und solchen, die für die Zukunft des Ganzen nicht von Belang sind..."[101]. Solche Funktionalisierung ließe sich begründen, wenn sie gemessen wäre an einem rational definierten und der öffentlichen Diskussion ausgesetzten Gemeinwohl. Stapel jedoch verfügte nur über den rational nicht ausgewiesenen Wertmaßstab des Volkes. Dieser — so betonte er — sei kein

---

[100] Wilhelm *Stapel*, Von der Wandlung des Lebensgefühls, in: DV 1928, S. 423 (Hervorhebungen im Original).
[101] Ebd., S. 425.

abstrakter Begriff, sondern konkrete Erscheinung[102], sein Wert jedoch ist vorgegeben und nur mystisch gerechtfertigt. Eine Funktionalisierung des Menschen zugunsten des Volkes ist somit jedem Mißbrauch ausgesetzt, da kein wie immer geartetes Richtmaß zur Feststellung des öffentlichen Funktionswertes zur Verfügung steht.

Für Stapel ergab sich aus der Notwendigkeit, das Abstraktum Volk zu interpretieren, die Wendung zum Führerstaat. Schon in der „Volksbürgerlichen Erziehung" von 1917 schrieb er: „Jedes *einzelne* Leben ist freilich nur ein Bruchteil des Volkslebens; der Zusammenhang des *Ganzen* erst gibt Zeugnis vom Leben des *Volkes*. Aber hin und wieder werden in einem Volke einzelne Menschen geboren, die gleichsam das Ganze ‚repräsentieren' und die wir daher im vertieften Sinne ‚Führer' nennen können. Wir nennen sie ‚tief' und ‚kraftvoll'. Sie haben eine ‚instinktive Fühlung' mit dem innersten Sehnen, mit dem unbewußten Werdewillen ihres Volkes, sie haben eine Art unbewußten (naturhaften) Wissens über die Schicksalsnotwendigkeiten ihres Volkes. Man pflegt sie als *Genius* zu bezeichnen. Sie sind im Volke die wahren ‚Repräsentanten' der Volkheit, nicht die vom Volke gewählten, sondern die von der Natur bestimmten...[103]."

Stapel explizierte selbst die notwendige Folgerung aus seinen Lehren: „Unser Ziel ist ein Staat, in dem das Führertum durch das Volk *sittlich* auf das straffste gebunden, *technisch* aber so frei und beweglich wie möglich ist[104]." Schließlich erläuterte Stapel auch, welche Interpretation des deutschen Volkstums ihm als die einzig mögliche erschien, welche Art von Führer er sich wünschte: „Einen *Despoten* ertragen wir nicht, wir wollen einen Führer. Eine Diktatur muß soviel wie möglich auf die Privatinitiative und auf die Initiative der Gemeinden und Selbstverwaltungskörper abwälzen. Aufbau einer umfassenden Selbstverwaltung! So würde der Führer des Staatsschicksals unabhängig von tausend herandrängenden Sorgen und Wünschen, er bekäme die Hände frei für die einzige Aufgabe, die eines Herrschers würdig ist: die Macht des Staates zu entwickeln...[105]."

d) *Stapel unter Hitler*

Während der ersten Jahre der Weimarer Republik war Stapel von Hitler beeindruckt und er hat den Fehlschlag des Hitler-Putsches von 1923

---

[102] Wilhelm *Stapel*, Volksbürgerliche Erziehung, a.a.O., S. 81 ff.
[103] Ebd., S. 64 f. (Hervorhebungen im Original).
[104] Wilhelm *Stapel*, Demokratie und Diktatur, in: DV 1923, S. 387 (Hervorhebungen im Original).
[105] Ebd., S. 391.

tief bedauert[106]. Zugleich hat das Mißlingen dieses Putsches ihn jedoch die völkische Bewegung und ihre Führer realistischer sehen lassen. Er erwartete die völkische Wende nunmehr weder in absehbarer Zeit, noch sah er (1926) einen herausragenden Führer unter den völkischen Agitatoren[107]. Hitler wurde von Stapel schließlich — wie von vielen anderen — anerkannt, weil er Talent zur Macht bewies, weniger, weil seine politischen Lehren überzeugten. 1937 freilich sah dann auch Stapel, der nicht Parteimitglied wurde, in der Person des Führers deutschen Geist und deutsche Macht vereinigt[108].

Nach 1933 setzte sich Wilhelm Stapel in Reden und Schriften (das „Deutsche Volkstum" erschien noch bis 1938) für die Errichtung einer Nationalkirche ein und noch 1939 sandte er eine Denkschrift über die Lage der evangelischen Kirche in Deutschland an den Reichsminister Kerrl[109]. Der Hitler-Staat, so meinte er damals, wäre „vollkommen, wenn ihm zur Seite eine positiv-christliche Nationalkirche stünde"[110]. Ähnlich wie Edgar J. Jung betonte auch Stapel vom Zeitpunkt der Machtergreifung an in zunehmendem Maße, daß das von ihm erstrebte deutsche Reich ein christliches sein sollte.

Die Betonung der christlichen Verpflichtung des Staates, der Abscheu angesichts der Kristallnacht[111], die Niederlegung der Editorenschaft seiner Zeitung[112], die (1940) späte Anerkennung des positiven Wertes jener von ihm so viel verketzerten Geistesfreiheit[113], die durch Max Habermann hergestellten Kontakte zu Widerstandskreisen[114] — dies alles hat nicht bewirkt, daß Stapel das Dritte Reich und dessen geistige Grundlagen je prinzipiell in Frage stellte[115].

Auch aus Stapels späteren — vor allem christlich orientierten — Schriften läßt sich eine geistige Umkehr nicht erschließen. Seine problemlose Gewißheit, Recht zu haben, wurde nicht erschüttert. Der Krieg erschien ihm nur deshalb schrecklich, weil er „der nur-technischen Ma-

---

[106] Wilhelm *Stapel*, Was bedeutet Hitlers und Ludendorffs Niederlage für die *moralische* Lage Deutschlands, DV 1923, S. 455.
[107] Wilhelm *Stapel*, Zur völkischen Bewegung, DV 1926, S. 387.
[108] Wilhelm *Stapel*, Die literarische Vorherrschaft der Juden in Deutschland 1918 bis 1933, Hamburg 1937, S. 43.
[109] Ergibt sich aus einem Schreiben Rosenbergs mit beiliegender Abschrift des Antwortbriefes von Kerrl an Stapel vom 6. 9. 1939. Rosenberg-Dokumente, Mikrofilm MA 545 im Institut für Zeitgeschichte, München.
[110] Wilhelm *Stapel*, Die Kirche Christi und der Staat Hitlers, Hamburg 1933, S. 27.
[111] Heinrich *Keßler*, Wilhelm Stapel ..., a.a.O., S. 214.
[112] Ebd., S. 212.
[113] Ebd., S. 217.
[114] Ebd., S. 223.
[115] Ebd., S. 204.

gie ... eines von der Höhe des Christentums herabgesunkenen Zeitalters" verfallen war[116], zu einer Verdammung des zweiten Weltkrieges an sich ist Stapel auch nach 1945 nicht vorgedrungen.

In unserem Zusammenhang ist die Beurteilung der Person Wilhelm Stapels von sekundärem Belang. Sein Entwicklungsgang verdeutlicht jedoch exemplarisch, daß die Humanität nicht zu den Inhalten der von ihm und vielen anderen vertretenen Synthese aus revolutionärkonservativer Ideologie und christlicher Religion, oder was sie darunter verstanden, gehörte. Anders wäre es ihm unmöglich gewesen, im nationalsozialistischen Staat nur eine bedauerliche Modifikation, nicht aber die historische Negation seiner Ideen zu sehen.

3. Edgar Julius Jung

Edgar Julius Jung ist in die Geschichte eingegangen als Autor jener denkwürdigen Rede, die der Vizekanzler von Papen am 17. 6. 1934 vor dem Marburger Universitätsbund gehalten hat. Die von Papen vorgetragene, von Jung verfaßte Rede[117], enthielt einige sehr scharfe Einwände und nachdrückliche Warnungen gegenüber dem inzwischen etablierten nationalsozialistischen Regime. Während der Terroraktionen der sog. Röhm-Affäre am 30. 6. 1934 ist Jung dann der Marburger Rede wegen erschossen worden.

Edgar Julius Jung ist 1894 geboren, war Rechtsanwalt und Publizist, gehörte zum Kreis der Jungkonservativen, war geistiger Führer des „Jungakademischen Klubs" in München und ab 1932 Vertrauter Papens. Bekannt geworden ist Jung zur Zeit der Weimarer Republik vor allem durch sein 1928 erschienenes Buch „Die Herrschaft der Minderwertigen, ihr Zerfall und ihre Ablösung durch ein neues Reich", dessen Titel einem Schlagwort gegen das „System" von Weimar entsprach. Seit 1928 veröffentlichte Jung überdies regelmäßig politische Aufsätze in der von Rudolf Pechel herausgegebenen Deutschen Rundschau.

a) Die konservative Revolution

Edgar J. Jung zählte sich selbst zu den schärfsten Kritikern des Liberalismus. Allerdings verstand er darunter weniger Angriffe gegen

---
[116] Wilhelm *Stapel*, Über das Christentum. An die Denkenden unter seinen Verächtern, Hamburg 1951, S. 187. Diese Schrift ist Theodor Heuß im Gedenken an Friedrich Naumann gewidmet und vom Rauhen Haus in Hamburg herausgegeben worden. (Stapel hat das Manuskript während des Krieges abgeschlossen.)
[117] Edmund *Forschbach* verbürgt sich für die Autorschaft Jungs. Papen habe das Manuskript „mit ganz geringfügigen Änderungen" vorgetragen. Edgar Jung und der Widerstand gegen Hitler, in: Civis, 15. Nov. 1959, S. 86.

eine historische Ausprägung des Liberalismus als gegen jenes von der Aufklärung geprägte liberale Menschenbild, welches sich inhaltlich durch die Begriffe Humanität, Menschenrechte und Pazifismus bestimmen läßt. Insofern Gleichheit das Grunddogma des Liberalismus ist, wollte Jung ihn mit einer neuen Wertlehre überwinden[118], insofern aber der Liberalismus dem Tüchtigen freie Bahn und dem Besten das Regiment verspricht, war Jung sein unbedingter Verfechter. Er selbst verbaute sich die Erkenntnis für seine teilweise Übernahme liberaler Prinzipien, insbesondere des frühliberalen Selektionsprinzips, da er Liberalismus von vornherein mit einem extremen Individualismus gleichsetzte und die gerade in Deutschland historisch gewordene liberale Realpolitik aus seinem Blickwinkel verbannte[119]. Liberalismus stand bei ihm für „absolute Diesseitigkeit", „Anbetung des Fortschritts", „Glückseligkeitslehre", „Atomisierung und Kollektivierung der Gesellschaft", die „Massendemokratie" und „falsche Führerauslese"[120]; im Sozialismus sah er keine Alternative zum Liberalismus, da dieser lediglich einen kollektiven Individualismus an die Stelle des liberalen Individualismus stelle. Die Klasse würde die Rolle des Individuums übernehmen; weiter bestehe keinerlei Unterschied und ergäben sich keinerlei Folgen für das Gesellschaftssystem[121].

Die Überwindung des Liberalismus konnte nach Jung nur durch eine konservative Revolution erfolgen. Diese bedeutete für ihn „... die Wiederinachtsetzung all jener elementaren Gesetze und Werte, ohne welche der Mensch den Zusammenhang mit der Natur und mit Gott verliert und keine wahre Ordnung aufbauen kann. An Stelle der Gleichheit tritt die innere Wertigkeit, an Stelle der sozialen Gesinnung der gerechte Einbau in die gestufte Gesellschaft, an Stelle der mechanischen Wahl das organische Führerwachstum, an Stelle bürokratischen Zwangs die innere Verantwortung echter Selbstverwaltung, an Stelle des Massenglücks das Recht der Volkspersönlichkeit"[122]. Der angestrebte revolutionäre Akt sollte vor allem die „elementaren Gesetze" wieder in Gültigkeit setzen, damit — und dies war eines der revolutionären Ziele — der Mensch den Zusammenhang mit der Natur und mit Gott wieder gewinne.

---

[118] Edgar J. Jung, Die Herrschaft der Minderwertigen, ihr Zerfall und ihre Ablösung durch ein neues Reich, 2. Aufl., Berlin 1930 (erstmalig 1928), S. 98

[119] Ebd., S. 230.

[120] Edgar J. Jung, Die Bedeutung des Faschismus für Europa, in: Deutsche Rundschau, Bd. 227, 1931, S. 182.

[121] Edgar J. Jung, Die Wirtschaft in der Zeitenwende, in: Deutsche Rundschau, Bd. 224, 1930, S. 5 ff.

[122] Edgar J. Jung (Hrsg.), Deutsche über Deutschland. Die Stimme des unbekannten Politikers, München 1932, S. 380.

3. Edgar Julius Jung

Die Aufhebung der liberalistischen „Atomisierung" erfordert das Wiedererstarken der „natürlichen Bindungen": ein erster Schritt dazu wäre nach Jung die Aufhebung der Frauenemanzipation. Er ist einer der vehementesten Verfechter jener Gesellschaftslehre, für die Frauenemanzipation und Verstädterung als voneinander abhängige Ausgeburten des Liberalismus erscheinen. Der für den revolutionären Konservatismus charakteristische Antifeminismus — vielfach in der Form idealistischer Mutterschaftsverehrung auftretend[123] — ist bei Jung besonders stark ausgeprägt und integraler Bestandteil eines Gesellschaftsbildes, welches einerseits an hierarchisch-patriarchalischen Traditionen und andererseits an Zielvorstellungen wehrhafter Männerbünde orientiert ist. Nach Jung stand die Frau „in einem höheren Sinne niemals in Hörigkeit, wie auch die Sklaverei ein erhabener Geist vom Range Platons als selbstverständliche Erscheinung betrachtet. Es wechselten eben nur die Formen jener Abhängigkeit, ohne welche die menschliche Gesellschaft nie ausgekommen ist. Der moderne Individualist hat andere Denkweisen, die Abhängigkeit zu bewerten. Vielleicht war der Leibeigene nicht so erbärmlich unfrei wie der presseversklavte Großstadtbürger. Ähnliches gilt für die Stellung der Frau. Ihre vermeintliche Hörigkeit ist nichts als Gehorsam gegenüber der naturgesetzlichen Notwendigkeit[124]."

Bei Jung zeigt sich einmal mehr, daß die Rückkehr zu sogenannten naturgesetzlichen Notwendigkeiten für Völkische zumeist nicht das vorgegebene Ziel in sich selbst, sondern lediglich ein Mittel zu nichtexpliziten Zwecken ist. Die Notwendigkeit, die Stellung der Frau in der Gesellschaft allein an der Tatsache ihrer Gebärfähigkeit auszurichten, ergab sich nur unter anderem aus der „natürlichen weiblichen Bestimmung", die Hauptargumente dafür entlehnte Jung bei den Bevölkerungspolitikern, die ihre Lehren nicht zuletzt im Hinblick auf ein mögliches Wiedererstarken Deutschlands entwickelten. Bei ihnen und bei Jung war die Identität von „Natürlichkeit" und Wehrfähigkeit Begriffsinhalt aller „organischen" Beziehungen. Was wir nun als krisenhaften Zustand auf allen Gebieten des öffentlichen Lebens immer stärker empfinden, ist der Verlust an organischen Lebensformen; und damit an biologischer Kraft des gesamten Volkskörpers[125]."

---

[123] Über den psychologischen Zusammenhang von „pseudoadmiration" und Antifeminismus vgl. Else *Frenkel-Brunswik*, Sex, People and Self as seen through the Interviews, in: The Autoritarian Personality, a.a.O., S. 399.

[124] Edgar J. *Jung*, Die Herrschaft der Minderwertigen ..., a.a.O., S. 190.

[125] Edgar J. *Jung*, Volkserhaltung, in: D. R. (Deutsche Rundschau), Bd. 222, 1930, S. 189.

b) Die Ordo-Lehre

Jung proklamierte die Ordnung als höchsten Leitgedanken des Gemeinschaftslebens und sah die Gerechtigkeit solchen Gemeinschaftslebens darin, daß die einzelnen entsprechend ihren Leistungen für den Gesamtorganismus eingestuft werden[126]. Eine derartige Ordnung entspricht in der Vorstellungswelt Jungs sowohl göttlichen als auch natürlichen Gesetzen. Die Forderung, zu natürlichen Gesetzen zurückzukehren, stand bei ihm deshalb immer in Zusammenhang mit der Aufforderung zur Anerkennung religiöser Bindungen. Da aber die „natürlichen Bindungen" als Grundlage der gesellschaftlichen Ordnungen sich bei Jung auch nach den Prinzipien der Wehrhaftigkeit eines Volkes bestimmten, hieß dies zugleich, daß Gott gebraucht wurde zur Sanktionierung des völkischen Machtanspruches.

Entsprechend mußte sich der nationale Machtzuwachs durch zunehmende Religiosität rechtfertigen. Edgar Jung konnte und mußte deshalb die Machtergreifung als „christliche Revolution" und „religiöse Wiedergeburt"[127] begreifen: „Der Aufstand des deutschen Volkes gegen den Bolschewismus ist nichts anderes als die Rückbesinnung auf unsere große geschichtliche Aufgabe: Schützer der christlichen Heilslehre zu sein ... Das neue christliche Reich ist uns als Aufgabe gegeben. Den Dienst am Reich kann nur der deutsche Staat erfüllen, der machtvoll aus der Revolution hervorwächst. Es wird deutlich, daß die deutsche Revolution einen doppelten Kern besitzt, zwei Keime: den zum deutschen Staat und den zum heiligen Reich der Deutschen[128]." Die völkische Zielvorstellung eines starken Reiches wird ineins gesetzt mit der Hoffnung auf die Wiedererrichtung des imperium sacrum[129]. Freilich wurde nicht beachtet, daß die Kaiser des Heiligen Römischen Reiches deutscher Nation vom Papst in Rom gekrönt wurden, und daß die Grundlagen dieses Reiches mit der Reformation endgültig vernichtet worden waren.

c) Die Elitetheorie

Jungs gesellschaftlicher Leitgedanke der Ordo als einzig wahres gesellschaftliches Strukturprinzip, enthielt zugleich die Hauptkomponente

---

[126] Edgar J. *Jung*, Der Volksrechtsgedanke und die Rechtsvorstellungen von Versailles, in: D. R. Bd. 221, 1929, S. 7.

[127] Edgar J. *Jung*, Die christliche Revolution, D. R. Bd. 236, 1933, S. 143.

[128] Ebd., S. 145.

[129] Zu der Komponente des imperium sacrum im Mythos des Dritten Reiches vgl. ausführlich Jean F. *Neurohr*, Der Mythos vom Dritten Reich. Zur Geistesgeschichte des Nationalsozialismus, Stuttgart 1957, insbesondere S. 181 ff.

seines politischen Denkens: die Elitetheorie. Ihr hat er sein Hauptwerk gewidmet, die Herrschaft der Elite und die Absetzung der Minderwertigen proklamierend: „Der Staat, als Höchststand organischer Gemeinschaft, muß eine Aristokratie sein: im letzten und höchsten Sinne: Herrschaft der Besten[130]." Der gegenwärtige Zustand Deutschlands, seine geistige und politische Atmosphäre schienen ihm ganz und gar von „Minderwertigen" geprägt zu sein. Er verstand als minderwertig nicht einen biologisch, sondern einen geistig geprägten Typus und beschrieb diesen als einen Menschen, „der sich nicht mehr in höheres und größeres Leben eingebettet fühlt, dessen Denken und Handeln nicht mehr vom natürlichen Lebensgefühl bestimmt wird, sondern von relativistischen intellektuellen Überlegungen, die unsicher in der trüben Beleuchtung mangelhafter Erkenntnis schwanken, der Mensch, dessen Sittlichkeit nicht mehr aus einem religiösen Urquell fließt, sondern von Nützlichkeitserwägungen künstlich bestimmt wird, der Mensch, der sich keinem höheren Leben verantwortlich fühlt und nur sein einmaliges Dasein mit einem Maximum von scheinbarem Genuß auszufüllen bestrebt ist, das ist der Minderwertige"[131]. Somit wurden im Gegentypus des Minderwertigen Aufklärung und Materialismus zugleich abgelehnt. Ihre Überwindung und damit das Heranwachsen eines „neuen Adels" sah Jung in der Frontgeneration und in den Jugendbünden[132].

Die Aufgabe der neuen Elite, die wachsen und nicht gewählt werden sollte[133], wurde keineswegs auf die Errichtung einer organischen Gesellschaftsordnung in Deutschland beschränkt. Sie sollte vor allem die Niederlage dieses Krieges in einen geistigen Sieg verwandeln[134]. Mit solcher Aufgabenstellung für die „geschichtsbildende Minderheit"[135] enthüllte Jung Motivation und Zielvorstellung der angestrebten Revolution. Nicht nur bekämpfte er ein geistiges Prinzip und ein bestimmtes Menschenbild, sondern auch die seit 1789 andauernde Vormachtstellung Frankreichs. Für Moeller van den Bruck, Edgar Jung und viele andere Jungkonservative hatte „die geistige und politische Welt der französischen Revolution" im ersten Weltkrieg einen letzten Triumph errungen[136]. Einen Pyrrhussieg allerdings, da in ihm die fundamentale Krise des Systems und die Notwendigkeit der Umkehr unausweichlich gewor-

---

[130] Edgar J. *Jung*, Die Herrschaft der Minderwertigen..., a.a.O., S. 330.

[131] Edgar J. *Jung*, Gegen die Herrschaft der Minderwertigen, Der Ring, H. 21, 1. Jg. 1928, S. 396.

[132] Edgar J. *Jung*, Herrschaft der Minderwertigen..., a.a.O., S. 329.

[133] Ebd., S. 234.

[134] Ebd., S. 82.

[135] Ebd.

[136] Edgar J. *Jung*, Der Volksrechtsgedanke und die Rechtsvorstellungen von Versailles, in: D. R., Bd. 221, 1929, S. 3.

den sei. Jung formulierte ganz im Sinne der jungkonservativen Deutung des Krieges: „Was den letzten Krieg so furchtbar machte, war nicht das große Sterben, war vielmehr sein Materialismus, war die seelische Anarchie, die vor keinem Heiligtume haltmachte und anzudeuten schien, daß hier die sinnlos aufgehäufte Materie sich in bewußter Selbstvernichtung gegen das entseelte Menschengeschlecht wandte. Es mußte ein riesenhaftes Blutopfer gebracht werden, um den Menschen zum Seelentum zurückzuführen und ihm dadurch kosmisches Streben wieder einzupflanzen[137]." Jung zufolge konnte die unausweichliche geistige und politische Neuordnung nur von Deutschland ausgehen, denn die Besonderheit des Deutschtums ist eben seine große seelische Kraft[138]. Das von Deutschland verkündete neue Menschenideal würde — so hoffte er — Europa und damit die Welt (für Jung war Europa die Welt) aus der zivilisatorischen Verstarrung und Entlarvung retten[139].

In dieser krisenhaften Zeit, im einzelnen durch eine tiefgehende Religionskrise, Kulturkrise, Rechts- und Staatskrise charakterisiert, müsse ein Volk ein neues, für alle gültiges, Ethos verkünden. Nach Jungs Überzeugung würde dieses Volk dann für die nächsten Jahrhunderte in der Welt politisch führen[140]. Die deutsche Revolution hatte deshalb zum Ziel die Durchsetzung eines neuen Ethos und damit der politischen Vorherrschaft Deutschlands; sie war in ihren Ansätzen nicht als nationale, sondern als international sich auswirkende intendiert. Die deutsche Revolution galt der Welt und die deutsche Elite war demzufolge die „geschichtsbildende Minderheit" der Welt.

1932 schrieb Jung in einem Nachwort zu dem von ihm herausgegebenen Sammelband „Deutsche über Deutschland": „Wie die französische Revolution den Schwerpunkt Europas nach dem Westen verlegte, so wird die deutsche das Herzstück Europas, seine Mitte, wieder zu ihrem Recht kommen lassen. Der starrste Beharrungswille auf der Versailler ‚Ordnung' wird Frankreich nicht vor der bitteren Erkenntnis bewahren, die ihm der Weltkrieg beschert hat und die es heute in Gewaltpolitik verwandelt: die *Erkenntnis, daß das biologisch kräftigste Volk die Deutschen sind*[141]."

d) Jungs Verhältnis zur Rassenbiologie

Das oben angeführte Zitat ist nicht nur für Edgar Jung, sondern für viele revolutionären Konservativen charakteristisch: zwar wurde die

---

[137] Ebd., S. 8.
[138] Edgar J. *Jung*, Die Herrschaft der Minderwertigen..., a.a.O., S. 82.
[139] Ebd., S. 82.
[140] Edgar J. *Jung*, Neubelebung von Weimar?, in: D. R. Bd. 231, 1932, S. 157.
[141] Edgar J. *Jung*, Deutsche über Deutschland. Die Stimme des unbekannten Politikers, München 1932, S. 380 (Hervorhebung von mir).

Notwendigkeit der deutschen Revolution aus der geistigen Einzigartigkeit des Deutschtums abgeleitet[142], die Berechtigung zur Revolution und das revolutionäre Agens aber wurden biologisch untermauert. Die geistigen Revolutionäre verschmähten keineswegs die Unterstützung der Rassenbiologen. Da diese auf ihrem Gebiet ebenfalls die Überlegenheit des deutschen Volkes „bewiesen", benutzten Jung und andere rassenbiologische Argumente zur Bekräftigung ihrer eigenen, ohne zu sehen, daß diese Unterstützung ihren Beweis einer geistigen Überlegenheit Deutschlands ad absurdum führte oder doch zumindest grundlegend in Frage stellte. Freilich, Jung war kein Rassist. Er bediente sich sozialdarwinistischer Argumente nur dann, wenn sie in sein — von anderen Denkansätzen her entwickeltes — Programm paßten. Der bereits aufgezeigte Zusammenhang zwischen der Forderung nach organischem Gesellschaftsaufbau und dem politischen Ziel der Wehrfähigkeit Deutschlands fand seine Entsprechung in dem Zusammenhang von geistiger und biologischer Überlegenheit: „Ist der deutsche Geist befreit und geläutert, so muß höchste Wehrhaftigkeit des deutschen Volkes die große Sorge werden"[143].

1930 fragte Jung nach den „Hauptlebenswerten" eines Volkes und gab dabei nicht wie in seinem Aufsatz über den Volksrechtsgedanken von 1929 die soziale und kulturelle Leistung an, sondern ging davon aus, „daß ein Volk, das zahlenmäßig und in der Qualität zurückgeht (sic) in dem großen Kampfe, den die Geschichte darstellt, keine Aussichten mehr besitzt. Die Bevölkerungspolitiker haben nachgewiesen, daß alle Einwände, die aus kurzsichtiger Tagespolitik gegen diesen Satz erhoben werden, nichtig sind ... Die allgemeine Politik hat sich der Bevölkerungsbewegung anzupassen und nicht umgekehrt der Bevölkerungsstand einer augenblicklichen politischen Lage"[144]. Der letzte Satz war von Jung auf die deutsche Realität der zwanziger Jahre bezogen und deutete an, daß eine Wendung der deutschen Lage nicht nur von einer geistigen Revolution, sondern auch von einer biologischen Erstarkung erwartet werden konnte. Dies steht in Einklang mit einem per definitionem kämpferischen Volksbegriff und bedeutet nichts weniger als die Ableitung einer moralischen Berechtigung zur Machtpolitik aus wachsenden Bevölkerungszahlen.

Benutzte Jung einerseits rassenbiologische Argumente, so grenzte er sich andererseits wiederholt gegen rassistische Determinationslehren ab. Sowenig er der geistigen Rassenlehre Spenglers zustimmte, derzufolge der Untergang des Abendlandes unabwendbar erschien[145], so we-

---

[142] Edgar J. *Jung*, Die Herrschaft der Minderwertigen..., a.a.O., S. 82.
[143] Ebd., S. 664.
[144] Edgar J. *Jung*, Volkserhaltung, in: D. R., Bd. 222, 1930, S. 189 f.
[145] Edgar J. *Jung*, Die Herrschaft der Minderwertigen..., a.a.O., S. 532.

nig vertraute er einer Elitenbildung mittels Zuchtwahl[146]. Diese Ablehnung ergab sich allerdings notwendig aus seiner Elitentheorie: zwar erhob Jung Anspruch auf deutsche Weltgeltung *auch* aufgrund biologischer Hochwertigkeit des deutschen Volkes, die geschichtsbildende Minderheit innerhalb dieses Volkes aber konnte nur als geistige Elite verstanden werden. Es wäre Jung schließlich nicht möglich gewesen, die ihm bekannten geistigen Führer der deutschen Revolution, die er vor allem im Kreis der Jungkonservativen erblickte, durchweg als Elite im biologischen Sinne zu bezeichnen. So kritisierte er die Rassenbiologie, weil sie kranke „an der Vermengung soziologischer und biologischer Gedankengänge, vor allen Dingen aber daran, daß sie beide nicht in das notwendige Verhältnis der Unterordnung zueinander bringt. Bewußte Zucht schafft noch keinen Adel, der eine soziale Schichtung darstellt, sondern Adel züchtet sich selbst. Es ist das Bewußtsein, besondere Güter der menschlichen Gesellschaft zu verwalten, das zur Zucht anreizt. Das biologische Erbgut allein schafft diesen Antrieb nicht"[147].

e) Jungs Verhältnis zum Antisemitismus

E. J. Jungs Verhältnis zur Rassenbiologie fand seine Entsprechung in seinem Verhältnis zum Antisemitismus. Kein radikaler Antisemit, benutzte er doch antisemitische Argumente, sofern sie seine eigene Beweisführung zu stützen schienen. In seinen — im übrigen seltenen — Äußerungen über das Judentum, erklärte er dessen Sonderstellung zumeist historisch und wandte sich ausdrücklich gegen die Behauptung eines rassischen Gegensatzes zwischen Semiten und Ariern[148]. Im selben Zusammenhange sprach er allerdings davon, daß die Juden zwar keine einheitliche, wohl aber eine überwiegende Geisteshaltung besäßen: die des Individualismus. Zwar seien sie aus geschichtlicher Notwendigkeit zu Anhängern der Aufklärung und des Liberalismus geworden, trotzdem sind sie Jung zufolge das „geborene" Volk für den Kollektivismus[149], den er als einen Massenindividualismus aus dem Liberalismus ableitete. So stellte sich der Antisemitismus dar als Kampf gegen Individualismus im engeren und Liberalismus im weiteren Sinne[150]. Deshalb konnte Jung auch auf große antisemitische Passagen verzichten; die Abwehr des „jüdischen" Geistes war von vornherein ein Teil des Kampfes gegen den Liberalismus. In der angestrebten

---

[146] Ebd., S. 326.
[147] Ebd.
[148] Ebd., S. 122.
[149] Ebd., S. 124 ff.
[150] Ebd., S. 131.

neuen Ordnung einer gegliederten, antiliberalen, konservativen Gesellschaft, waren auch bei Jung Juden nicht vorgesehen.

Vor allem die Ausführungen zur „jüdischen" Wirtschaftsordnung belegen, wie weitgehend Jung gängige Vorurteile übernahm, wenn sie sich in sein Gedankenschema einfügen ließen: „Es kann ununtersucht bleiben, warum sich die Juden Handel und Geldwesen als ureigenstes Betätigungsfeld wählten. Manche erklären diese Tatsache aus der Gesetzgebung des Feudalismus, andere wiederum (Sombart) aus blutsmäßiger Veranlagung. Für die Gegenwart ist dieser Streit müßig. Entscheidend bleibt der Umstand, daß in der modernen Wirtschaft das Händlertum vorwiegt. Diese händlerische Wirtschaft ist die Voraussetzung für die jüdische Vormachtstellung. Umgekehrt ist dieser Angelpunkt seiner Stellung vom Judentum so klar erkannt worden, daß es bestrebt ist, die einzelnen Volkswirtschaften immer mehr mit händlerischen Zügen zu durchsetzen. Es kann deshalb kaum geleugnet werden, daß auch im Wirtschaftsleben die Auseinandersetzung zwischen deutscher und jüdischer Weltanschauung, die schicksalhaft sich vollziehen wird, ihren Niederschlag, gewissermaßen einen Nebenkriegsschauplatz findet[151]."

f) Die Wirtschaftsordnung

Jung zählt zu den wenigen Verfechtern einer konservativen Revolution, die kein ausdrücklich soziales Programm entwickelt haben. Seine Gedanken zur Wirtschaftsordnung waren unverhüllt — wenn auch unbewußt — am Wirtschaftsliberalismus orientiert. Er pries — ganz im Sinne seiner Elitetheorie — den „schöpferischen Unternehmer"[152], und bezeichnete das Privateigentum als „jene zur Rüstung des abendländischen Menschen gehörende Einrichtung, die dem Persönlichkeitsbegriff unserer Kultur entspricht"[153]. Wie die nationalen Sozialisten das Privateigentum bei ihren Sozialisierungsbestrebungen unangetastet ließen, so wollte auch Edgar Jung bei seinem Kampf gegen den Liberalismus vor dem Hort der liberalen Wirtschaftsordnung, dem Privateigentum, Halt machen.

Die scharfe Kritik Jungs am bestehenden Wirtschaftssystem bezog sich ausschließlich auf den internationalen Kapitalverkehr: „Die Verselbständigung des vom Golde getragenen Geldes hat einen unüberbrückbaren Gegensatz zwischen Kapital und Wirtschaft geschaffen.

---

[151] Ebd., S. 470.
[152] Ebd., S. 478.
[153] Edgar J. *Jung*, Die Bedeutung des Faschismus für Europa, in: D. R., Bd. 227, 1931, S. 182.

Die Wirtschaft beruht auf den organischen Grundlagen des Lebens: Blut und Boden, Mensch und Natur"[154]. Angesichts solcher Feststellung, die unter anderem von Jungs Unkenntnis wirtschaftlicher Prozesse zeugt, soll auf den schrankenlosen Dilettantismus hingewiesen werden, der viele seiner Äußerungen kennzeichnet. So schrieb er, obwohl zweifellos kein Fachmann in Wirtschaftsfragen, 1930 in einem Aufsatz über „Die Wirtschaft in der Zeitwende": „Die folgenden Darlegungen sollen eine wirtschaftsgeschichtliche Bilanz ziehen, sollen Männern der Praxis Anregung und einen Ruhepunkt bieten, von dem aus sie feststellen können, wie bisher die Entwicklung ging und wo sie hinstrebt, besonders aber, wo die heutige Wirtschaft steht"[155]. Was dann folgt sind Aperçus: im Sozialismus habe nicht „eine Minderheit Auserwählter" die Macht, sondern „der kollektiv organisierte Durchschnitt"[156], ansonsten sei keinerlei Änderung gegenüber dem „individualistischen Kapitalismus" zu verzeichnen. Eine solche könne nur eintreten durch die Bindung der Wirtschaft an Staat und Volk, an die biologische Grundlage des Volkstums[157]; den Unterschied zwischen Individualkapitalismus und organischer Wirtschaftsform brachte Jung auf die Formel: „hie geldraffendes Individuum — dort werteschaffende Persönlichkeit"[158].

g) *Edgar J. Jungs Verhältnis zum Nationalsozialismus*

Geprägt vom Bewußtsein, zur Elite Deutschlands zu zählen, konnte Jung kein Anhänger des auf Massenzustimmung basierenden Nationalsozialismus sein. Die Formen des nationalsozialistischen Machtkampfes mußten ihm von vornherein widerstreben. Auch die Programmpunkte des Nationalsozialismus konnten Jung nicht überzeugen. Immer wieder betonte er, daß die *geistigen* Voraussetzungen für die deutsche Revolution außerhalb des Nationalsozialismus, nach Jung vor allem durch die Jungkonservativen, geschaffen worden seien[159]. Bedauernd, daß in Deutschland Geist und Politik immer getrennt marschieren[160], meinte er vor 1933 doch, Jungkonservative und Nationalsozialisten hätten die gleiche Richtung eingeschlagen. Gleichzeitig erkannte er, wodurch Hitler wirkte und sah dessen Anziehungskraft im Dienste seiner eigenen politischen Hoffnungen.

---

[154] Edgar J. *Jung*, Die Herrschaft der Minderwertigen, a.a.O., S. 468.
[155] Edgar J. *Jung*, Die Wirtschaft in der Zeitwende, in: D. R. Nr. 224, 1930, S. 1.
[156] Ebd., S. 6.
[157] Ebd., S. 7.
[158] Edgar J. *Jung*, Die Herrschaft der Minderwertigen, a.a.O., S. 478.
[159] Edgar J. *Jung*, Aufstand der Rechten, in: D. R., Bd. 229, 1931, S. 87.
[160] Ebd.

Im Frühjahr 1932 schilderte Jung anschaulich seine damalige Einschätzung des Nationalsozialismus: „Die Volks- und Menschwerdung des Deutschen ist ein gewaltiger Vorgang, getragen zunächst von schöpferischen Kräften, die überall wirksam sind, ohne Rücksicht auf die Zugehörigkeit zu Gruppe und Partei. Der Nationalsozialismus hat gewissermaßen das ‚Referat Volksbewegung' in dieser großen Werksgemeinschaft übernommen. Er hat es grandios ausgebaut und ist zu einer stolzen Macht geworden. Wir freuen uns darüber nicht nur, sondern wir haben das Unsrige zu diesem Wachstum beigetragen. In unsagbarer Kleinarbeit, besonders in den gebildeten Schichten, haben wir die Voraussetzungen für jenen Tag geschaffen, an dem das deutsche Volk dem nationalsozialistischen Kandidaten seine Stimme gab. Ich habe Achtung vor der Primitivität einer Volksbewegung, vor der Kämpferkraft siegreicher Gauleiter und Sturmführer. Aber ihre Arriviertheit gibt ihnen noch nicht das Recht, sich als Salz der Erde zu betrachten und den geistigen Vorkämpfer gering zu achten[161]." Gerade weil Jung im Nationalsozialismus „*den machtpolitischen Träger der konservativen Sehnsucht*"[162] sah, bestand er auf seinem Recht zur Kritik an dieser Bewegung, betonte allerdings allzu harten Kritikern gegenüber: „Der Nationalsozialismus ist *unsere* Volksbewegung, muß von uns geschützt werden und darf niemals von dem Blickwinkel aus angegriffen werden, von dem aus der Liberalismus und das sterbende Bürgertum ihn ansehen"[163].

Im Oktober 1932 bereits nahm Jung jedoch energisch Anstoß an den „politischen Methoden" des Nationalsozialismus, vor allem an seinem Auftreten als eine Partei (er selbst wollte im Nationalsozialismus nach wie vor die „Bewegung" sehen): „Auch das Kampfzeremoniell kann Rückschlüsse auf das Weltbild derer, die sich seiner bedienen, zulassen. War das Kampfzeremoniell des Nationalsozialismus im ganzen und großen heldisch, so kann, was sich in jüngster Zeit auf parlamentarischer Ebene abspielt, ebensowenig mit diesem Prädikat bedacht werden wie jene Vorfälle, die zu dem berühmten Beuthener Urteil führten, zu dem Hitler eine Stellung einnahm, die seiner nicht würdig war. Die Konzessionen des Nationalsozialismus an die Taktik haben also eine Grenze erreicht, deren Überschreiten seinen Wesenskern bedrohen muß[164]."

Im Sommer 1933 schließlich schrieb Jung seinen bereits erwähnten Artikel über „Die christliche Revolution". Nach wie vor sah er in der „deutschen Revolution" den erhofften Aufbruch des Volkstums und die

---

[161] Edgar J. *Jung*, Neubelebung von Weimar, in: D. R. Bd. 231, 1932, S. 159.
[162] Ebd., S. 160 (Hervorhebungen von mir).
[163] Ebd.
[164] Edgar J. *Jung*, Revolutionäre Staatsführung, in: D. R. Bd. 233, 1932, S. 5.

Chance zur Erfüllung der „säkularen Aufgabe des deutschen Volkes"[165]. Die Betonung der christlichen Aufgabe der deutschen Revolution enthielt jene Kritik am historisch-politischen Bedeutungsgehalt der nationalsozialistischen Machtergreifung, die Jung nach dem Zeugnis seiner Freunde damals ganz und gar erfüllte[166]. Während vor der nationalsozialistischen Machtergreifung der Religion im politischen Denken Jungs — ähnlich wie bei Stapel — eine nur instrumentale Funktion zugunsten machtstaatlicher Ziele zukam, erhielt sie nach 1933 für Jung — mehr als für Stapel — einen eigenen Wert. Christentum wurde für ihn zur beschwörenden Chiffre, die — selbst vor den eigenen Augen — all jene Dinge ungeschehen machen sollte, die doch seit dem 30. Januar 1933 unleugbar geschehen waren. Nach 1933 löste Jung für sich selbst die enge Verbindung zwischen revolutionärkonservativem und völkischem Denken einerseits, christlichem Gedankengut andererseits auf. Er stellte nun — aber eben nicht vor 1933 — Anforderungen an das deutsche Reich, die eher am christlichen als am völkischen Reichsgedanken orientiert waren.

Zu Beginn des Jahres 1934 veröffentlichte Edgar J. Jung seinen letzten Aufsatz in der Deutschen Rundschau. Unter dem Titel „Deutschland ohne Europa" versuchte er, die humanitäre Tradition des christlichen Abendlandes für Deutschland zu retten. Er, der noch 1931 den Humanismus eine „ethische Knochenerweichung" genannt hatte[167], schrieb nun, da es nicht mehr modern war über diese Humanität in Deutschland zu sprechen, es sei denn in verwerflicher Absicht[168], man dürfe nicht das, was am Westen europäisch sei, nämlich seine echte Humanität, verletzen und verleugnen[169].

Und auch hier findet sich der Versuch einer Umdeutung der nationalen Revolution zu einer christlichen: Macht dürfe ihr christliches Vorzeichen nicht verlieren, schrieb Jung. „Wer Macht nicht in der Verantwortung gegenüber Gott ausübt, ist ein Usurpator ... Die Entscheidung unserer Zeit geht darum, ob das Reich, das heißt die in Gotteskindschaft ausgeübte Herrschaft, wieder lebendig wird[170]." Freilich, Jung sah nicht, daß Macht auch unter christlichem Vorzeichen böse sein kann. Er vergaß, daß auch ihm selbst vor 1933 das deutsche Reich als solches, nicht das christliche vorrangig war. Nie hat Jung gesehen, daß die Vorstellung eines mächtigen deutschen Reiches in sich selbst verderblich war.

---
[165] Edgar J. Jung, Die christliche Revolution, D. R., Bd. 236, 1933, S. 142 f.
[166] Vgl. Edmund *Forschbach*, Edgar Jung und der Widerstand gegen Hitler, a.a.O., S. 95; Rudolf Pechel, Deutscher Widerstand, Zürich 1947, S. 75.
[167] Edgar J. *Jung*, Die Bedeutung des Faschismus für Europa, a.a.O., S. 182.
[168] Edgar J. *Jung*, Deutschland ohne Europa, D. R., Bd. 238, 1934, S. 76.
[169] Ebd., S. 78.
[170] Ebd., S. 77.

Es bleiben schließlich die letzten offiziellen Äußerungen Edgar Julius Jungs anzuführen, die wenige Tage später zu seiner Ermordung führen sollten. Am 17. 6. 1934 schilderte Papen in seiner Marburger Rede (die Verbreitung des Redemanuskripts wurde durch das Propaganda-Ministerium untersagt; Zeitungen, die Auszüge abgedruckt hatten, wurden beschlagnahmt) noch einmal die Vorgeschichte der deutschen Revolution. Er leitete sie ab aus dem Fronterlebnis und der Sehnsucht nach geistiger Einheit. Diese sei in dem „Rausch von tausend Kundgebungen, Fahnen und Festen" tatsächlich erlebt worden. Nun aber, fuhr Papen fort, „da die Begeisterung verflacht, die zähe Arbeit an diesem Prozeß ihr Recht fordert, zeigt es sich, daß der Läuterungsprozeß von solch historischem Ausmaß auch Schlacken erzeugt, von denen er sich reinigen muß"[171]. Als solche Schlacken wurden vor allem der anonyme Nachrichtendienst, die gleichgeschaltete Presse, die Unterdrückung von Kritik angeprangert, darüber hinaus die ersten Auswirkungen der Bonzenherrschaft. Schließlich schrieb Jung und las v. Papen: „Es hat keinen Zweck, vor sich selber zu verbergen, daß eine gewisse Kluft zwischen dem geistigen Wollen und der täglichen Praxis der deutschen Revolution sich aufgetan hat"[172].

Ebenso wie Jung 1933 erkennen mußte, daß seine Ablehnung der Humanitätsdoktrin zur Inhumanität führen konnte, war er nun zu schreiben gezwungen, daß es ein Unrecht sei, den Kampf gegen den „Intellektualismus" zum Kampf gegen den Geist an sich umzumünzen[173].

Gerade die von Papen vorgetragene mutige Kritik am Totalitätsanspruch des Nationalsozialismus[174] enthält das eigentlich schärfste Urteil über das politische Denken Edgar J. Jungs. Dem Totalitätsanspruch der einen Partei setzte Jung „die Logik der antiliberalen Bewegung" entgegen, die „das Prinzip einer organischen Willensbildung (verlange), die auf Freiwilligkeit *aller* Volksteile beruht"[175]. Eben dieses inhaltlich nicht bestimmte organische Prinzip ließ sich aber sehr wohl *auch* totalitär interpretieren. Wer, wenn nicht Hitler, wurde im übrigen je als „gewachsener" Führer empfunden und erfüllte somit die höchsten Anforderungen, die Jung an einen „organischen" Führer stellte?

Jungs frühe Kritik am nationalsozialistischen Regime ist typisch für eine ganze Reihe späterer Widerstandskämpfer, ob sie nun aus der

---

[171] Rede des Vizekanzlers von Papen vor dem Universitätsbund Marburg, 17. 6. 1934, Berlin 1934, auszugsweise abgedruckt in: Dokumente der Deutschen Politik und Geschichte von 1848 bis zur Gegenwart, Hrsg. J. Hohlfeld, IV. Bd. Berlin-München o. J., S. 160.
[172] Ebd., S. 161.
[173] Ebd.
[174] Ebd., S. 162.
[175] Ebd. (Hervorhebung im Original).

Ring-Bewegung kamen oder nicht. Dem Regime wurde vielfach nicht deswegen Widerstand geleistet, weil es den Grundlagen der eigenen Weltanschauung widersprach, sondern weil Jung und andere einsahen, daß die vermutete Identität konservativrevolutionärer und nationalsozialistischer Ziele nicht gegeben war. Noch im Widerstand wurden nicht die geistigen Grundlagen, sondern lediglich deren praktische Verwirklichung bekämpft. Man richtete sich gegen die Symptome, nicht gegen die Ursachen. Der Zusammenhang zwischen der bekämpften Praxis des Nationalsozialismus und seinen — nach Jung ganz wesentlich durch die Jungkonservativen geschaffenen — geistigen Grundlagen, wurde nicht gesehen. Die Selbstkritik blieb aus.

V. Der ideologische Standort des revolutionären Konservatismus im Rahmen des nationalistischen und antidemokratischen Gedankengutes zur Zeit der Weimarer Republik[1]

1. Verhältnis zur völkischen Ideologie

Inwieweit der revolutionäre Konservatismus der völkischen Ideologie zuzurechnen ist, gehört zu den Hauptproblemen seiner Analyse, die damit zugleich bestimmt, ob der revolutionäre Konservatismus die ideologische Vorbereitung und die ideologischen Inhalte des Nationalsozialismus mitbewirkt hat. Diese Frage ist auch dann von höchster Bedeutung, wennn, wie in dieser Arbeit davon ausgegangen wird, daß die historische Erscheinung des Nationalsozialismus vorwiegend gesellschaftlich-ökonomisch und erst in zweiter Linie geistesgeschichtlich zu erfassen ist. Diese These schließt keineswegs aus, daß die nationalsozialistische Machtergreifung ideologisch vorbereitet worden ist; sie läßt derartige Feststellungen jedoch nicht als Erklärung gelten, sondern fragt nach der gesellschaftlichen Verursachung der betreffenden Ideologien.

Für die Frage inhaltlicher Übereinstimmung zwischen der völkischen Ideologie im allgemeinen und der revolutionärkonservativen im besonderen, ist es wichtig, kurz auf die Ausweitung der völkischen Bewegung während der Anfangsjahre der Weimarer Republik einzugehen. Diese Ausweitung hat dazu geführt, daß spezifisch völkisches Gedankengut nicht mehr nur in einigen wenigen Gruppen vertreten wurde, sondern als mehr oder minder zentraler Inhalt auch in andere ideologische Gruppierungen einging. Da diese sich trotz durchgängiger ideologischer Aussagen voneinander unterschieden, ist es schwierig, den Standort einer dieser ideologischen Ausprägungen im Rahmen der ge-

---

[1] Die nationalistischen Tendenzen, die zeit- und gruppenweise auch in kommunistischen Organisationen auftraten, bleiben außer Betracht, was von der Thematik her auch dadurch zu rechtfertigen ist, daß die Linksoppositionellen zwar nicht die parlamentarische, wohl aber eine demokratische Staatsform intendierten. Das Auftreten derartiger Strömungen in der Linken sollte jedoch als Indiz für die Kraft des neuen Nationalgefühls zur Zeit der Weimarer Republik gewertet werden. Über die Nationalkommunisten vgl. Otto-Ernst *Schüddekopf*, Linke Leute von rechts. Die nationalrevolutionären Minderheiten und der Kommunismus in der Weimarer Republik, Stuttgart 1960; Karl O. *Paetel*, Versuchung oder Chance, Zur Geschichte des deutschen Nationalbolschewismus, Göttingen 1965.

samten völkischen Ideologie zu bestimmen. Im folgenden soll dies für den revolutionären Konservatismus dadurch versucht werden, daß seine Stellung zu den radikalsten Verfechtern der völkischen Ideologie bestimmt wird. Wir führen deshalb die Unterscheidung zwischen völkischer und radikal-völkischer Ideologie ein. Dieses methodische Hilfsmittel soll dazu dienen, an Hand der Beziehung zwischen revolutionärem Konservatismus und radikal-völkischer Ideologie die Stellung des revolutionären Konservatismus innerhalb des Gesamtkomplexes der völkischen Ideologie zu ermitteln. Es erscheint legitim, die Beziehung zwischen revolutionärem Konservatismus und völkischer Ideologie von den radikalsten Ausprägungen der völkischen Ideologie her zu erschließen, da die Radikal-Völkischen es waren, die den völkischen Ideologienkomplex ideologisch und historisch geprägt haben.

2. Die Ausweitung der völkischen Bewegung

Auch vor 1918 gab es schon völkische Gruppen, die einen antisemitischen Nationalismus vertraten. Die radikal-völkischen Gruppierungen der Nachkriegszeit sind teils neu gegründet worden und teils aus den antisemitischen Bewegungen der Jahrhundertwende hervorgegangen. Besonders bekannt geworden sind unter anderem die deutsch-völkischen und deutsch-sozialen Antisemiten Liebermann von Sonnenbergs, die Anhänger Böckels, sowie des „Hammer-Fritsch", weitgehend sind auch der Verein deutscher Studenten, der „Deutsche Turnerbund" (1889 gegen die Deutsche Turnerschaft gegründet), sowie der Kyffhäuserverband hinzuzurechnen. In die Reihe völkischer Gruppierungen gehören überdies, wenn auch nicht mit der Gesamtheit ihrer Mitglieder, der Alldeutsche Verband[2], der Deutschnationale Handlungsgehilfenverband[3] und — wie Puhle überzeugend nachgewiesen hat[4] — der Bund der Landwirte.

Allen diesen Gruppen war gemeinsam, daß sie den Ausdruck „national" einem Bedeutungswandel unterzogen hatten, indem sie ihm biologische Komponenten und machtpolitische Ziele beilegten. Diejenigen Vereinigungen, die sich seit 1890 „national" oder gar „deutsch-national" nannten, erhoben damit Antisemitismus und großdeutsche Bestrebungen allen sichtbar zu ihrem Programm.

---

[2] Eine der wichtigsten völkischen Schriften der Vorkriegszeit wurde vom Präsidenten des Alldeutschen Verbandes Heinrich Claß unter einem Pseudonym veröffentlicht: Daniel *Frymann*, Wenn ich der Kaiser wär, Politische Wahrheiten und Notwendigkeiten, Leipzig 1912.
[3] Siehe oben S. 80 ff.
[4] Hans Jürgen *Puhle*, Agrarische Interessenpolitik und preußischer Konservatismus 1893—1914. Ein Beitrag zur Analyse des Nationalismus in Deutschland am Beispiel des Bundes der Landwirte und der Deutsch-Konservativen Partei, Hannover 1966.

2. Ausweitung der völkischen Bewegung

Als Theoretiker feierten die Völkischen Paul de Lagarde, Richard Wagner und Theodor Fritsch; Houston Stewart Chamberlains rassistisch begründeter Deutschtumskult wurde begeistert aufgenommen und der Gobinismus trat seinen Siegeszug an, nachdem Ludwig Schemann zur Jahrhundertwende die Werke Gobineaus herausgegeben und in Gobineau-Gesellschaften für deren Popularisierung gesorgt hatten. Die Gedanken des gräflichen Pessimisten wurden dabei allerdings deutsch-national interpretiert, wodurch sich der Pessimismus zu einem siegesbewußten Optimismus wandelte.

Nach 1918, spätestens aber nach dem Versailler Vertrag, gewann die vordem partielle völkische Bewegung den Charakter einer Volksbewegung[5]. Der früher gebräuchliche Ausdruck „national" wurde durch eine ganze Flut plötzlich auftauchender Benennungen ersetzt, deren Hauptbestandteil das Wort „Volk" bildete. Die Ausbreitung der völkischen Idee war die psychische Reaktion auf das Kriegserlebnis, die Niederlage der Nation und das Ende der Monarchie. Sie ersetzte den nunmehr unmöglich gewordenen wilhelminischen Nationalismus, der — auf Kaiser und Reich bezogen — den in Deutschland traditionell territorialstaatlichen Patriotismus in das Reich von 1871 integriert hatte.

Die Weimarer Republik zog patriotische Gefühle nicht an und bot keinen Ersatz für den Wilhelminismus. Von den meisten Deutschen wurde die Republik weder als Reich noch als Nationalstaat, sondern als eine Einrichtung der Siegermächte empfunden. Nicht nur die traditionellen völkischen Gruppen sahen jetzt ihre Aufgabe in erster Linie in der Bekämpfung des „Novembersystems" und der Überwindung seiner Träger. Hertha Schemmel ist eine durchaus zutreffende Analyse gelungen, als sie 1927 in der radikal-völkischen Zeitschrift „Deutschlands Erneuerung" schrieb: „Durch die Revolution war der nationale Gedanke mit einem Schlage aus einer staatsbürgerlichen Gesinnung zu einer Bewegung, zu einer Kampfidee allerersten Ranges geworden, und er hatte hinter sich die ganze Kraftfülle des Frontsoldatentums, das berufen war, ihm größere Gestalt und tieferen Inhalt zu geben"[6].

Um den Kampf gegen das „System" von Weimar führen zu können, wurde das Volk als unbesiegte Macht von der geschlagenen Nation und deren schwachen Staat abgesetzt[7]. Da die Größe der Nation in uner-

---

[5] Vgl. hierzu und im folgenden Martin *Broszat*, Die völkische Ideologie und der Nationalsozialismus, a.a.O.

[6] Hertha *Schemmel*, Politik, Wehrverbände und Parteien und der Kampf um das Ziel der völkisch-nationalen Bewegung, in: Deutschlands Erneuerung, Monatsschrift für das deutsche Volk, Hrsg. Dr. Bang, Prof. G. v. Below u. a., XI. Jg., München 1927, S. 304.

[7] Vgl. zu diesem Komplex auch Helmuth *Plessner*, Die verspätete Nation, 4. Aufl., Stuttgart 1962, insbesondere S. 47 ff.

reichbare Fernen gerückt war, setzte man alle Hoffnung auf die — vorwiegend biologisch begründete — Stärke des Volkes. Zugleich gelangte die Abwehr gegen alles Nichtvölkische, gegen Internationalismus und Judentum zu überwältigender Popularität.

Während die völkische Bewegung vor 1918 auf einzelne Gruppen beschränkt war und deutlich oppositionellen Charakter hatte, gelangte sie jetzt auch in den Augen langjähriger Völkischer aus dieser Oppositionsstellung heraus[8] und zu weitverbreiteter Anerkennung[9]. Der Abwehrcharakter der völkischen Ideologie, die im ausgehenden 19. Jahrhundert vor allem von den ökonomisch und gesellschaftlich bedrohten Schichten des Mittelstandes entwickelt worden war, entsprach jetzt einem allgemeinen Bewußtseinsstand. Dem deutschen Volk schien nach dem Vertrag von Versailles in seiner Gesamtheit die Proletarisierung durch die Unterjochung von seiten der Siegerstaaten zu drohen. Eduard Stadtler analysierte die politischen Ursachen dieser Wandlung von der völkischen Gesinnung zur völkischen Bewegung durchaus zutreffend, wenn er die „allgemeine Volksbewegung nach rechts" weder auf monarchische, noch auf allgemein-restaurative Bestrebungen zurückführte, sondern als eine „willentliche Aufstiegs- und Rettungsbewegung der deutschen Nation" deutete. Stadtler zufolge wandte sie sich „elementar gegen die Erschöpfungs- und Fallbewegung, die sich seit 1917 der deutschen Staatsnation bemächtigt hat. Das Volk erwacht von den Friedensträumereien, von den Friedensgaukeleien des Jahres 1917/18. Es lehnt sich gegen den wilsonistischen Friedensbetrug der Weltdemokratie auf. Haß wird in ihm wach wider die Urheber des sogenannten Weltfriedens. Mit unfehlbarem völkischen Instinkt kehrt es seine Wut gegen die Franzosen..."[10].

Nach dem Versailler Vertrag war die völkische Ideologie endgültig nicht mehr als Gruppenphänomen zu bezeichnen, sondern als das poli-

---

[8] So etwa Max Robert *Gerstenhauer*, Der völkische Gedanke in Vergangenheit und Zukunft. Aus der Geschichte der völkischen Bewegung, Leipzig 1933, S. 29.

[9] Mohler sieht diesen Sachverhalt m. E. unrichtig, wenn er das Hauptgewicht der völkischen Bewegung einerseits um die Jahrhundertwende im Umkreis von H. St. Chamberlain und andererseits bei den in den Dreißiger Jahren sich ballenden Versuchen neu-germanischer Religionsgründungen feststellen will (a.a.O., S. 81). Seiner Ansicht nach sind die Anläufe der Jahre zwischen 1918 und 1932 dagegen ein Atemholen. Zu diesem Ergebnis konnte Mohler nur gelangen, weil er das aristokratische Vorurteil der Jungkonservativen und verwandter Gruppen übernahm. Er übersah, daß die radikalen völkischen Gruppen in der Zeit von 1918 bis 1933 deshalb nicht so sehr ins Auge fielen, weil ihre Isolierung aufgehoben worden war in der allgemeinen völkischen Bewegung.

[10] Eduard *Stadtler*, Rutsch nach rechts — Rutsch nach links, in: Gewissen Nr. 8, 4. Jg. 1922.

tische Programm einer Bewegung, welche die größten Teile des deutschen Volkes erfaßte[11].

3. Das Verhältnis des revolutionären Konservatismus zur völkischen Bewegung im Selbstverständnis der revolutionären Konservativen

Die revolutionären Konservativen fühlten sich der völkischen Bewegung eng verbunden.

1924 schrieb Heinrich von Gleichen im „Gewissen": „Unsere Leser wissen, daß wir uns eins mit der völkischen Bewegung im Lande fühlen, die wir als eine Erneuerung der nationalen Bewegung empfinden"[12]. Fragend, was „völkisch" sei, erläuterte Gleichen die Sichtweise der Jungkonservativen: „Wir stellen zunächst fest, daß wir den Antisemitismus nicht für den Kern der völkischen Bewegung halten, daß wir keinen deutschen Faschismus in der völkischen Bewegung erblicken, daß wir nicht glauben, die Besinnung auf nordisch-germanische Überlieferung werde allein die völkische Bewegung wirklich weiterbringen, daß wir überhaupt die völkische Frage nicht für eine Sonderangelegenheit von Parteikämpfern und Fachspezialisten halten, vielmehr in der völkischen Bewegung die verschiedensten Töne des nationalen Wollens in einem *neuen* und machtvollen Akkord zusammenklingen hören. Das völkische Wollen geht auf geheimnisvolle Urgründe des Blutes und der Rasse zurück, besinnt sich auf weltanschaulich echtes Erbe der Vergangenheit, steht mit beiden Füßen in der gefährdeten Gegenwart und macht den Versuch, mit radikalem Wollen Fesseln abzuschütteln, die eine vielleicht jahrhundertelange Fremdherrschaft des Geistes und der Interessen unserer Nation angeschmiedet hat. Staatspolitische Vorstellungen ständischer Verfassung und völkischer Diktatur, selbstverständliche Forderungen nationaler Wehrhaftigkeit und raumpolitischer Ausdehnungsmöglichkeit, alles dies zeigt einen lebendigen, selbständigen Ausdruck unbekümmerten und gesunden Wollens bei der völkischen Bewegung[13]." Gleichens Beurteilung der Radikal-Völkischen ist charakteristisch für die gemäßigten Vertreter der völkischen Ideologie. Sie wehrten sich gegen die sektiererischen und „lauten" Äußerungen der Radikalen, gegen den Radauantisemitismus vor allem, sahen sich aber im „Wollen" mit den Radikal-Völkischen einig. Diese Feststellung bezog sich in den Anfangsjahren der Republik auf alle völkischen und radikal-völkischen Gruppen, sie wurde teilweise eingeschränkt, als die

---

[11] Vgl. hierzu exemplarisch: Hans Peter *Bleuel* und Ernst *Klinnert*, Deutsche Studenten auf dem Weg ins Dritte Reich. Ideologien — Programme — Aktionen 1918—1935, Gütersloh 1967.
[12] Heinrich *von Gleichen*, Die völkische Frage, Gewissen Nr. 8, 6. Jg. 1924.
[13] Ebd.

Nationalsozialisten sich anschickten, parteipolitisch zu agieren, ohne allzu große Rücksichten auf die emotionale Einheit der völkischen Bewegung zu nehmen[14].

Soweit gemäßigte Vertreter der völkischen Ideologie an radikalen Kritik übten, bezog sich diese zumeist ausschließlich auf die Führer radikal-völkischer Gruppen. „Leider fehlen ihr die Führer, die ihrem wertvollen seelischen und willensmäßigen Gehalt die entsprechende Gestalt zu verleihen imstande sind ... Wer deshalb der Bewegung gerecht werden will, muß über die äußeren Erscheinungsformen und die zufälligen Tagesbekundungen hinweg zum Kern der Bewegung vordringen, der nur aus der Gesamtlage unserer Zeit und unseres Volkes heraus erfaßt werden kann[15]." Radauantisemitismus, Germanenschwärmerei, Deutsch-Glaubensbewegung und die „Qualität der Führer" wurden nicht als essentielle, sondern als akzidentelle Bestandteile der radikalvölkischen Gruppenideologien gewertet, wodurch das Verbundenheitsgefühl aller Völkischen erhalten werden konnte[16]. Trotz der Betonung völkischer Einheit, haben sich die revolutionären Konservativen nicht selbst als „Völkische" bezeichnet. Einer Solidarisierung mit den anderen Völkischen stand ihr Elite-Anspruch entgegen. Deshalb erweist sich die völkische Einheit im unausgesprochenen Selbstverständnis der revolutionären Konservativen nicht als eine Volksgemeinschaft entsprechend konservativ-romantischer Traditionen. Vielmehr bedeutete die Verbundenheit zur völkischen Bewegung für die revolutionären Konservativen eine Beziehung zu den Massen der konservativen Revolution, deren Avantgarde sie selbst zu sein gedachten.

In einer Hinsicht jedoch haben sich die revolutionären Konservativen offen von anderen völkischen Gruppen distanziert. Sie fühlten sich keiner völkischen Gruppe verbunden, die auf die Wiedererrichtung der Monarchie bedacht war[17].

---

[14] Siehe die Kritik Edgar J. *Jungs* an den Nationalsozialisten, oben S. 105.

[15] Heinrich *von Gleichen*, Die völkische Frage, a.a.O.

[16] Mir ist unverständlich, wie Schwierskott und Mohler zu dem Ergebnis kommen können, der Jungkonservatismus habe nichts mit dem Nationalsozialismus gemein gehabt (*Schwierskott*, a.a.O., S. 159; Mohler, a.a.O., S. 210), wo doch die Jungkonservativen sich in vielen ihrer Äußerungen solidarisch mit der völkischen Bewegung erklärten, als deren Hauptrepräsentanten sie immer den Nationalsozialismus anführten.

[17] Monarchische Reaktionäre fanden sich in einigen radikal-völkischen Verbänden (Vereinigte Vaterländische Verbände, z. Bs., einer Dachorganisation ohne Unterorganisationen), im Kyffhäuserbund, in Kriegervereinen und unter protestantischen Pfarren, vgl. dazu Karl Wilhelm *Dahm*, Pfarrer und Politik. Soziale Position und politische Mentalität des deutschen evangelischen Pfarrerstandes zwischen 1918 und 1933, Köln und Opladen 1965.

4. Der Nationalismus als Teil der radikal-völkischen Ideologie

Der Nationalsozialismus ist ideologisch ganz den Radikal-Völkischen zuzurechnen; Hitler stellte mit seinen Anhängern zunächst nur eine unter den vielen völkischen Gruppen. Seine verächtliche Polemik gegenüber manchen von ihnen bezog sich nicht auf deren Ideologie, sondern auf deren Taktik. Hitlers verschiedene ideologische Glaubenssätze sind untereinander selbst widersprüchlich genug und bilden keine geschlossene Gesamtideologie[18]. Er war allerdings peinlich darauf bedacht, sich von denjenigen völkischen „Erkenntnissen" zu distanzieren, die seiner Bewegung hätten schaden können[19]. Ideologie hatte für Hitler vornehmlich funktionalen Zwecken zu dienen, sie mußte politische Aktionen hervorzurufen imstande sein; sein selektives Hauptkriterium: „Wie erzeugen wir den Geist, der ein Volk befähigt, Waffen zu tragen"[20]?

Folgerichtig warnte Hitler vor jenen „deutschvölkischen Wanderscholaren", „deren positive Leistung immer gleich Null ist, deren Einbildung aber kaum übertroffen zu werden vermag"[21]. Er wollte seine Führungsrolle innerhalb der nationalen Bewegung sichern und beschrieb deshalb die „völkischen Methusalems" folgendermaßen: „Es ist das Charakteristische dieser Naturen, daß sie von altgermanischem Heldentum, von grauer Vorzeit, Steinäxten, Ger und Schild schwärmen, in Wirklichkeit aber die größten Feiglinge sind, die man sich vorstellen kann. Denn die gleichen Leute, die mit altdeutschen, vorsorglich nachgemachten Blechschwertern in den Lüften herumfuchteln, ein präpariertes Bärenfell mit Stierhörnern über dem bärtigen Haupte, predigen für die Gegenwart immer nur den Kampf mit geistigen Waffen und fliehen vor jedem kommunistischen Gummiknüppel eilig von dannen. ... Ich habe diese Leute zu gut kennengelernt, um nicht vor ihrer elenden Schauspielerei den tiefsten Ekel zu empfinden ... Besonders bei den sogenannten religiösen Reformatoren auf altgermanischer Grundlage habe ich immer die Empfindung, als seien sie von jenen Mächten geschickt, die den Wiederaufstieg unseres Volkes nicht wünschen. Führt doch ihre ganze Tätigkeit das Volk vom gemeinsamen Feind, den Ju-

---

[18] Unbestritten ist, daß die wichtigsten Bestandteile der Hitlerschen Weltanschauung bestimmte, für seine Person notwendige, Kompensationsfunktionen zu erfüllen hatten. Das gilt sicherlich für seinen Antisemitismus, wohl aber auch für die durchgängigen außenpolitischen Konzeptionen. Auf deren Konstanz verweist Hans *Rothfels* auf S. 10 seiner Einleitung zu Hitlers zweitem Buch, hrsg. Gerhard L. Weinberg, Stuttgart 1961.
[19] Vgl. Distanzierung von Ludendorff und Dinter und Behauptung, auf dem Boden des „positiven Christentums" zu stehen.
[20] Adolf *Hitler*, Mein Kampf, München 1925, S. 365.
[21] Ebd., S. 395.

den, weg, um es statt dessen seine Kräfte in ebenso unsinnigen wie unseligen Religionsstreitigkeiten verzehren zu lassen[22]."

Trotz seiner Distanzierung von den „völkischen Schlafwandlern" unterschied sich Hitler ideologisch nicht von ihnen, er hütete sich lediglich, Ansichten zu verbreiten, die eine einheitliche nationalistische Aktion hätten hemmen oder seinen Führungsanspruch hätten streitig machen können. Darüber hinaus waren ihm die ideologischen Einzelargumente gleichgültig, er entwickelte seinerseits keine eigene Ideologie. Anders als bei der konservativen Revolution geht die gedankliche Spannweite des Nationalsozialismus nicht über die völkische Ideologie hinaus, sondern ist Teil derselben. Die Unterschiede liegen in Form und Ausmaß der politischen Aktivität, und Hitler hatte nicht Unrecht, wenn er damit protzte, daß ohne seine „junge Bewegung" die Völkischen sich weiterhin mit dem *Rasseln* der Schwerter zufrieden gegeben hätten.

5. Die radikal-völkische Ideologie

Neben der Verbundenheit der revolutionären Konservativen mit der völkischen Bewegung sind vor allem die inhaltlichen Beziehungen zwischen revolutionärkonservativer und radikal-völkischer Ideologie von Bedeutung. Die letztere soll deshalb in aller Kürze dargestellt werden[23].

Die Ideologie der Radikal-Völkischen ist nicht einheitlich und weit weniger geschlossen als etwa der revolutionäre Konservatismus. Zu den bekanntesten Vertretern der radikal-völkischen Ideologie sind Hermann Wirth, Adolf Hitler, Hans F. K. Günther, Reinhold Wulle, Alfred Rosenberg, Arthur Dinter und Karl Nüse zu zählen. Bereits die Aufzählung dieser wenigen verweist auf Unterschiede in den Aussagen und im literarischen Niveau der Radikal-Völkischen. Teilweise haben sich Völkische ihrer unterschiedlichen Auffassungen wegen öffentlich beschimpft, nie aber haben sie ihre eigene oder ihrer Gegner Zugehörigkeit zur völkischen Bewegung bestritten. Die trotz aller Widersprüche und Feindschaften deutlich empfundene Gemeinsamkeit der völkischen Grundhaltung bestand aus der Überzeugung von der Notwendigkeit deutscher Machtpolitik und einem endgültig zur Selbstverständlichkeit gewordenen Antisemitismus. Die ideologischen Differenzierungen beschränkten sich auf die Begründung der angestrebten deutschen Macht-

---

[22] Ebd., S. 396 f.
[23] Eine ausführliche Darstellung sowie die Charakterisierung der wichtigsten radikal-völkischen Verbände findet sich in einer bis heute nicht übertroffenen Zusammenstellung, die ein anonym gebliebener zeitgenössischer Autor angefertigt hat: Deutschvölkischer Katechismus von einem deutschen Hochschullehrer. Heft 1—3, Leipzig 1929—1932.

stellung: teils berief man sich auf die ruhmreiche germanische Vergangenheit, teils auf die besondere Sendung des deutschen Volkes, auf die überragende deutsche „Art" oder auf alle diese „Tatsachen" gemeinsam.

a) Germanenmythologie und Deutsch-Glaubensbewegung

Die von Hitler abgelehnten Germanenschwärmer fanden einen ihrer Repräsentanten in Hermann Wirth, der seinerseits den Nationalsozialismus allerdings keineswegs ablehnte und von Hitler als Anhänger auch geduldet wurde. Wirth gab vor, die Mythologie der Germanen zu erforschen und berief sich zum Beweis seiner Wissenschaftlichkeit auf „reiche Denkmälerbelege"[24]. Zu rassistischen Pamphleten wurden Wirths „Untersuchungen", weil ihre Intention das Ergebnis festsetzte und beide, Intention und Ergebnis, machtpolitischen Zielen untergeordnet waren. Eine derart „politisierte" Wissenschaft exemplifizierte Wirth vielfach. So leitete er das Wort „deutsch" aus dem germanischen Sprachschatz mit folgender Wortbedeutung ab: „‚Deutsch'-sein heißt ‚aus Gott', ‚Leben Gottes' sein ..., wer ‚deutsch' ist, ist aus Gott, trägt Gottes Licht in sich als die Offenbarung der Ewigkeit, die von Geschlecht zu Geschlecht weitergegeben wird"[25]. Als den Inhalt der letzten zwei Jahrtausende deutscher Geschichte interpretierte Wirth: „‚Deutsch' hieß in seiner so folgerichtig (sic) übertragenen Bedeutung ‚Volk' und ‚Land'. ... Der Abschluß dieser ‚geschichtlichen' Zeit ist ein Volk ohne Land und ohne Gotterleben mit einem siechenden Körper[26]." Werden wie bei Wirth und anderen Anhängern eines „germanischen" oder „deutschen Glaubens"[27] Religiosität und Deutschtum miteinander gekoppelt[28], so erhält jeglicher deutsche Kampf göttliche Weihe. Den jeweiligen politischen Zielen entsprechend kann dem Wort „deutsch" eine bestimmte Bedeutung unterlegt werden und schon wird — wie im erwähnten Beispiel — die Forderung nach Land zur Vorbedingung aller Religiosität in Deutschland: „Um wieder ‚deutsch' zu sein, muß das ‚Volk' wieder ein ‚Land', ein ‚Odal' haben. Das war die Gerechtigkeit des Schicksals, das Gottesgericht, das über den vergangenen deutschen Staat her-

---

[24] Hermann *Wirth*, Was heißt Deutsch? Ein urgeistesgeschichtlicher Rückblick zur Selbstbesinnung und Selbstbestimmung, Jena 1931, S. 24.
[25] Ebd., S. 41.
[26] Ebd., S. 42.
[27] Die Deutsch-Glaubensbewegung hatte in Lagarde ihren hochgepriesenen Vorläufer, vgl. hierzu Hans-Joachim *Kraus*, Die evangelische Kirche, in: Entscheidungsjahr 1932, Hesg. Werner E. Mosse, Tübingen 1965, S. 254.
[28] Vgl. hierzu die „Richtlinien der Glaubensbewegung Deutsche Christen", abgedruckt in: Quellen zur Geschichte des deutschen Protestantismus 1871—1945, Hrsg. Karl Kupisch, München—Hamburg 1965, S. 254 ff.

einbrach, daß seine Machthaber dieses Gebot nicht erkannt haben"[29]. Weshalb dies so kommen mußte, erläuterte Reinhold Wulle: „Wir glauben nämlich, daß Gott einem Volke nie verzeiht, das sich der Erfüllung seiner Aufgabe entzieht. Wir glauben nämlich, daß Gott den Kampf als höchstes Sittengesetz der Natur und damit den Völkern gegeben hat, weil nur Kampf die Möglichkeit zur höheren Leistung, die Möglichkeit zur Auslese, d. h. zur Schöpfung gegeben hat[30]." Wulle folgerte: „Wir brauchen eine Kirche, die dem deutschen Menschen sagt: *Wenn du nicht kämpfst, dann bist du gottlos.* Mit anderen Worten, die Kirche wird ihre Aufgabe als Führerin der deutschen Seele nur dann erfüllen, *wenn sie den Kampf zum sittlichen Prinzip erklärt*[31]." Die Kirche erhält in der Deutsch-Glaubensbewegung[32] die Aufgabe, die Einheit von Gott und Volk, von „Natur" und Sitte zu bewerkstelligen, da eines ohne das andere nicht vollkommen ist. Gott und „Natur" sind in der völkischen Ideologie allerdings auswechselbare Größen, wobei zumeist der „Natur" die größere Autonomie zugeschrieben wird, denn das göttliche Prinzip findet seine Realisation nur in der völkischen Konkretisierung, der Übereinstimmung von göttlichem und völkischem Wollen, das Naturprinzip des Kampfes dagegen schafft seine Realisation allemal selbst.

Die Verbindung sozialdarwinistischer Denkmodelle mit einer angenommenen germanischen Religion dient in der radikalen Ausprägung völkischer Ideologie denselben machtpolitischen Zwecken wie bei Wilhelm Stapel, der zwar nicht „germanische", wohl aber „protestantische" in sozialdarwinistische Traditionen einfügte[33]. Die Religion hat beidemal instrumentalen Charakter.

b) Die Rassenlehre

Zwar gab es unter den radikalen Völkischen Anhänger eines „geistigen" Rassebegriffs[34], doch war der biologische im allgemeinen vorherrschend. Dies insbesondere seit Hans F. K. Günther mit dem „Nordischen

---

[29] Hermann *Wirth*, Was heißt Deutsch? a.a.O., S. 48 f.

[30] Reinhold *Wulle*, Die Sendung des Nordens, Der Sinn des deutschen Freiheitskampfes, Leipzig 1931, S. 188 f.

[31] Ebd., S. 189 (Hervorhebungen im Original).

[32] Am bekanntesten war der Terminus Deutsch-Christentum, der auf eine 1917 von Adolf *Bartels* verfaßte Schrift zurückgeht, die den Titel trug „Deutsch-Christentum auf rein evangelischer Grundlage", vgl. hierzu und zur Organisation des Deutsch-Christentums Dietrich *Bronder*, Bevor Hitler kam, Hannover 1964, S. 269 f.

[33] Siehe oben S. 84 f.

[34] So beispielsweise Karl *Kynast*, Apollon und Dionysos. Nordisches und Unnordisches innerhalb der Religion der Griechen. Eine rassenkundliche Untersuchung, München 1927, S. 5; bekanntlich gab es selbst innerhalb der NSDAP Anhänger eines geistigen Rassebegriffs (Rosenberg).

5. Die radikal-völkische Ideologie

Gedanken" die biologische Theorie der völkischen Rassenlehre lieferte. Auch Günther kam zu seinen „wissenschaftlichen" Ergebnissen nicht von der Forschung her, sondern von der selbstgestellten Aufgabe, das 19. Jahrhundert „rücksichtslos zu überwinden"[35]. Er empfand den Glauben an einen (nicht biologisch erzielten) Fortschritt der Menschheit als Schwarmgeisterei[36] und wollte stattdessen den heldischen Gedanken der nordischen Vorzeit als immer noch gültiges Leitbild wieder aufrichten.

Aus Günthers früher Schrift „Ritter, Tod und Teufel" läßt sich die Logik seiner fortwirkenden Motivation mühelos ableiten. Günther sah, daß deutsche Größe unter Beibehaltung der humanitären Ideale nicht erreichbar war und entschloß sich zu einer bewußten Zweck-Mittel-Moral: „Darauf allein nämlich kommt es an, daß ein Werk geschaffen werde. Ob es der Haß vollbringt, ob die Liebe: gleichviel"[37]! Er selbst nahm seine Zuflucht zum Haß, denn „schöpferisch und siegeskräftig ist heldischer Haß, ob er auch ausrotte und brenne! Der Held darf zerstören, weil er sich in den Anfängen und einen Schöpfermut in sich weiß. Er ist der Baum, der Licht braucht für seine Äste und sich recken muß und ist der gute Baum, der gute Früchte bringt zu seiner Zeit[38]." Zum heldischen Haß befähigt ist nach Günther allein der nordische Mensch, aber selbst ihm habe die Bildung des 19. Jahrhunderts des Hasses Kraft entwunden[39].

Die nordischen Menschen stellen die beste der in Deutschland vertretenen Rassen. Zumindest für Deutschland bedeutet die Vorherrschaft der nordischen Helden deshalb das Ende aller Schwierigkeiten, zumal nach Günther der Reichsgedanke ausschließlich von ihnen getragen wird[40]. Die Lösung der Reichsfrage — für die Völkischen heißt das: die Aufrichtung des deutschen Reiches — kann deshalb auch nur durch nordische Menschen erfolgen. Der Sieg des heldischen Gedankens und damit des Reichsgedankens würde zugleich die deutsche Rassenfrage lösen, indem er die Dominanz der nordischen unter den übrigen deutschen Rassen endgültig festsetzte. Als Zielvorstellung ergab sich somit unausweichlich ein „deutscher Staat nordischer Rasse"[41], wobei als selbstverständlich galt, daß ein solcher Staat ein starker Staat sei. Auf dieses Ziel hin wollte Günther das deutsche Volk erzogen wissen, auf

---

[35] Hans F. K. *Günther*, Ritter, Tod und Teufel. Der heldische Gedanke, 3. Aufl., München 1928 (erstmalig um 1920), S. 12.
[36] Ebd., S. 27.
[37] Ebd., S. 48.
[38] Ebd., S. 56.
[39] Ebd., S. 58.
[40] Ebd., S. 134.
[41] Ebd.

die altgermanische Welt als großes Vorbild zuchtbewußter Gemeinschaften verweisend[42].

Auch Günther belächelte die bloße „Germanenschwärmerei" und grenzte die Nordische Bewegung von der Germanenromantik ab: „Vorwärts, nicht rückwärts gewandt ist der Nordische Gedanke"[43]. Diese Distanzierung gegenüber anderen Völkischen hatte bei ihm die gleichen Ursachen wie bei Hitler, er verwahrte sich gegen Schwärmer, die seinem Aktionsprogramm nichts nutzen oder dieses gar hemmen konnten. Sein Ziel war nicht die Etablierung germanischer Sitten und Bräuche, sondern die biologische „Aufnordung" des deutschen Volkes; die Nordische Bewegung hatte sich nach Günthers Angaben ausschließlich dem Geburtensieg der vorwiegend nordischen Menschen innerhalb der deutschen Stämme verschrieben[44].

Was sich bei Günther noch vergleichsweise gemäßigt liest, so etwa die relative Wertigkeit der einzelnen Rassen[45] oder die Anerkennung nordischer Bestandteile auch in anderen europäischen Völkern[46], verliert sich gänzlich bei sonstigen Propheten des Nordischen Gedankens, vor allem bei Otto Hauser, der sein Buch über den „blonden Menschen" (Günther hatte wohlweislich vermieden, die nordischen Helden auf ihre Blondheit festzulegen) mit der Feststellung begann, daß nur die „tiefer Mischrassigen" die Behauptung verbreiteten, die Menschen seien ihren Anlagen und ihrem Wert nach als gleich anzusehen[47]. Für ihn *ist* der nordische Mensch, ungeachtet aller gegenteiligen Anschauung, die Vergegenständlichung eines bestimmten körperlichen Idealbildes, dem bestimmte Charakter- und Seeleneigenschaften zugehören. Es ist Grunddogma fast aller Völkischen, daß die Körperlichkeit den Geist bestimme; Hauser nennt geradezu als Vorbedingung für die Zugehörigkeit zur nordischen Rasse: „Der blonde Mensch fühlt, daß er alles, was er ist, seinem Blute verdankt"[48].

Das nordische Blut stellt seine Träger über alle „tiefer Mischrassigen" und deren Gesetze, „jenseits von Gut und Böse"[49]. Solche Ausnahmemenschen mit ihren „sonderartigen Seelen"[50] heiraten selbstverständlich nur untereinander. Das folgende Zitat, welches die „Natür-

---

[42] Hans F. K. *Günther*, Kleine Rassenkunde, München 1925, S. 205.
[43] Hans F. K. *Günther*, Der Nordische Gedanke unter den Deutschen, München 1925, S. 66.
[44] Ebd., S. 22.
[45] Ebd., S. 77.
[46] Ebd., S. 63.
[47] Otto *Hauser*, Der blonde Mensch, Weimar 1921, S. 1.
[48] Ebd., S. 42.
[49] Ebd., S. 28.
[50] Ebd., S. 30.

lichkeit" artbestimmter Zuchtwahl beweisen soll, findet sich in ähnlicher Form in einer Unzahl völkischer Schriften: „Gleich und Gleich gesellt sich gern', so sagten unsere Altvorderen. Es war dies das Natürliche. Sonst wären in der ganzen Natur keine reinen Arten mehr erhalten geblieben, alle hätten sich mit allen vereinigt, vom Affen über die Kloakentiere zu den Schildkröten und zu den Vögeln. Aber nicht dies, man findet selbst naheverwandte Arten scharf voneinander geschieden: Tiger, Leoparden, Löwen, ingleichen Wölfe, Füchse, Schakale, Hunde, so auch Esel, Pferde. Bastarde sind vielfach unfruchtbar, so die Maultiere und Maulesel, die Hengst mit Eselin oder Esel mit Stute erzeugen. Ja, die Natur läßt sich nur höchst unwillig dazu zwingen, Arten zu vermischen[51]."

Es ist fast unnötig zu erwähnen, daß nach Hauser die Nordischen überall dort den größten Bevölkerungsanteil gestellt haben, wo ein Volk zu vorübergehender Größe aufgestiegen ist[52], selbstredend auch, daß Deutschland das einzige Land mit wirklich nordischer Bevölkerung darstellt[53]. Was derzeit den deutschen Aufstieg hindert, sind — so Alfred Roth — allein die „niedervölkischen Erscheinungen", die der Umsturz an die Oberfläche getrieben hat[54].

c) Der radikal-völkische Antisemitismus

Rassentheorie und Sendungsbewußtsein haben in der radikal-völkischen Ideologie die Funktion, das Machtstreben zu begründen. Alle anderen ideologischen Funktionen fallen dem Antisemitismus zu. Er diente nicht nur zur Erklärung des unerfreulichen politischen Zustandes, sondern lieferte auch die Handlungsanweisung zu dessen Überwindung. Im Rahmen der völkischen Ideologie kommt dem radikalen Antisemitismus außer diesen beiden Funktionen regelmäßig eine individuell benötigte kompensatorische Wirkung zu. Letztere wurde in sehr vielen Fällen von den Völkischen selbst aufgedeckt. Als typisch kann in dieser Beziehung Adolf Bartels gelten, der in seinem Aufsatz „Weshalb ich die Juden bekämpfe"[55] schildert, wie er als Kind keineswegs judenfeindlich gewesen und erst zum Judenhaß gekommen sei, als er in Frankfurt sehen mußte, wie in Presse und Literatur sich kein Deutscher

---

[51] Ebd., S. 54.
[52] Otto *Hauser*, Rasse und Rassefragen in Deutschland, 4.—5. Aufl., Weimar 1921, S. 109 ff.
[53] Ebd., S. 121.
[54] Alfred *Roth*, Der Judenpranger. Ein Spiegelbild der jüdischen Seele, Hamburg 1922, S. 5.
[55] Adolf *Bartels*, Weshalb ich die Juden bekämpfe, in: Hammer-Schläge, Zeitschrift des Deutschvölkischen Schutz- und Trutzbundes, Hamburg, 19. Jg. Heft 10.

(sic, vor allem er selbst nicht) gegen die Juden durchsetzen konnte. Alsbald ist ihm seine „nationale Aufgabe" aufgegangen: „die, dem gefährdeten deutschen Volkstum in der Literatur und weiterhin im Leben wieder zu seinem vollen Recht zu verhelfen"[56].

Findet der Antisemitismus seine Begründung nicht nur in den allgemeinen Gesellschaftsverhältnissen, sondern außerdem in individualpsychologischen Bedürfnissen seiner Agitatoren, so ist Assimilation als denkmögliche „Lösung" der „Judenfrage" ausgeschlossen. Daß eine solche individuelle — freilich ihrerseits gesellschaftlich bedingte — Verankerung des Antisemitismus bei vielen Radikal-Völkischen gegeben war, beweisen unter anderem die häufigen Hinweise auf die angeblich „zügellose jüdische Fleischeslust"[57], die Untergrabung der Moral durch die Juden[58], wie sie keineswegs nur bei Julius Streicher oder in den Ostara-Heften zu finden waren.

Die Radikal-Völkischen der Weimarer Zeit bedurften einer völkischen Minorität, denn das Erfordernis eines gesellschaftlichen, zumeist auch das eines persönlichen Sündenbocks war für sie unabdingbar. Sie benötigten den Sündenbock zur Erklärung einer individuell und gesamtgesellschaftlich unbefriedigenden Lage, er lieferte ihnen den Grund für die Nichterfüllung ihrer Hoffnungen, sie dadurch vor einer gründlichen Situationsanalyse mit dann unumgänglicher Selbstkritik bewahrend. Daneben war der jüdische Sündenbock notwendiges Integrationsmittel einer zerrissenen Nation, der die „rote" und die „goldene Internationale" gleichermaßen jüdisch und gleichermaßen furchterregend erschien. Das Judenproblem war — zumindest aus der Sicht der Radikal-Völkischen — eine gesellschaftliche Notwendigkeit. Die „Besserung", die „Anpassung", selbst die Auswanderung des Sündenbocks mußte verhindert werden und wurde in den zwanziger Jahren kaum je von Völkischen gefordert. Wohl aber sollte eine „reinliche Scheidung" zwischen Juden und Deutschen aufgerichtet werden[59].

Auswanderung oder Vernichtung des Sündenbocks in Gestalt einer bestimmten Bevölkerungsgruppe werden vielfach erst dann gefordert, wenn die den Sündenbock benötigende Gruppe an der Macht ist. Der Sündenbock dient in solchen Fällen zur Erklärung des „vorläufigen" Mißerfolges der Politik, welcher allein auf die (beliebig einsetzbaren) schädigenden Verhaltensweisen der Sündenbock-Gruppe zurückzufüh-

---

[56] Ebd., S. 7.
[57] Hermann *Esser*, Die jüdische Weltpest. Judendämmerung auf dem Erdball, 2. Aufl., München 1939 (erstmalig 1927) S. 35.
[58] Alfred *Böttcher*, Der Sieg des völkischen Gedankens, eine naturgesetzliche Entwicklung. Der völkische Sprechabend, 3. Jg. Heft 34, Leipzig 1926, S. 13.
[59] So z. B. Adolf *Bartels*, Weshalb ich die Juden bekämpfe, a.a.O., S. 12.

5. Die radikal-völkische Ideologie

ren sei. Diese Bedingungen waren in den zwanziger Jahren in Deutschland noch nicht gegeben[60], man beschränkte sich deshalb auf die Feststellung: „Der Jude ist kein Deutscher und kann nie Deutscher werden, er steht uns ferner als jeder Europäer, der sich etwa in unserem Lande aufhält, da er eben Orientale ist und bleibt..."[61].

Die von den Völkischen geforderte Trennung zwischen Juden und Deutschen, auch bekannt geworden unter der von Hans Blüher ausgegebenen Parole „Secessio Judaica"[62], bedeutete eine vollständige Aufhebung der Judenemanzipation und — wie immer bei assimilationsfeindlichen Programmen — die Unterdrückung des zur Trennung gezwungenen Bevölkerungsteiles.

Dieser rassistische Antisemitismus, programmatisch auf Trennung von Juden und Deutschen festgelegt, hatte nur noch teilweise Ähnlichkeit mit dem im 19. Jahrhundert vorwiegenden „Taufbeckenantisemitismus". Für die radikalen Völkischen der zwanziger Jahre dieses Jahrhunderts war die Judenfrage nicht mehr wie etwa für Stöcker und dessen Anhänger durch Taufe lösbar[63], sie interpretierten die Taufe als Kaschierung, nicht aber als Aufgabe des Judentums. Für die radikalen Völkischen, die politisch und psychisch einen allzuständigen Sündenbock benötigten, mußten die Juden eine deutlich sichtbare, durch feststehende (rassische) Grenzen umrissene Gruppe bilden. Nicht von ungefähr findet der Zionismus in völkischen Schriften häufig anerkennende Erwähnung[64], zielt er doch seinerseits auf Dissimilation ab.

Obwohl sich der Rassenantisemitismus unter den radikalen Völkischen allgemein durchgesetzt hatte, wurde nach wie vor inkonsequenterweise[65] auf „religiöse" Begründungen zurückgegriffen[66]. Die schon

---

[60] Mit dieser Feststellung wird ausgesagt, daß allein die Bedingungen sich verändert haben. In der Radikal-Völkischen Ideologie der zwanziger Jahre waren *alle* späteren Forderungen bereits angelegt.

[61] Adolf *Bartels*, Was ich von einem deutschen Staat verlange. Eine deutliche Auskunft, in: Hammer-Schläge, Zeitschrift des Deutschvölkischen Schutz- und Trutzbundes, 19. Jg. Heft 10, Hamburg 1919, S. 9.

[62] Hans *Blüher*, Secessio Judaica. Philosophische Grundlegung der historischen Situation des Judentums und der antisemitischen Bewegung, 2. Aufl., Potsdam 1933 (erstmalig 1922).

[63] Aus diesem Grunde ist die Stoecker-Bewegung nicht unter die direkten Vorläufer der völkischen Bewegung gezählt worden.

[64] Vgl. z. B. Friedrich Wilhelm *Heinz*, Die Ursachen des Antisemitismus, in: Klärung. Politiker über die Judenfrage, Berlin 1932, S. 105; Otto *Hauser*, Rasse und Rassenfragen, a.a.O., S. 101.

[65] Eine derartige Inkonsequenz besteht zwar vom Standpunkt logischer Gedankenführung aus, nicht aber, wenn die psychologische Struktur antisemitischer Ideologien berücksichtigt wird. Daniel J. *Levinson* hat in seinem Beitrag „The Study of Anti-Semitic Ideology" zur „Authoritarian Personality" ausgeführt, daß antisemitische Ideologien charakterisiert sind durch „inclusi-

im 19. Jahrhundert gebräuchlichen Talmud-Auslegungen erlebten eine neue Hochzeit, vielfach wurden ältere Schriften neu aufgelegt, so etwa der bekannte „Talmud-Jude" von August Rohling[67]. Außer dem Talmud mußten vor allem die Überlieferungen der Kabbalah als „Beweisstücke" herhalten.

Besonders bekannt geworden sind die Kabbalah-„Studien" des Ehepaares Ludendorff. Erich und Mathilde Ludendorff „belegten" die Verjudung des Katholizismus[68] sowie die Abhängigkeit der Jesuiten und Freimaurer von jüdischen Weltherrschaftsplänen[69]. Nach Ludendorff waren alle Vorgänge in Deutschland nur zu verstehen, „wenn der Deutsche sich klar bewußt wird, daß sein Volk in einem gewaltigen Rassenkampf steht, den ihm der jüdische Volkssauger und seine Hörigen, Freimaurer und Jesuiten, aufgezwungen haben, wie den Weltkrieg, und daß dieser nur eine Teilerscheinung in dem über Jahrtausende währenden Ringen ist. Der Zweck dieses Kampfes ist die Entrassung der Deutschen, das Vernichten ihrer blutmäßigen kulturellen Eigenart und jeder staatlichen und wirtschaftlichen Selbständigkeit, ja ihre Verelendung, Proletarisierung und knechtische Wehrlosmachung, sowie das Aufgehen Deutschlands und des wehrlos gemachten deutschen Volkes in einem Paneuropa unter der Fuchtel der französischen Armee im Frondienste Frankreichs[70]." Es ist augenscheinlich, daß auch Ludendorff das Judentum als politischen und persönlichen Sündenbock benutzte, er diente ihm zur „Interpretation" historischer Tatsachen und seiner eigenen historischen Rolle.

Für alle radikalen Völkischen war die jüdische Weltverschwörung eine feststehende Tatsache[71], die kaum noch des Beweises durch die ge-

---

veness" und Antisemiten durch ihre Empfänglichkeit für grundsätzlich alle Theorien, die Juden in einem negativen Licht erscheinen lassen. Die Annahme spezifischer Motivationen scheint ihm für den Antisemitismus unhaltbar. Vgl. Daniel J. *Levinson*, The Study of Anti-Semitic Ideology, in: T. W. Adorno, Else Frenkel-Brunswik und andere, The Authoritarian Personality, New York 1950, S. 93.

[66] Vgl. auch Hans *Blüher*, Die Erhebung Israels gegen die christlichen Güter, Hamburg—Berlin 1931. Ich zähle Hans Blüher ohne ausführliche Begründung zu den radikalen Völkischen; bei ihm ist offensichtlich, daß lediglich die Wortwahl ihn von anderen unterscheidet.

[67] August *Rohling*, Der Talmud-Jude, 5. Aufl. Burg b. M. 1926 (erstmalig 1872).

[68] So durchgängig in dem Sammelband, Erich und Mathilde *Ludendorff*, Die Judenmacht, ihr Wesen und Ende, Hrsg. M. Ludendorff, München 1939, die abgedruckten Aufsätze sind vor 1933 erstmalig erschienen.

[69] Erich *Ludendorff*, Im Kampf gegen Juda, in: Die Judenmacht, a.a.O., S. 413 (erstmalig 1928); derselbe, Die Freimaurer sind künstliche Juden, ebd., S. 59 ff. (erstmalig 1927).

[70] Erich *Ludendorff*, Im Kampf gegen Juda, a.a.O., S. 413.

[71] Vgl. Alfred *Roth*, Geheime Fäden im Weltkrieg, Hrsg. H. Roth, Stuttgart o. J.

fälschten „Protokolle Zions" bedurfte[72]. Die Erfahrung während des Krieges und in der Nachkriegszeit war den Völkischen Beweis genug, daß Deutschland auf allen Seiten von Feinden umgeben war. Solche Allfeindschaft erforderte Aggression nach allen Seiten und gab dem Wehrgedanken seine ideologische Berechtigung.

d) Gesellschaftspolitische Implikationen

Die wichtigste gesellschaftspolitische Forderung der Radikal-Völkischen war die Trennung der Deutschen von den Juden, ansonsten beschränkten sie sich auf die Ausarbeitung oder die Übernahme eugenischer Programme, um mit deren Hilfe eine „Blutsgemeinschaft" zu realisieren. Wie überall in der völkischen Ideologie verwischten sich hierbei Seins- und Sollensbegriffe: Zwar *ist* das Volk eine Blutsgemeinschaft, doch bedarf diese zu ihrer Verwirklichung rigoros durchgeführter Rassenhygiene.

Zwar hat sich die nationalsozialistische Bewegung am 25. März 1920 auf ein 25-Punkte-Programm festgelegt, das auch gesellschaftspolitische Forderungen enthielt, diese hatten jedoch nur in der Gruppe um die Brüder Strasser Gewicht. Wie im nationalsozialistischen Programm[73] überwogen auch in der nationalsozialistischen und ganz allgemein in der völkischen Bewegung die machtpolitischen Ziele.

Wenn auch der Nationalsozialismus als wichtigste Ausprägung radikal-völkischer Ideologie in seinem Namen eben jene Verbindung von Nationalismus und Sozialismus aufweist, die den revolutionären Konservatismus kennzeichnet, so besagt dies kaum mehr, als daß beider Ursachen im Kriegserlebnis und in der Abwehr des marxistischen Sozialismus zu suchen sind. Die revolutionärkonservative Gesellschaftstheorie vom „deutschen Sozialismus" hatte keine Entsprechung in der radikalvölkischen Ideologie. Während das revolutionärkonservative Gemeinschaftsprogramm immerhin noch gesellschaftliche, wenngleich nicht ökonomisch abgesicherte, Ziele enthielt, beschränkten sich Inhalte und Ziele der radikal-völkischen Ideologie auf das Biologische.

Gesellschaftliche Relevanz erhielte ein „blutvolles Gemeinschaftsideal" im Sinne der radikal-völkischen Ideologie am ehesten für agrarische Strukturen, da die Bedeutung körperlicher Tüchtigkeit mit zunehmender Industrialisierung abzunehmen pflegt. Die Affinität der Radikal-Völkischen zur Siedlungsbewegung ist allerdings nicht zu ver-

---

[72] Sie wurden in vielfachen Auflagen von Theodor Fritsch, Alfred Rosenberg u. a. herausgegeben.
[73] Vgl. Gottfried *Feder,* Das Programm der N.S.D.A.P. und seine weltanschaulichen Grundlagen; Nationalsozialistische Bibliothek, H. 4, Hrsg. G. Feder, 25.—40. Aufl., München 1930 (erstmalig 1927).

wechseln mit der kulturkritisch bestimmten Sehnsucht nach ländlichen Lebensformen, die sich im revolutionären Konservatismus findet. Die Radikal-Völkischen sahen in den Bauern weniger die Repräsentanten einer bestimmten Kulturform als die „Hauptträger volklicher Erbgesundheit, den Jungbrunnen des Volkes und das Rückgrat der Wehrkraft..."[74].

e) Machtpolitische Implikationen

Im Rahmen der radikal-völkischen Ideologie sind alle Einzelziele dem einen untergeordnet: das deutsche Großreich zu schaffen. Selbst das so viel gepriesene Ideal der Rassenhochwertigkeit als Rassenschönheit hatte nur funktionalen Wert im Hinblick auf das Hauptziel, da schließlich doch nicht Schönheit, sondern Kraft gezüchtet werden sollte[75].

Es mag zugestanden werden, daß die behauptete Notwendigkeit eines Großreiches teilweise subjektiv ehrlicher Überzeugung entsprach. Die Radikal-Völkischen konnten sich die Erhaltung eines großen Volkes nur mittels wirtschaftlicher Autarkie vorstellen, was eine vorwiegend agrarische Produktion und, somit große Areale erforderte.

Die politische und wirtschaftliche Isolation Deutschlands ist undiskutierte Voraussetzung aller völkischen Programme. Isolierungstendenzen setzen sich fort auf dem Gebiet der Sprache (Ausmerzung von Fremdworten), dem der Religion (deutsche Glaubensbewegung oder/und Germanenmythologie), dem des Rechtes (die Wiedereinführung germanischen Rechtes ist wichtiger radikalvölkischer Programmpunkt)[76]. Derartig rigorose Autarkiebestrebungen für alle Lebensgebiete des Volkes deuten darauf hin, daß der Nationalismus in seiner völkischen Ausprägung eindeutig seiner liberalen Herkunft abgeschworen hat. Das sich ergänzende und gegenseitig befördernde Zusammenspiel geeinter und freier Nationen, wie es dem liberalen Nationalismusgedanken zugrunde gelegen hatte, war als Denkmöglichkeit aufgegeben worden. Der völkische Nationalismus ist untrennbar mit Machtpolitik verbunden; die Völker sind nicht frei, sondern dem Kampf ums Dasein unterworfen.

f) Ideologische Zielvorstellungen

Ziel der radikal-völkischen Ideologie war das deutsche Großreich. Zunächst mutet es absurd an, daß zur Zeit der Weimarer Republik an

---

[74] Vgl. die parteiamtliche Kundgebung über die Stellung der N.S.D.A.P. zum Landvolk und zur Landwirtschaft, in: Gottfried *Feder*, Das Programm der N.S.D.A.P...., a.a.O., S. 7.
[75] Vgl. Franz *Mariaux*, Nationale Außenpolitik, a.a.O., S. 50.
[76] Vgl. Karl *Nüse*, Der völkische Neuaufbau Deutschlands. Die Wiederaufrichtung des deutschen Volksgebäudes unter germanischem Rechte, Leipzig 1924.

5. Die radikal-völkische Ideologie

einen deutschen Machtstaat überhaupt gedacht wurde. Man kann dies mit Talcott Parsons als „Flucht" aus der Realität werten[77]. Parsons zufolge sind derartig unwirkliche Zielvorstellungen „nicht auf die Veränderung der Situation in Richtung auf eine bessere Übereinstimmung mit dem Idealzustand bezogen", es sind vielmehr Romantisierungen „als Ablösungen der stärksten Gefühlswerte von den tatsächlichen Situationen, wie sie im Leben bestehen, und ihre Übertragung auf die Vergangenheit, die Zukunft, oder eine ganz außerhalb des gewöhnlichen sozialen Lebens stehende Situation"[78].

Auf die Radikal-Völkischen trifft diese Analyse Parsons m. E. nur sehr bedingt zu, weit eher, wie noch zu zeigen sein wird, auf die revolutionären Konservativen. Die Schwäche der strukturell-funktionalen Analyse Parsons liegt in der Außerachtlassung historischer Faktoren, seien sie struktureller oder geistesgeschichtlicher Natur. Um diesen Einwand für die radikal-völkische Ideologie zu präzisieren, kann auf die Selbstinterpretation eines Radikal-Völkischen zurückgegriffen werden. 1927 schrieb Max Wundt in der Zeitschrift „Deutschlands Erneuerung" unter dem Einfluß des Rassegedankens habe sich der Charakter des völkischen Gedankens grundlegend geändert: „Indem das Volkstum nicht mehr als solches, sondern nach den in ihm vorhandenen Rassebestandteilen gewertet wird und dabei die nordische Rasse in ihren körperlichen Merkmalen und geistigen Leistungen immer deutlicher als der wertvollste Bestandteil des Volkstums herausgearbeitet wird, entsteht eine von der romantischen ganz verschiedene, ja schließlich entgegengesetzte Beurteilung[79]." Max Wundts Feststellung bezog sich auf den Volksbegriff, hatte aber Implikationen für die Zielvorstellung. Tatsächlich zählte die Romantik nicht zu den Ahnen der radikal-völkischen Weltanschauung. Die nationalsozialistische Ahnengalerie, welche die Romantik ebenso wie Fichte und Luther miteinschloß, ist post festum erstellt worden, Völkische hat es vor dem Auftreten des Sozialdarwinismus nicht gegeben. Die Rassentheorie in ihrer radikal-völkischen Adaptation verhinderte jenes von Novalis beschriebene „Romantisieren" eines Sachverhaltes[80]. Es fehlte eben das von Carl Schmitt als Vorbedingung des politischen Romantizismus angegebene „occasionelle Auswei-

---

[77] Talcott *Parsons*, Demokratie und Sozialstruktur in Deutschland vor der Zeit des Nationalsozialismus, in: Beiträge zur soziologischen Theorie, deutsch Neuwied am Rhein—Berlin 1964, S. 276.
[78] Ebd.
[79] Max *Wundt*, Der völkische Gedanke in romantischer und klassischer Beleuchtung, in: Deutschlands Erneuerung, XI. Jg., a.a.O., S. 416.
[80] Die Werke Friedrich *Hardenberg*, Stuttgart 1960 ff., Bd. II, S. 545.
„Romantisieren ist nichts als eine qualitative Potenzirung (!). Das niedere Selbst wird mit einem besseren Selbst in dieser Operation indentifiziert... Insofern ich dem Gemeinen einen hohen Sinn, dem Gewöhnlichen ein geheimnißvolles (!) Ansehn, dem Bekannten die Würde des Unbekannten, dem Endlichen einen unendlichen Schein gebe, so romantisire ich es..."

chen in das höhere, alle Gegensätze in harmonische Einheit auflösende Schöpfertum"[81].

Die radikal-völkische Ideologie zählt zwar zu den antirationalen Gegenideologien, doch entwickelte sie — anders als der revolutionäre Konservatismus — eine eigene Pseudo-Rationalität, die jedes Ausweichen verbietet. Es ist dies die Gesetzmäßigkeit biologischer Vorgänge und biologischer Entwicklung. Für die radikal-völkischen Ideologen (von einzelnen Ausnahmen kann abstrahiert werden) hatte das Volk aufgehört, ein Mysterium zu sein; es war für sie eine Zuchtgemeinschaft, deren Güte sich nach den Anteilswerten höherer Rassen bestimmte. Der Wert des Volkes — ausgedrückt wiederum im zahlenmäßigen Verhältnis von höher- und niederrassigen Volksgenossen — konnte gesteigert werden, sofern nur die Mittel der Zuchtwahl rational eingesetzt wurden. Die Parson'sche Analyse trifft also nur dann zu, wenn der von ihm gebrauchte Ausdruck „Romantisieren" auch die Entwicklung einer vollkommen deterministischen „Wissenschaft" mit einschließt, deren irrationale Prämissen durchaus rational erscheinende Folgerungen für eine Handlungslehre zulassen.

Für die Radikal-Völkischen war das deutsche Großreich kein romantischer Wunschtraum, sondern ein konkretes politisches Ziel. Sie waren überzeugt, dieses Ziel erreichen zu können, sofern sie nur die rassetheoretischen Erkenntnisse konsequent zur Anwendung brächten. Die Annahme, daß ein biologisch starkes Volk auch politisch stark sei, ging in ihre Zielvorstellung mit ein.

Wenn die Völkischen, nicht nur die Radikalsten unter ihnen, von Volk redeten, meinten sie ein Sein und ein Sollen zugleich: Die „Pflicht" gehörte für sie zum Begriffsinhalt von „Blut"[82]. Gelegentlich verwischten sich Seins- und Sollensaspekte, erhielt das Vorgefundene bereits die Eigenschaften des Gesollten zugeschrieben. Mit anderen Worten, vom Volk wurde gesprochen, als ob es bereits die Rassenbestandteile des zukünftig erhofften besäße, das erstrebte hochwertige Volk bereits sei[83].

Die Sicherheit ihrer Überzeugung, daß Deutschland zur Führung in der Welt bestimmt sei, gewannen die Radikal-Völkischen aus der Geschichte. Dabei wurde weniger die Geschichte des ganzen Volkes betrachtet, da dieses ja auch niedere Rassen enthielt, ausschlaggebend waren vielmehr die Leistungen der größten Vertreter, die selbstredend immer Angehörige der nordischen Rasse waren. Max Wundt charakterisierte wiederum zutreffend: „Die Beurteilung geht hier also mehr von

---

[81] Carl *Schmitt*, Politische Romantik, 2. Aufl., München—Leipzig 1925, S. 208.
[82] Vgl. H. *v. Wolzogen*, Volk als Rasse, in: Deutschlands Erneuerung, X. Jg., 1926, S. 427.
[83] Siehe oben S. 120.

6. Radikalvölkische und revolutionärkonservative Ideologie

den Spitzen des äußeren und inneren Lebens aus und beurteilt nach ihnen das ganze Volk, während die romantische Auffassung sich mehr von unten nach oben richtete und die Höhen nur wollte gelten lassen, wenn ihr Zusammenhang mit den Tiefen recht deutlich hervorträte. Die romantische Auffassung holte ihren Wertmaßstab für das, was eigentlich völkisch sei, aus der Tiefe des unbewußten Volksgeistes, diese rassenmäßig bestimmte vielmehr von den Höhen der überragenden Leistungen der höher veranlagten, begabteren und deshalb zur Führung berufenen Volksschichten[84]."

Die Unvereinbarkeit der radikal-völkischen Ideologie mit einer demokratischen Verfassung ist zu offensichtlich, als daß sie ausgeführt zu werden brauchte. Tatsächlich wurde bei den radikalen Völkischen — anders als bei den gemäßigten — die Problematik der Staatsform nicht diskutiert. Die Notwendigkeit eines Führerstaates, sei es in Form einer Monarchie oder einer Diktatur war ihnen mehr oder minder selbstverständlich[85].

Alle Einzelziele der radikal-völkischen Ideologie, Rassenzucht, deutscher Machtstaat, germanische Lebensform, Reagrarisierung, deutsches Recht und deutscher Glauben, sie alle deuten auf den eigentlichen Kern dieser Ideologie: die Reduktion des Menschen auf seine Körperlichkeit und der Verzicht auf seine Emanzipation, sei diese wirtschaftlich-technischer oder politisch-gesellschaftlicher Natur.

6. Übereinstimmung und Unterschiede zwischen radikalvölkischer und revolutionärkonservativer Ideologie

Die wichtigste Übereinstimmung zwischen radikal-völkischer und konservativrevolutionärer Ideologie besteht in ihrer Wirkung. Sie haben gleichermaßen den Nationalsozialismus ideologisch vorbereitet, die Unterschiede ihrer Aussagen wurden spätestens in der Endzeit der Weimarer Republik irrelevant, da sie dieselben Begriffe benutzten. Es kann heute nicht mehr empirisch überprüft, wohl aber begründet angenommen werden, daß die gemäßigtere Sprache der revolutionären Konservativen mehr zur späteren Festigung des nationalsozialistischen Regimes beigetragen hat als die grobschlächtigen Tiraden der Radikal-Völkischen. Die Terminologie des revolutionären Konservatismus hat, ähnlich wie die anderer gemäßigter völkischer Richtungen, dazu beigetragen, daß die radikalen Inhalte der nationalsozialistischen Politik gedul-

---

[84] Max *Wundt*, Der völkische Gedanke in romantischer und klassischer Beleuchtung, a.a.O., S. 417.
[85] Vgl. Baron Leopold *von Vietinghoff*, gen. Scheel, Grundzüge des völkischen Staatsgedankens, Hrsg. Alldeutscher Verband, 1. Aufl. vermutlich um 1924 Berlin, Vorwort, S. I.

det wurden. Die Tatsache, daß am 5. März 1933 43,9 % der Stimmen auf die N.S.D.A.P. entfielen[86], dient zwar zur Erklärung der „Machtergreifung", läßt aber die Stabilisierung der nationalsozialistischen Herrschaft nicht verständlich werden. Dazu bedurfte es der Duldung durch weit größere Teile der Bevölkerung und unsere Vermutung geht dahin, daß derartige Duldung durch die publizistische Tätigkeit der revolutionären Konservativen befördert wurde.

Die historische Schuld, den Nationalsozialismus ideologisch vorbereitet zu haben, ist den revolutionären Konservativen zuzurechnen[87], da sie sich nicht ausdrücklich von jenen radikalen Völkischen distanzierten, welche die nationalsozialistische Politik programmatisch vorweggenommen hatten. Indem die revolutionären Konservativen die radikal-völkische *Ideologie* meinten außer acht lassen zu dürfen, um sich der radikal-völkischen *Bewegung* für ihre eigenen Ziele bedienen zu können, haben sie Teil an einer historischen Schuld, die durch individuellen Widerstand gegen das nationalsozialistische Regime nicht ausgelöscht werden konnte[88].

Die gleichlaufende historische Wirkung von radikal-völkischer und konservativrevolutionärer Ideologie wurde begünstigt durch terminologische und inhaltliche Übereinstimmung. So leugneten beide die völlige Niederlage Deutschlands nach dem 1. Weltkrieg, beide erstrebten ein deutsches Großreich. Die einen begründeten dies Streben vorwiegend auf der ungebrochenen biologischen, die anderen auf der geistigen Stärke Deutschlands. Beide Male wurden den Realitäten der Politik, andere, „bedeutendere", „echtere", „bessere" „Realitäten" gegenübergestellt. Die revolutionären Konservativen erhofften Deutschlands Aufstieg, die radikalen Völkischen planten ihn.

Ähnliches gilt für die Rassentheorie. Das eine Mal vorwiegend geistig, das andere Mal biologisch begründet, führte sie beide Male, wenn auch in unterschiedlichem Ausmaß, zur Annahme von Wertunterschieden zwischen den Rassen. Die deutsche Höchstwertigkeit galt beiden Ideologien als feststehende Tatsache.

Gemeinsam ist revolutionärem Konservatismus und radikal-völkischer Ideologie ferner der Verzicht auf die rationale Durchdringung

---

[86] Wahlergebnis nach Alfred *Milatz*, Wähler und Wahlen in der Weimarer Republik, Schriftenreihe der Bundeszentrale für politische Bildung, Heft 66, Bonn 1965, S. 148. Wahlbeteiligung am 5. März 1933: 88,8 % der Wahlberechtigten.

[87] Anders Mohler, der meint, nicht entscheiden zu dürfen, ob die konservative Revolution für den Mißbrauch ihrer selbst verantwortlich sei. Armin *Mohler*, Die konservative Revolution..., a.a.O., S. 210.

[88] Anders wiederum Armin *Mohler*, Die konservative Revolution..., a.a.O., S. 210.

6. Radikalvölkische und revolutionärkonservative Ideologie

der Welt und daraus folgend die Ablehnung demokratischer Verfassungsinhalte und die Proklamierung autoritärer Führer-Gefolgschaftsverhältnisse für alle Lebensbereiche.

Die bedeutsamste Übereinstimmung in der Wirkung der radikal-völkischen wie der konservativrevolutionären Ideologie lag in dem Verzicht auf den Fortbestand des historisch erreichten Maßes an Humanität. Die radikal-völkische Aggressionslehre negierte die Humanität und die revolutionärkonservative Ideologie achtete sie gering, sofern sie revolutionärkonservativen Zielen entgegenzustehen schien. Gleichwohl kam diese Geringachtung einer Negation nicht gleich, und die revolutionären Konservativen distanzierten sich in der Mehrzahl von den praktischen Auswirkungen ihrer eigenen theoretischen Geringschätzung der Humanität. Das Verhältnis zwischen radikal-völkischer und konservativrevolutionärer Ideologie, so wie es für die Weimarer Zeit relevant geworden ist, läßt sich in kurzen Worten dahingehend zusammenfassen, daß die eine Ideologie theoretisch und praktisch die Werte der Humanität absetzte, während die andere sie als Werte zwar anerkannte, aber doch gering achtete.

Diese Arbeit beruht auf der Hypothese, daß die Ideologie des revolutionären Konservatismus nicht nur der Weimarer Zeit entsprach, sondern auch dem bestimmten Entwicklungsstand eines Gemeinwesens, welches privatkapitalistisch und nach den Grundsätzen der parlamentarischen Demokratie verfaßt ist. Um diese — weniger zeit- als strukturbedingten — Inhalte des revolutionären Konservatismus darstellen zu können, darf die nachträgliche Ideologiekritik von der Gleichläufigkeit der Wirkung radikal-völkischer und konservativrevolutionärer Aussagen zur Zeit der Weimarer Republik zum Zwecke der Analyse absehen und auch solche ideologischen Unterschiede herausheben, welche zur Zeit der Weimarer Republik kaum zu erkennen waren.

Deren wichtigster liegt in der unterschiedlichen Funktion des Antisemitismus. Diesem fiel im revolutionären Konservatismus und in der radikal-völkischen Ideologie ein jeweils anderer Stellenwert zu. Damit ist gefragt nach der Struktur beider Ideologien, nicht aber nach etwaigen Gradunterschieden der Verwerflichkeit[89].

Der Versuch, die unterschiedlichen psychologisch-ideologischen Funktionen des Antisemitismus in der radikalvölkischen und der konservativrevolutionären Ideologie darzustellen, ist methodisch ungesichert. Soweit sich feststellen ließ, gibt es keine sozialpsychologische Untersuchung, die derartiger Unterscheidung mit empirischen Methoden nach-

---

[89] Anders Eva Reichmann, die für das 19. Jahrhundert den „geistigen" Antisemitismus Treitschkes und anderer dem Radau-Antisemitismus gegenüberstellt und den ersteren höher wertet. Eva *Reichmann*, Flucht in den Haß, Frankfurt/Main o. J., S. 129.

gegangen wäre⁹⁰. Die folgenden Ausführungen sind hypothetisch aus bisherigen Forschungsergebnissen⁹¹ entwickelt.

Die Vorurteilsforschung wurde bislang vor allem von zwei Forschungsansätzen bestimmt, welche entweder isoliert oder kombiniert zur Anwendung kamen. Der eine versucht, soziale Vorurteile als die Folge sozialer Interessenkonflikte zu erklären, der andere — bekannt geworden vor allem durch die Theorie der autoritären Persönlichkeit⁹² — als Auswirkung bestimmter Persönlichkeitsmerkmale. In beiden Fällen werden Vorurteile als nicht-nachprüfbare Urteile (im Unterschied zu „vorläufigen Urteilen") beschrieben, deren Übernahme (Lernen) die weitere Wahrnehmung steuert⁹³.

Vorurteile dienen der Abwehr unangenehmer Einsicht⁹⁴ und kommen besonders leicht zur Entstehung, wenn bestimmte Ereignisse verdrängt oder verleugnet werden⁹⁵. In solchen Fällen wirken die Vorurteile als „Reflexionsblock"⁹⁶, der weitere Einsicht in eine schmerzhafte Realität verhindert.

Die sozialpsychische Wirkung sozialer Vorurteile, Realitäten verleugnen zu helfen, hat offensichtlich im Deutschland der Weimarer Zeit eine große Rolle gespielt, denn alle Anhänger der völkischen Ideologie, die gemäßigten wie die radikalen, wollten die deutsche Niederlage als Ende deutscher Großmachtträume „nicht wahrhaben". Das Vorurteil einer deutschen Höherwertigkeit idealisierte die Bezugsgruppe („reference

---

⁹⁰ Unsere Unterscheidung entspricht gerade nicht der von Rudolph Loewenstein, welche von den Ursachen der Frustruation ausging. Rudolph M. *Loewenstein*, Psychoanalyse des Antisemitismus, Frankfurt/Main 1968, S. 58.

⁹¹ Zur Vorurteilsforschung vgl. insbesondere, Marie *Jahoda* and Neil *Warren*, Ed., Attitudes, Penguin Modern Psychology UPS 3, London 1966; Wolfgang *Hochheimer*, Zur Psychologie von Antisemitismus und Möglichkeiten seiner Prophylaxe, in: Antisemitismus. Zur Pathologie der bürgerlichen Gesellschaft, Hrsg. H. Huss und A. Schröder, Frankfurt/Main 1965, S. 77 ff.; Max *Horkheimer* und Morris *Ginsberg*, Über Vorurteile, Hrsg. Bundeszentrale für politische Bildung, Bonn 1963; Earl E. *Davis*, Zum gegenwärtigen Stand der Vorurteilsforschung, in: Politische Psychologie, Bd. III, Frankfurt/Main 1964, S. 51 ff.; Vorwort von *Adorno-Horkheimer* zu Paul W. *Massing*, Vorgeschichte des politischen Antisemitismus, a.a.O.; Cyril *Bibby*, Rassen, Gruppen, Vorurteile und Erziehung, deutsch: Berlin—Frankfurt/M. 1959; Arnold *Rose*, Rassen und Vorurteile, Schriftenreihe der Unesco, Berlin 1953, Nathan, W. *Ackermann* and Marie *Jahoda*, Anti-Semitism and Emotional Disorder, New York 1950; Gordon, W. *Allport*, The Nature of Prejudice, 3. Aufl., Boston, Mass. 1955.

⁹² Theodor W. *Adorno*, E. *Frenkel-Brunswik*, D. J. *Levinson*, R. N. *Sanford*, The Authoritarian Personality, New York 1950.

⁹³ Vgl. Otto *Klineberg*, Social Psychology, 2. Aufl., New York 1954, S. 544.

⁹⁴ Alexander und Margarete *Mitscherlich*, Die Unfähigkeit zu trauern, München 1967, S. 139.

⁹⁵ Ebd., S. 24.

⁹⁶ Ebd., S. 140.

6. Radikalvölkische und revolutionärkonservative Ideologie 133

group") und wertete gleichzeitig alle Fremdgruppen ab. Dieses Vorurteil wurde von den Radikal-Völkischen und den revolutionären Konservativen gleichermaßen vertreten. Während jedoch die revolutionären Konservativen die Ursachen der — wenn auch nur als „vorläufig" angesehenen — Niederlage zu ergründen suchten und sie in der Übernahme liberaler = westlicher = feindlicher Lebensformen schließlich zu finden glaubten, verzichtete die radikal-völkische Ideologie selbst auf einen solchen allerersten Schritt der Analyse und setzte an dessen Stelle ein weiteres soziales Vorurteil, das der jüdischen Weltverschwörung.

Die Juden sind in der radikal-völkischen Ideologie der Sündenbock für alle unangenehmen und schmerzlichen, selbstverschuldeten oder erlittenen Ereignisse. Dabei sind sie jedoch nicht nur das Ziel einer durch individuelle oder kollektive Frustration hervorgerufenen Aggression. Sie liefern zugleich die *Erklärung* für die Frustration. Während die „Sündenbock-Theorie" lange Zeit annahm, die Opfer würden mehr oder minder zufällig erkoren und dienten lediglich als Aggressionsobjekte, trifft für die Radikal-Völkischen und ihre Ideologie zu, was Krech und Crutchfield für die Verfolgung von Minoritäten in einem anderen Zusammenhang auch festgestellt haben: „In these cases the individual is not seeking an *alibi* but a *reason*[97]." Die radikal-völkische Ideologie stellte zur Analyse überaus komplizierter Zusammenhänge und zur Bewältigung problemreicher Situationen nur ein einziges methodisches Mittel zur Verfügung, das des Sündenbocks.

Ideologischer Sündenbock für individuelle und nationale Bedrängnis waren die Juden nicht deshalb, weil sie „ein klein wenig" schuldig waren an den Übeln der Zeit, sondern weil sie eine traditionell diskriminierte[98], eine schwache[99] und dazuhin eine Bevölkerungsgruppe waren, die assoziativ und real mit Industrialisierung[100], Liberalismus und Internationalismus in Verbindung stand.

---

[97] David *Krech* and Richard S. *Crutchfield*, Theory and Problems of Social Psychology, New York—Toronto—London 1948, S. 445.

[98] Zu dieser Tradition gehört insbesondere die jahrhundertelange christliche Judenverfolgung. Wie lange diese christliche Tradition nachgewirkt hat, zeigt Eleonore *Sterling*, Er ist wie Du. Aus der Frühgeschichte des Antisemitismus in Deutschland (1815—1850), München 1956.

[99] Nach Arthur *Ruppin*, The Jews in the Modern World, London 1934, S. 183 waren 1925 in Deutschland 1,06 % der Gesamtbevölkerung Juden. Bennathan nennt für 1925 die Zahl 0,9 %. Esra *Bennathan*, Die demographische und wirtschaftliche Struktur der Juden, in: Entscheidungsjahr 1932, a.a.O., S. 82.

[100] Über die traditionelle Ineinssetzung von Judentum und Industrialismus vgl. die populäre Schrift von Werner *Sombart*, Die Juden und das Wirtschaftsleben, Leipzig 1911.

Wie jede Form sozialer Diskriminierung hat der Antisemitismus seine Ursachen in jeweils spezifischen realen gesellschaftlichen Verhältnissen. Zur Zeit der Weimarer Republik war die Mehrzahl der jüdischen Deutschen nach wie vor im Bankwesen, im Handel und in freien Berufen tätig. Bennathan vermutete, daß gerade die Möglichkeit zur selbständigen wirtschaftlichen Existenz die Juden in diesen Beschäftigungsfeldern gehalten und ihre Abwanderung etwa in Angestelltenpositionen verhindert habe[101].

Da sich die allgemeine deutsche Beschäftigungsstruktur, d. h. die Verteilung der Erwerbstätigkeit auf die verschiedenen Erwerbszweige, seit der Jahrhundertwende tendenziell auf eine Verstärkung der traditionell „typisch jüdischen" Erwerbszweige hin gewandelt hatte[102], gerieten die jüdischen Deutschen in einen besonders scharfen Konkurrenzdruck und zogen die Haßgefühle der Gescheiterten auf sich.

Die während des Krieges und in den Nachkriegsjahren eingewanderten Ostjuden[103] förderten die Neigung, das Judentum als allzuständigen Sündenbock zu benutzen, straften sie doch alle Betonung einer nahezu vollkommenen Assimilation der Juden in Deutschland Lügen[104]. Ostjuden zumindest waren sichtlich Fremde und ihr Image wurde auf alle Juden übertragen, dies um so eilfertiger, als erst jetzt der Antisemitismus voll in das allgemeine Rassenschema der radikal-völkischen Ideologie paßte: der jüdische Sündenbock war für die Radikal-Völkischen rassisch begründet und somit jeglicher Diskussion entzogen.

Im Rahmen des revolutionären Konservatismus haben die Juden nicht die Funktion eines allzuständigen Sündenbocks, zumindest dann nicht, wenn unter „Sündenbock" ein Objekt direkter, unvermittelter Aggression verstanden wird.

---

[101] Esra *Bennathan*, Die demographische und wirtschaftliche Struktur der Juden, a.a.O., S. 127.

[102] Ebd. S. 126 und passim.

[103] Adler-Rudel zufolge waren etwa 35 000 Ostjuden während des Krieges als Zwangsarbeiter nach Deutschland gekommen, weitere 35 000 Ostjuden waren nach Deutschland geflüchtet, um dem Bolschewismus zu entgehen. Zwar wurden bei Arbeitsknappheit Juden meist zuerst entlassen, auch handelte es sich bei dieser Ostjüdischen Gruppe um kaum 1 % der arbeitenden Bevölkerung Deutschlands, doch war in den Jahren 1921—1925 die Frage der Ostjuden Thema erregter Debatten im Reichstag und die Formel von der „ostjüdischen Gefahr" eine schlagkräftige antisemitische Parole. Vgl. S. *Adler-Rudel*, Ostjuden in Deutschland 1880—1940, Tübingen 1959. Das Verhältnis der meisten eingesessenen deutschen Juden lieferte gleichzeitig einen — wenn auch wenig schönen Beweis — für die Assimilation der Juden in Deutschland.

[104] Diese Assimilation wird von Juden und Nichtjuden immer wieder als eine Tatsache betont, vgl. Eva *Reichmann*, Flucht in den Haß, a.a.O., S. 13; Hans Paul Bahrdt meint, gerade die Erkenntnis, daß die Juden in die deutsche Gesellschaft integriert gewesen seien, habe den Antisemitismus mit verursacht. Hans Paul *Bahrdt*, Soziologische Reflexionen..., a.a.O., S. 136.

6. Radikalvölkische und revolutionärkonservative Ideologie

Im Unterschied zur radikal-völkischen Ideologie enthält der revolutionäre Konservatismus eine — wenn auch noch so unzulängliche — Analyse der Gegenwart und eine Programmatik zur Überwindung von deren Problemen. Weder muß also ein Sündenbock den Grund aller Schwierigkeiten liefern, noch wird von seiner Bekämpfung der einzige „Weg zum Heil" erhofft. Dagegen erfüllt der Antisemitismus im revolutionären Konservatismus eine Integrationsfunktion, deren die radikalvölkische Ideologie in dieser Form entbehren konnte.

Zwar setzte die radikal-völkische Ideologie die jüdisch verursachte Allfeindschaft gegen Deutschland voraus, aber ebenso die *rassisch* begründete Höchstwertigkeit und Einmaligkeit der Deutschen. Der biologistische Determinismus der radikal-völkischen Ideologie bedurfte eines Gegenbildes, um als gesichert zu gelten. Anders die *kulturell* bestimmte deutsche Hochwertigkeit im Rahmen des revolutionären Konservatismus. Sie konnte nur erlebt werden im ständigen Gegensatz und im Vergleich mit anderen Kulturformen. Nur die fortwährende geistige Auseinandersetzung mit anderen Lebensformen konnten Bildung und Bestand des „deutschen Wesens" sichern.

Daneben kam dem ideologischen Gegenbild im Rahmen der konservativrevolutionären Ideologie eine weitere Integrationsfunktion zu, die, wie bereits ausgeführt, sich direkt aus der konservativrevolutionären Gesellschaftstheorie ergab. Die Leugnung aller Interessenkonflikte war nur möglich, sofern dennoch auftretende Schwierigkeiten auf eine Außengruppe projiziert werden konnten. Voraussetzung einer derartigen Projektion feindlicher Absichten ist jeweils, daß die feindlichen „Agenten" in den eigenen Reihen nicht als solche auffallen (d. i. deren Integration, sofern es sich um Minoritäten handelt). Es muß auch möglich sein, daß solchen „Störern der Gemeinschaft", deren Zugehörigkeit zur Volksgemeinschaft aus welchen Gründen immer nicht bestritten werden kann, eine mehr oder minder dauerhafte „Infizierung" durch fremdes Gedankengut zugeschrieben werden kann.

Die integrative Wirkung eines geistigen Gegenbildes ist eine Voraussetzung des revolutionären Konservatismus, die aber weniger als die des Sündenbocks in der radikal-völkischen Ideologie an die Juden gebunden ist.

Aus der Tatsache, daß im revolutionären Konservatismus die Rolle des geistigen Gegenbildes ebensowohl vom „jüdischen", wie vom „welschen" oder generell vom „liberalen Geist" ausgefüllt werden konnte, läßt sich vermuten, daß der Affekt, der mit einem einzelnen dieser Vorurteile verbunden war, nicht so stark war wie das antisemitische Affekturteil (i. e. Vorurteil) unter den Radikal-Völkischen[105]. Da jedoch

---

[105] Mir ist keine empirische Untersuchung bekannt, die auf die Problematik

V. Der ideologische Standort

andererseits das ideologische Gegenbild eine unabdingbare Voraussetzung aller revolutionärkonservativen Denkmodelle darstellt, ist — entgegen herrschender sozialpsychologischer Meinung — anzunehmen, daß die weniger affektbesetzten Vorurteile des revolutionären Konservatismus mindestens ebenso schwer abzubauen gewesen wären wie das affektgeladene Sündenbock-Urteil der radikal-völkischen Ideologie. Dieser Hypothese soll weiter nachgegangen werden in der Untersuchung der sozialen Basis des revolutionären Konservatismus.

---

unterschiedlicher sozialpsychischer bzw. ideologischer Wirkung beim Gebrauch eines oder mehrerer „Sündenböcke" bzw. Gegenbilder eingeht. Eine ähnliche Hypothese wie oben tragen jedoch vor: Bruno *Bettelheim* und Morris *Janowitz*, Prejudice, in: Attitudes, a.a.O., S. 79.

VI. Die soziale Basis des revolutionären Konservatismus

1. Subjektive und objektive Funktionen von Ideologie

Die kritische Analyse einer politischen Theorie untersucht, welche gesellschaftlichen Interessen zur Entstehung und Verbreitung eben dieser Theorie geführt haben. Handelt es sich um eine politische Lehre, welche gesellschaftliche Zustände rechtfertigt und Herrschaftspositionen zu konservieren trachtet, so bezeichnen wir sie als Ideologie, ist es eine Theorie, die auf den Fortschritt humaner Emanzipation und die Abschaffung von Unterdrückung gerichtet ist, so bezeichnen wir sie als Sozialutopie. Diese Unterscheidung folgt Karl Mannheim und Werner Hofmann[1] und sie beschränkt den Gebrauch des Wortes Ideologie auf unzutreffende Aussagen, die den Interessen des überlegenen Teils der Gesellschaft entsprechen.

Wird der Zusammenhang zwischen den Aussagen einer politischen Lehre und den sozialökonomischen Interessen herrschender Gesellschaftsschichten aufgedeckt, so ist damit die materielle Basis einer Ideologie freigelegt und die objektive Rolle dieser Ideologie im sozialökonomischen Prozeß der betreffenden Gesellschaft erkannt[2].

Rechtfertigungslehren politischer Herrschaft werden zuzeiten jedoch auch von solchen Sozialschichten vertreten, die keine Herrschaft ausüben, ja sogar von solchen, die durch eben jene Herrschaft unterdrückt werden, deren Rechtfertigung sie glauben. In diesen Fällen ist es den überlegen Sozialschichten gelungen, ihre Herrschaftsideologie zugleich zur herrschenden Ideologie werden zu lassen. Die herrschaftliche Organisation von Erziehung, Wissenschaft und Information, verbunden damit der Aufbau einer den Herrschaftsstrukturen entsprechenden „psychischen Apparatur"[3], bringt es mit sich, daß die Unterlegenen ihre eigenen Interessen nicht mehr erkennen und die der Überlegenen für ihre eigenen ansehen.

Abgesehen von dieser durch die Pflege überlieferter Mythen oder durch Manipulation zustandegebrachten Breitenwirkung einer Herr-

---

[1] Vgl. Karl *Mannheim*, Ideologie und Utopie, 3. Aufl., Frankfurt/M. 1952, S. 36; Werner *Hofmann*, Wissenschaft und Ideologie, in: Universität, Ideologie, Gesellschaft. Beiträge zur Wissenschaftssoziologie, Frankfurt/Main 1968, S. 54 ff.

[2] Vgl. Wilhelm *Reich*, Massenpsychologie des Faschismus, a.a.O., S. 122.

[3] Ebd.

schaftsideologie, gibt es auch den Fall, daß nichtherrschende Sozialschichten selbst eine Ideologie entwickeln, die zur Festigung derjenigen Herrschaft dient, der sie selbst unterworfen sind. Sie bilden eine „falsche Ideologie" aus[4], eine Ideologie, welche ihren eigenen Sozialinteressen widerspricht. Die Bezeichnung „falsch" bedeutet weder, daß die Verfechter solcher Ideologien nicht subjektiv ehrlich überzeugt sein könnten von der Richtigkeit ihrer Auffassungen, sie besagt auch nicht, daß keine subjektive Befriedigung erlangt werden könne aus der Proklamation einer „falschen" Ideologie. „Falsch" sind derartige Ideologien, wenn sie gemessen werden am sozialökonomischen Interesse ihrer Verfechter[5], denn die psychische Befriedigung, die ihnen diese Ideologie vermittelt, dient objektiv dazu, ihre gesellschaftliche Lage in eben jener Bedrängnis zu erhalten, die zur Ausbildung der „falschen" Ideologie geführt hat.

Die Entstehung derartiger Ideologien wird begünstigt durch Gesellschaftsformen, in denen die Herrschaftsstrukturen verdeckt oder scheinbar rational begründet sind. Häufig wird die Entwicklung einer „falschen" Ideologie von Sozialschichten geleistet, deren Zugehörigkeit zu den überlegen Schichten bedroht oder schon verloren gegangen ist, ebenso von Sozialschichten, die zu den herrschenden aufzusteigen hoffen. Die subjektive Funktion der „falschen" Ideologie besteht dann vornehmlich in der psychischen Wirkung, eine vermeintliche Identität zwischen den tatsächlich Herrschenden und den Trägern der Herrschaftsideologie herauszubilden. In den hochindustrialisierten Ländern hat die gesellschaftliche Entwicklung der letzten hundert Jahre Abstiegsmobilität für den alten Mittelstand nach sich gezogen und Aufstiegshoffnungen für den neuen Mittelstand entstehen lassen. In diesen Gesellschaften ist deshalb die Ausbildung „falscher" Ideologien ein typisches Mittelstandsphänomen, wenn auch keineswegs ein auf die mittleren Sozialschichten beschränkt gebliebenes.

Obwohl Rechtfertigungslehren für politisch-gesellschaftliche Herrschaft nicht immer von den Herrschenden selbst entwickelt werden, ist doch die gesellschaftliche Verbreitung einer Ideologie ein Indiz dafür, daß sie den tatsächlichen Herrschaftsinteressen entspricht und den Entwicklungsstand politischer und gesellschaftlicher Herrschaftsbedingungen in dieser Gesellschaft zum Ausdruck bringt, denn nur unter diesen Bedingungen wird ihre Verbreitung durch die herrschaftlich organisierten Mittel der Meinungsbildung unterstützt.

---

[4] Diesen Ausdruck übernehme ich von Theodor *Geiger*, Die soziale Schichtung des deutschen Volkes, Stuttgart 1932, S. 105.

[5] Damit sind Ideologien funktional am Herrschaftsinteresse gemessen, nicht aber an dem historisch gerechtfertigten Maßstab des Emanzipationsinteresses, demgegenüber alle Ideologien ihrer die Herrschaft konservierenden Funktion wegen als falsch zu bezeichnen sind.

Dies gilt auch, wenn die betreffende „falsche" Ideologie einen scheinbar oppositionellen Charakter besitzt, aber eben durch solche Scheinopposition, die von den Trägern der Ideologie keineswegs als solche erkannt zu werden braucht, die eigentlichen Herrschaftsstrukturen gestärkt werden.

2. Die subjektiven Funktionen des revolutionären Konservatismus

Seine subjektiven Funktionen hat der revolutionäre Konservatismus in erster Linie für diejenigen erfüllt, die ihn entwickelt haben. Somit ist es von einigem Belang, daß die bekannten Vertreter des revolutionären Konservatismus fast alle Akademiker waren, der größere Teil von ihnen philologisch gebildet und freiberuflich tätig[6]. Ihre Stellung und deren gesellschaftliches Ansehen brachte sie keineswegs an die Spitze der Gesellschaftshierarchie, wohl aber waren sie selbst überzeugt, daß ihnen dieser Rang hätte zukommen müssen.

Wenn nicht nur bei einzelnen, sondern bei einer ganzen Berufsgruppe derartige Diskrepanzen zwischen Fremd- und Selbsteinstufung auftreten, so verweisen sie auf eine Wandlung in der gesellschaftlichen Stellung der betreffenden Berufsgruppe. Im vorliegenden Fall handelte es sich um den gesellschaftlichen Abstieg der Akademiker als einer Gruppe, welche sich weniger durch spezifische Sachkenntnisse als durch umfassende „Bildung" auszeichnete.

In Deutschland hatten die Akademiker besonders deutlich und lange einen regelrechten „Akademikerstand" gebildet, mit eigenen Lebensformen, einem eigenen Normensystem und einer gesellschaftlich anerkannten Autorität in Sachen „öffentlicher Meinung". Die Auflösung dieses Standes und damit das endgültige Absinken der Akademiker aus der Oberschicht in den oberen Mittelstand, war zur Zeit der Weimarer Republik in vollem Gange[7]. Gerade in Deutschland waren Bildung und Besitz lange Zeit annähernd Synonyma gewesen. Die noch Ende des 19. Jahrhunderts als „liberale" bezeichneten[8] freien Berufe konnten erst seit kurzem nicht nur durch finanziellen Rückhalt, sondern auch durch zähe Arbeit und große Entbehrungen erlernt und ausgeübt werden. Damit waren zwar der Erwartungshorizont und das Image der Gebildeten noch immer typisch großbürgerlich geprägt, die ökonomische Wirklichkeit jedoch verwies die Angehörigen freier Berufe, da sie zur Fri-

---

[6] Vgl. Hans-Joachim *Schwierskott*, Arthur Moeller van den Bruck, a.a.O., S. 76.

[7] Theodor *Geiger*, Die soziale Schichtung des deutschen Volkes, a.a.O., S. 100 ff.

[8] Vgl. diesen Wortgebrauch etwa bei Karl *Bücher*, Die Entstehung der Volkswirtschaft, Tübingen 1893.

stung ihres Lebens vorwiegend auf ihre Arbeitskraft angewiesen waren, in den Mittelstand, teils in den oberen, wenn ihr Einkommen annähernd dem der Besitzenden gleichkam, teils in den unteren, wobei das sogenannte „intellektuelle Proletariat" seiner finanziellen Lage nach oft unter der des Arbeiterproletariats rangierte.

Die gesellschaftliche Problematik der Gebildeten hatte ihre Ursachen größtenteils in der späten Industrialisierung Deutschlands und der unterbliebenen Integration des Bildungsbürgertums in die industrielle Gesellschaft[9], sie wurde verstärkt durch wirtschaftliche Strukturveränderungen. Die industrielle Entwicklung forderte zunehmend Kräfte bestimmter Fachqualifikation, und die nichtspezialisierten „Gebildeten" suchten vergeblich Positionen, die einerseits ihrer Ausbildung, andererseits ihren finanziellen und ihren Statuserwartungen entsprachen. So bildeten die Akademiker, vor allem die freiberuflichen, einen jener Mittel„stände", deren materielle, vor allem aber deren gesellschaftliche Anerkennung ständiger Gefährdung ausgesetzt war[10]. Es kam hinzu, daß spezifisch mittelständische Erziehungspraktiken starke Aufstiegsantriebe vermittelten, die strukturelle Lage der Gebildeten Aufstiegshoffnungen jedoch zumeist vernichtete, so daß ein Großteil der Akademiker sich nicht seinen Fähigkeiten und Hoffnungen entsprechend in der Gesellschaft eingestuft sah[11]. Durch die wirtschaftliche Krisensituation der Weimarer Zeit wurden alle diese — strukturell bedingten — Schwierigkeiten verstärkt, die „Proletarisierung" hing als ständige Gefahr über den Akademikern und war häufig materielle Realität.

Dies alles förderte die Empfänglichkeit für ideologische Aussagen, die zumindest die gesellschaftliche, wenn auch nicht die ökonomische Stellung der Gebildeten zu sichern schienen. Der revolutionäre Konservatismus bot zwar keine realen Ansätze zur Überwindung der unbefriedigenden Sozialsituation, wohl aber eine ganze Reihe ideologischer Mittel zu deren psychischer Bewältigung.

Die ausschlaggebende subjektive Funktion des revolutionären Konservatismus lag in der theoretischen Begründung einer Wertelite. Im Bewußtsein der revolutionären Konservativen waren immer noch sie, die Gebildeten, die Elite, während in der gesellschaftlichen Realität ganz andere Kriterien die Elitenzugehörigkeit zu bestimmen schienen.

---

[9] Vgl. Hans Paul *Bahrdt*, Soziologische Reflexionen über die gesellschaftlichen Voraussetzungen des Antisemitismus in Deutschland, in: Entscheidungsjahr 1932, a.a.O., S. 146 f.
[10] Besonders M. H. *Boehm* bemühte sich, die überlieferte Würde des Akademikerstandes wiederherzustellen, Die Krise des Akademikers, in: Der Ring, H. 13, 1931, S. 241 ff.
[11] Fritz *Stern* betont diese Tatsache für Moeller van den Bruck, Kulturpessimismus..., a.a.O., S. 231.

Die Führungsauslese der Industriegesellschaft erlebten sie deshalb als Widerspruch zu ihren eigenen Wertvorstellungen. Da diese offensichtlich gesellschaftlich nicht mehr, bzw. noch nicht wieder gültig waren, bestimmten sie die Zugehörigkeit zur Elite, zum „Konservatismus der Persönlichkeiten" nicht nach gesellschaftlicher Stellung, sondern nach Persönlichkeitswerten, die unabhängig vom gesellschaftlichen Erfolg verstanden wurden, ja sich sogar gerade durch den Mißerfolg in dem von ihnen verurteilten Gesellschaftssystem beweisen konnten[12]. Orientiert waren die Maßstäbe elitärer Persönlichkeitswerte an einer Zeit, in der die Gebildeten eine wichtige gesellschaftliche Rolle gespielt hatten. Auch hierdurch wird bewiesen, daß die gelegentliche Verherrlichung agrarischer Lebensformen für den Gesamtzusammenhang des revolutionären Konservatismus wenig relevant ist. Die revolutionären Konservativen idealisierten vielmehr jene Epoche, in der feudale Herrschaftsformen zwar abgebaut wurden, die Gesellschaftsordnung an ihrer Spitze aber noch unabhängig von der Industrialisierung politische Herrschaft ausübte. Gerade damals sind den Gebildeten in Deutschland gesellschaftliche Funktionen und gesellschaftliche Anerkennung in großem Ausmaß zugefallen. Hier liegt die subjektive Begründung für den „romantischen Altkapitalismus" (Theodor Geiger) der revolutionären Konservativen, die Sehnsucht nach einer Zeit, in der nicht anonymes Kapital, sondern individuelle, persönlich bekannte Unternehmer die Wirtschaft bestimmten und die Gebildeten die öffentlichen Belange.

Die elitäre Selbstwertbestimmung der revolutionären Konservativen beeinflußte auch solche ideologischen Aussagen, deren Zusammenhang mit der Elitetheorie nicht offensichtlich ist. Beispielsweise hatte die Elitetheorie deutliche Auswirkungen auf den Inhalt des revolutionärkonservativen Volksbegriffes. So sehr auf der einen Seite die mythische Einheit des Volkes beschworen wurde, so wenig waren die revolutionären Konservativen andererseits bereit, sich mit dem Volk gemein zu machen. Die Volksgemeinschaft sollte lediglich die Basis des konservativrevolutionären Führungsanspruches abgeben, sie wurde instrumental nach den Zielen der Elite bestimmt.

Des weiteren hat die Elitetheorie den revolutionärkonservativen Antisemitismus beeinflußt. Während die Radikal-Völkischen eines „Untermenschen" bedurften, um durch den Vergleich mit diesem ihren eigenen Wert zu erleben, fühlten sich die revolutionären Konservativen über den Rest des Volkes innerlich erhaben und suchten im Antisemitismus keine direkte Selbstbestätigung. Haßtiraden auf Juden, verächtliche Darstellungen vermeintlich jüdischer Charakterfehler und Lebenswei-

---

[12] Vgl. hierzu Leo *Kofler*, Staat, Gesellschaft und Elite zwischen Humanismus und Nihilismus, Ulm 1960, S. 42.

sen sind seltene Ausnahmen in revolutionärkonservativen Schriften. Ebensowenig enthält der revolutionärkonservative Antisemitismus jene enge Verknüpfung von Rassismus und Erotik, welche kennzeichnend ist für die radikal-völkische Form der Judenfeindschaft. Das Bewußtsein der Elitezugehörigkeit schafft ein generelles Ausnahmebewußtsein, welches sich auch den gesellschaftlichen Repressionen gegenüber teilweise behaupten kann. So fühlten sich die revolutionären Konservativen nur ihren eigenen „Persönlichkeitswerten" verpflichtet, weniger jedoch dem herrschenden Moralkodex. Anders als die Radikal-Völkischen konnten sie auf ein etabliertes Ziel für einen permanent ungesättigten Triebüberschuß verzichten[13]. Da nach der revolutionärkonservativen Ideologie die Avantgarde der konservativen Revolution die Elite der Nation bildete, entfiel für den Antisemitismus die Funktion der Selbstwertbestätigung, infolgedessen ist der reolutionäre Antisemitismus weit weniger affektbesetzt als der radikalvölkische.

Die weiteren subjektiven Funktionen des revolutionären Konservatismus sind der Elitetheorie gegenüber nebensächlich und ergänzen diese zumeist. So wird eine zusätzliche Bestätigung der eigenen Hochwertigkeit aus der kulturellen Überlegenheit des deutschen Volkes gezogen. Da die Rasse ebenso wie die Elite Deutschlands geistig definiert wird, erwächst der deutschen Elite aus der rassischen Höchstwertigkeit Deutschlands die Rolle, Elite der Welt zu sein[14]. Der elitäre Status erhielt so weltgeschichtliche Sanktion und bot gleichzeitig die Möglichkeit, individuelle und derzeitige Bedrängnis angesichts der epochalen Aufgabe zu vergessen.

Eine ähnliche Unterstützung der Elitetheorie ist auch aus jenen Inhalten des revolutionären Konservatismus abzuleiten, welche eine Revolutionierung der Industriegesellschaft zu ständisch-agrarischen Ordnungen unter Beibehaltung der kapitalistischen Produktionsweise ankündigen. Die Sehnsucht nach einer „geordneten" Wirtschaft und einer „geordneten" Gesellschaft drückte die Hoffnung aus nach einer Gesellschaftsform mit eindeutiger Hierarchie und ohne drohende Abstiegsmobilität für die Gebildeten.

Wie noch auszuführen sein wird, kann selbst die Wahl der Bezeichnung „konservativ" dahingehend gedeutet werden, daß sie der Zugehörigkeit zur gesellschaftlichen Oberschicht Ausdruck geben sollte. „Konservativ" zu sein, bedeutete für die revolutionären Konservativen, zu den Herrschenden zu zählen.

---

[13] Den Zusammenhang zwischen Sündenböcken und permanentem Triebüberschuß erläutern Alexander und Margarete *Mitscherlich*, Die Unfähigkeit zu trauern, a.a.O., S. 153.

[14] Siehe oben S. 100.

So sehr die subjektiven Funktionen des revolutionären Konservatismus den psychischen Bedürfnissen eines gesellschaftlich dislozierten Bildungsbürgertums entsprachen, so voreilig wäre es, für die Weimarer Zeit den revolutionären Konservatismus den Gebildeten zuzuordnen und die radikal-völkische Ideologie dem ungebildeten (unteren) Teil des Mittelstandes. Zwar gibt es inzwischen eine ganze Reihe von Untersuchungen, welche die Hypothese bestätigen, daß die soziale Basis des Nationalsozialismus und damit der radikal-völkischen Ideologie vor allem im Kleinbürgertum bestanden habe[15]. Die nachträgliche Analyse kann jedoch schwerlich klären, weshalb Teile des Mittelstandes einer radikalen Ausprägung der völkischen Ideologie anhingen und andere der gemäßigteren Form des revolutionären Konservatismus. Durch die empirische Untersuchung ähnlicher Phänomene in der Gegenwart, meint Klaus Rohmann nachgewiesen zu haben, daß die Gebildeten toleranter seien[16]. Dies ist für die Übernahme radikaler bzw. gemäßigter völkischer Anschauungen in der Weimarer Zeit solange als widerlegt anzusehen, als der Begriff „Bildung" nur formal nach dem Ausbildungsgang bestimmt wird. Denn in radikal-völkischen Zeitschriften und radikal-völkischen Schriftenreihen fällt die große Zeit akademisch gebildeter, promovierter und auch habilitierter Autoren immer wieder auf. Bislang liegt keine Untersuchung vor, die diesen Sachverhalt befriedigend zu erklären vermochte.

Nach der Lektüre einer Vielzahl radikal-völkischer Schriften und deren Vergleich mit revolutionärkonservativen Publikationen lassen sich folgende Hypothesen vorsichtig formulieren:

a) Die radikal-völkische Ideologie hat subjektive Funktionen vorwiegend für die sozialökonomisch aufs äußerste bedrängte Situation des Kleinbürgertums ausgeübt, die revolutionärkonservative Ideologie entsprach in ihrer subjektiven Funktion überwiegend dem Bedürfnis jener mangelhaft in die Gesellschaft integrierten Nachfahren des deutschen Bildungsbürgertums.

b) Das schließt nicht aus, daß die Ausbildung und die Übernahme radikaler, bzw. gemäßigter völkischer Aussagen sich zwischen den angegebenen Teilen des Mittelstandes verschränkten, schließt insbesondere nicht aus, daß radikal-völkische Inhalte von „Gebildeten" vertreten wurden.

---

[15] Vgl. die zusammenfassende Behandlung dieser Untersuchungen bei Seymour Martin Lipset, Der „Faschismus, die Linke, die Rechte und die Mitte", in: Theorien über den Faschismus, Hrsg. Ernst Nolte, Köln—Berlin 1967, S. 449 ff.

[16] Klaus Roghmann, Dogmatismus und Autoritarismus. Kölner Beiträge zur Sozialforschung und angewandten Soziologie, Bd. I, Meisenheim am Glan 1966, passim.

c) Während wir der Ansicht sind, daß dem Phänomen des revolutionärkonservativen Antisemitismus als eines Bestandteiles von feststehenden Denkmodellen mit einer vorwiegend psychologisch orientierten Analyse allein nicht beizukommen ist, vermuten wir, daß die Verbreitung der im hohen Maße aggressiven Sündenbock-Theorie, soweit sie von „Gebildeten" übernommen wurde, vorwiegend individualpsychische Ursachen hat (die freilich ihrerseits wiederum gesellschaftlich bedingt waren). Für große Teile des Kleinbürgertums tendierten Lernprozesse innerhalb ihrer Bezugsgruppen, einschließlich der von diesen Sozialschichten im besonderen geleisteten Internalisierung des repressiven Moralkodex dazu, ein Reaktionsmodell mit allzuständigem Aggressionsobjekt zu etablieren. Die Sozialsituation der „Gebildeten" verführte dagegen, wie bereits ausgeführt, weit eher zur Übernahme einer Elitetheorie. Uns scheint, daß individualpsychische Bedingungen ausschlaggebend waren, wenn die im revolutionären Konservatismus angebotene Theorie einer Wertelite nicht zur Selbstwertbestimmung „Gebildeter" ausreichte. Daß diese Hilfsmittel zur Bewußtseinsbildung erfolglos blieben, läßt sich — sofern man radikal-völkische Publikationen in Rechnung stellt — nicht hinreichend mit frühkindlichen Erfahrungen erklären. Die an Freud orientierte Theorie von der autoritären Persönlichkeit bedarf hier der Ergänzung durch die bekannte Frustrations-Aggressionstheorie[17]. Hinweise auf die Notwendigkeit einer derartigen Erweiterung des Forschungsansatzes geben die schriftlichen Äußerungen Radikal-Völkischer. Denn so sehr die häufigen Schilderungen von Frustrationserlebnissen, die durch jüdische Konkurrenten verursacht wurden[18], Alibicharakter tragen, so wenig darf von vorneherein ausgeschlossen werden, daß derartige Frustrationen auch verursachend gewirkt haben.

d) Der Versuch, die subjektiven Funktionen des revolutionären Konservatismus zu analysieren und im Vergleich mit entsprechenden Funktionen der radikal-völkischen Ideologie zu verdeutlichen, hat gezeigt, wie wenig entwickelt das Instrumentarium sozialwissenschaftlicher Ideologiekritik nach wie vor ist[19]. Dazuhin wurde m. E. deutlich, daß der Versuch, dem Phänomen sozialer Vorurteile entweder auf soziologischem oder auf psychologischem Wege beizukommen, nicht immer erfolgreich zu sein braucht. Es ist sogar zwefelhaft geworden, ob eine die verschiedenen Einzeldisziplinen integrierende sozialwissenschaftliche Theorie des sozialen Vorurteils auf alle vorurteilsgeprägten histo-

---

[17] Die theoretische Begründung einer solchen Ergänzung findet sich bei Peter *Heintz*, Zur Problematik der ‚Autoritären Persönlichkeit', in: Kölner Zeitschrift für Soziologie und Sozialpsychologie, 9. Jg. 1957, S. 28 ff.
[18] Siehe z. B. oben S. 121 f.
[19] Ähnlich bei Werner *Hofmann*, Wissenschaft und Ideologie, a.a.O., S. 57.

rischen Erscheinungen gleichermaßen würde angewandt werden können.

3. Die objektiven Funktionen des revolutionären Konservatismus

Ideologie wurde bestimmt als die Rechtfertigungslehre einer Herrschaft. Die objektiven Funktionen einer Ideologie zu analysieren heißt demzufolge, deren Rechtfertigungscharakter freizulegen, indem ihre — häufig sehr verdeckten — Beziehungen zwischen Herrschaftsstrukturen und ideologischen Aussagen aufgesucht werden. Dafür ist es, wie schon bemerkt, gänzlich irrelevant, ob die Träger der betreffenden Ideologie sich dieser Beziehungen bewußt sind. Ideologie hat ihre Voraussetzung auch in jener „psychischen Apparatur" (Wilhelm Reich), welche von Herrschaftsstrukturen ausgebildet wird. Sofern sie nicht von herrschenden Teilen der Gesellschaft zweckrational entwickelt werden, entstehen Ideologien vornehmlich aus den unbewußten Zwängen eines bestimmten gesellschaftlichen Zustandes.

Wenn den revolutionären Konservativen individuelle historische Schuld im Zusammenhang mit der ideologischen Vorbereitung des Nationalsozialismus zugeschrieben wurde, so ist das im Rahmen unserer Analyse weder eine ausschlaggebende Feststellung, noch besagt sie, daß die Ausbildung des revolutionären Konservatismus den revolutionären Konservativen allein zugeschrieben würde. Die politischen Schwarmgeister der Ring-Bewegung sind für eine nachträgliche politische Analyse nicht an sich selbst interessant, sondern nur, weil die von ihnen vertretenen ideologischen Inhalte den Strukturproblemen der Weimarer Zeit entsprachen. Jede andere Betrachtung würde das Phänomen des Faschismus noch nachträglich und einmal mehr personalisieren.

Entsprechend der Bestimmung von Ideologie als einer Rechtfertigungslehre für Herrschaft, werden ideologische Aussagen nicht dahingehend untersucht, ob sie verbal oder historisch-chronologisch einer bestimmten Ideologie zuzuordnen sind. Erfragt wird vielmehr die jeweils gerechtfertigte Herrschaftsstruktur. Da in wirtschaftlich hochentwickelten Ländern politische Herrschaft auf Dauer nicht mehr unabhängig von wirtschaftlicher Macht ausgeübt werden kann, sind Ideologien insbesondere daraufhin zu analysieren, welche Wirtschaftsform sie rechtfertigen. Das bedeutet, daß eine Ideologie, welche das liberale Wirtschaftssystem, i. e. eine privatkapitalistisch verfaßte Wirtschaftsordnung, rechtfertigt, der liberalen Ideologie zugeordnet wird, selbst wenn diese Rechtfertigung unter der Beschwörung agrarisch-konservativer Begriffe wie „organisch", „wachsen", „Gemeinschaft" oder „Volk" geschieht. Diese Zuordnung unterscheidet sich von anderen in der politischen Theorie gebräuchlichen und hat für die hier anstehende Ideo-

VI. Die soziale Basis des revolutionären Konservatismus

logie des revolutionären Konservatismus zur Folge, daß dieser als liberal-reaktionär, nicht aber als konservativ gewertet wird[20].

Der „Konservatismus" des revolutionären Konservatismus drückt den Stand einer gesellschaftlichen Entwicklung aus, welche zur Unvereinbarkeit zwischen dem ursprünglich emanzipatorischen Charakter des politischen Liberalismus und dem Fortbestand des Wirtschaftsliberalismus geführt hat. Der Zusammenhang zwischen politischer und wirtschaftlicher Macht sollte nun nicht mehr rational — entsprechend klassisch liberaler Prinzipien — gesetzt sein, sondern „konservativ", wobei „konservativ" eine vorgegebene, irrationale, nicht zu diskutierende Herrschaftsbeziehung umschreibt und sich damit an die historischen Inhalte konservativer Herrschaftsbegründung tatsächlich anlehnt. Der politische Konservatismus hatte jedoch in der deutschen Geschichte weder seine agrarische Herkunft, noch auch seine enge Bindung an das Christentum[21] oder die Selbstverständlichkeit seines Traditionalismus[22] je verleugnet. Die konservative Rechtfertigungslehre politischer Herrschaft hatte im Unterschied zur liberalreaktionären des revolutionären Konservatismus den Zusammenhang zwischen Denkformen und Herrschaftsgrundlagen auch verbal beibehalten.

Der revolutionäre Konservatismus markiert keinen unvermittelt aufgetretenen Wandel in der Geschichte des Liberalismus, denn die sich ursprünglich gegenseitig bedingenden emanzipatorischen Forderungen wirtschaftlicher und politischer Liberalisierung traten in Spannung zueinander, je mehr liberale Wirtschaftsformen dauerhaft etabliert werden konnten. Um sie zu erhalten, wurde zunehmend versucht, sie dem klassisch liberalen Prinzip rationaler Prüfung zu entziehen, denn dieses tendiert zum Abbau und zum Wechsel von Herrschaft.

In kaum einem Land ist von Anfang an die Spannung zwischen politischem und wirtschaftlichem Liberalismus so groß gewesen wie in Deutschland. Weit weniger als in anderen Ländern ging hier die Durchsetzung liberaler Wirtschaftsorganisation mit der Forderung nach liberalen Grundrechten einher. Deshalb haben in Deutschland auch diejenigen Ideologien eine besonders ausgeprägte Tradition, die in den bürgerlichen Gesellschaften entwickelt wurden, um zugunsten der Er-

---

[20] Die von Joachim Knoll gestellte Frage, ob es sich bei den revolutionären Konservativen um mehr oder minder „echte" Konservative gehandelt habe, entfällt für eine sozialökonomisch fundierte Ideologiekritik. Vgl. Joachim *Knoll*, Konservatives Krisenbewußtsein am Ende der Weimarer Republik, a.a.O., S. 930.

[21] Vgl. Hans *Mühlenfeld*, Politik ohne Wunschbilder. Die konservative Aufgabe unserer Zeit, München 1952, S. 334.

[22] Vgl. Hans-Joachim *Schoeps*, in: Evangelisches Soziallexikon, Hrsg. Friedrich Karrenberg, 4. Aufl., Stuttgart 1963.

haltung von Privilegien, die durch liberale Wirtschaftsbedingungen erworben wurden, die endgültige Durchsetzung des politischen Liberalismus zu verhindern. Während sich in der klassischen Theorie des Liberalismus dessen verschiedene Aspekte gegenseitig bedingten, schlossen sie sich in der historischen Realisierung in zunehmendem Maße aus.

Da — was der Ausgangshypothese unserer Ideologiekritik entspricht — die wirtschaftliche Komponente des Liberalismus im Laufe der Entwicklung die Oberhand über die politische immer mehr gewonnen hat, sind vor allem die emanzipatorischen Inhalte des Liberalismus aus der Realität bürgerlicher Gesellschaften mehr und mehr verschwunden. Die Weiterführung des emanzipatorischen Elementes, insbesondere der Forderung nach Gleichheit, ist vom Liberalismus auf den Sozialismus übergegangen und insoweit haben die revolutionären Konservativen Recht, wenn sie den Sozialismus als konsequente Fortsetzung des Liberalismus bezeichnen. Der solchermaßen seiner grundlegenden gesellschaftlichen Inhalte entblößte politische Liberalismus hat inzwischen die Rolle übernommen, das Bestehende zu sichern. Er ist, wenn man so will, „konservativ" geworden[23]. Dies ist eben jene Formalbestimmung von Konservatismus, die nur die Sicherung erworbener Privilegien ausdrückt und von einer sozialökonomisch fundierten Ideologiekritik schon deshalb nicht übernommen werden kann, weil diese die Funktion der Privilegiensicherung jeder Ideologie zuschreibt.

Der revolutionäre Konservatismus steht in der Tradition einer Reihe von Abwehrideologien, die von der liberal-bürgerlichen Gesellschaft entwickelt worden sind, um der vollkommenen Realisation des Liberalismus zu wehren. Deren wichtigste sind die vulgärcalvinistische und später die sozialdarwinistische Rechtfertigung gesellschaftlicher Chancenungleichheiten. Dem naturrechtlich begründeten Gleichheitsanspruch des klassischen Liberalismus wurden „göttlich" oder „natürlich" begründete Rechte gegenübergestellt, welche das Naturrecht der Gleichheit zu einem sekundären degradieren oder gänzlich negieren sollten.

Die revolutionären Konservativen haben einerseits die sozialdarwinistische Rechtfertigungslehre übernommen, andererseits aber eine

---

[23] Rudolf Heberle versucht in anderem Zusammenhang dem oben geschilderten Sachverhalt Rechnung zu tragen durch die Unterscheidung zwischen „Haltungen" und „Ideensystemen": „In den Vereinigten Staaten nennen sich jetzt gewisse Leute konservativ, deren wirtschafts- und sozialpolitische Vorstellungen eigentlich die des alten „Manchester"-Liberalismus sind. Wir müssen also unterscheiden zwischen liberalen und konservativen *Haltungen* einerseits und den *Ideensystemen* des Liberalismus und Konservatismus andererseits." Rudolf *Heberle*, Hauptprobleme der politischen Soziologie, a.a.O., S. 30. Vgl. auch die Feststellung Werner Hofmanns: „Es liegt allerdings im Wesen aller ‚konservativen Revolution', daß sie in jeder Hinsicht *vollendet*, gegen was sie antritt." Werner *Hofmann*, Gesellschaftslehre als Ordnungsmacht, Erfahrung und Denken, Bd. 8, Berlin 1961, S. 77.

eigene entwickelt, welche den zwischenzeitlich erfolgten Entwicklungen der Herrschaftsbedingungen Rechnung trug.

Der revolutionäre Konservatismus rechtfertigt die bestehenden Ungleichheiten, indem er deren strukturelle Notwendigkeit leugnet. Daß gesellschaftliche Konflikte als Akzidenzien des Gesellschaftssystems oder als feindlich verursachte Störungen deklariert werden, läßt die bestehenden Chancenungleichheiten und deren strukturelle Bedingungen aus dem politischen Blickfeld rücken bzw. als nebensächlich erklären.

Der zunächst erstaunliche Übergang von der ideologischen Rechtfertigung zur ideologischen Leugnung aller Chancenungleichheiten erklärt sich zu einem Teil durch die marxistische Herausforderung[24]. Denn seit dem Aufkommen der sozialdarwinistischen Rechtfertigungslehre hatten die Sozialisten marxistischer Prägung der bürgerlichen Gesellschaft furchterregend verdeutlicht, daß sie die Verwirklichung des liberalen Gleichheitsprinzips im liberalen Gesellschaftssystem für unmöglich hielten. Demzufolge war das Zugeständnis formaler Gleichheitsrechte unter Beibehaltung realer Ungleichheiten nicht länger mehr ein zureichendes Mittel der Politik, ebensowenig konnte die Besserstellung der Arbeiterschaft durch Sozialleistungen als schrittweise Annäherung an das Ideal der sozialen Gleichheit glaubhaft gemacht werden. Die Tatsache, daß das Wort „Sozialismus" in die wirtschaftsliberale Gesellschaftstheorie des revolutionären Konservatismus integriert wurde, stützt diese Interpretation. Die Übernahme des Wortes intendierte eben dies: die Behauptung, daß soziale Gleichheit auch im liberalen Gesellschaftssystem möglich sei[25].

---

[24] Insoweit der revolutionäre Konservatismus in den Gesamtzusammenhang des Präfaschismus zu rechnen ist, stimmen wir demzufolge der Nolte'schen These zu, die besagt, es gebe keinen Faschismus ohne die Herausforderung des Bolschewismus. Damit sind wir, anders als Nolte, nicht der Auffassung, daß diese eine These ausreiche zu einer hypothetischen Erklärung des Faschismus. Im Unterschied zu Nolte sind wir der Ansicht, daß das historische Phänomen „Faschismus" nicht durch eine phänomenologische, sondern nur durch eine generische Analyse wissenschaftlich erschlossen werden kann. Auch wenn Nolte sich gegen diese Konsequenz aus seinen Arbeiten wehrt, führt die nur phänomenologische Darstellung der vielerorts gleichzeitig aufgetretenen faschistischen Bewegungen indirekt zu einer Rechtfertigung der Einzelbewegung. Vgl. hierzu die verschiedenen im Literaturverzeichnis angegebenen Arbeiten Ernst Noltes, insbesondere aber seine Auseinandersetzung mit den Rezensionen, die er begrüßenswerterweise im „Nachwort zum Gesamtwerk" geliefert hat. Ernst *Nolte*, Die Krise des liberalen Systems und die faschistischen Bewegungen, München 1968, S. 432 ff.

[25] Insoweit besteht eine Verwandtschaft zu den sozialliberalen Reformplänen Neumanns und Webers und ist Klemperer zuzustimmen, wenn er die letzteren zu den Neu-Konservativen zählt (*Klemperer*, Konservative Bewegungen..., a.a.O., S. 84). Der Bezug zu der in Deutschland traditionsreichen Verbindung von Konservatismus und Sozialreform ist dagegen mehr verbaler

Der Übergang vom reinen Sozialdarwinismus zum revolutionären Konservatismus enthält ideologisch insofern einen sozialen Fortschritt, als das Versprechen der sozialen Gleichheit — auch damals schon als Voraussetzung der politischen erkannt — sich nicht mehr ausschließlich in Geld ausdrückt. Spätestens zur Zeit der Weimarer Republik war deutlich geworden, daß höhere Löhne und Sozialleistungen die gesellschaftliche Integration der Arbeiter in den Staat nicht vollkommen bewirken können. Insoweit hat der revolutionäre Konservatismus Erkenntnisse des Sozialismus und Erfahrungen verarbeitet, welche einerseits im Anschluß an die Bismarcksche Sozialgesetzgebung und andererseits im ersten Weltkrieg zu gewinnen waren. Die Aufnahme des „Sozialismus" in den revolutionärkonservativen Wortschatz ist die Konsequenz dieser Erfahrungen. Seine Koppelung mit den Attributen „deutsch" bzw. „national" verdeutlicht allerdings, daß die angestrebte Lösung der Sozialen Frage sich grundsätzlich unterscheidet von der des marxistischen Sozialismus. Nicht durch eine Veränderung seiner Arbeitsbedingungen sollte die gesellschaftliche Stellung des Arbeiters verändert werden, sondern durch eine Überdeckung, ja Aufhebung, aller Konflikte in der Volksgemeinschaft. An die Stelle der geforderten sozialen Gleichheit wurde die emotionale Gleichheit aller Volksgenossen gesetzt, welche die rationale Beurteilung der Ursachen und Wirkungen realer gesellschaftlicher Machtverhältnisse verhindern sollte. Diese Intention wurde unterstützt durch die Denkmethoden des revolutionären Konservatismus, die jegliche Analyse als unzulässig ausschlossen, gesellschaftliche Sachverhalte mythisierten, dadurch tabuierten und, wann immer dies gelegen schien, gewünschte Tatbestände als bereits existente verkündeten.

Die direkte Herausforderung der bürgerlichen Gesellschaft durch den Bolschewismus war zwar die auslösende, nicht aber die einzige Voraussetzung des revolutionären Konservatismus. Denn dieser entsprach trotz seines „romantischen Altkapitalismus" dem derzeitigen Stand des kapitalistischen Wirtschaftssystems und lieferte die ideologische Rechtfertigung des organisierten Kapitalismus.

Vom vorangegangenen Stadium des Unternehmerkapitalismus unterscheidet sich der organisierte Kapitalismus durch die stärkere Konzentration wirtschaftlicher Macht, durch eine unvergleichlich gesteigerte Interdependenz aller Wirtschaftsbereiche und durch die vermehrte Abhängigkeit der Wirtschaft von der Infrastruktur eines Landes. Schließlich ist der organisierte Kapitalismus gekennzeichnet durch eine mehr oder minder institutionell gesicherte staatliche Einwirkung auf den

---

Natur, denn die konservative Auffassung vom Verpflichtungscharakter des Eigentums war ethisch begründet und erst in zweiter Linie politisch intendiert.

Wirtschaftsprozeß und durch die immer größere Abhängigkeit politischer Entscheidungen von wirtschaftlichen Gegebenheiten.

Der revolutionäre Konservatismus entstand zu einer Zeit, als die Notwendigkeit staatlicher Lenkung, wenn nicht gar staatlicher Planung, unabweisbar zutage trat und in welcher deshalb der Fortbestand des Privatkapitalismus als einer individuellen Privilegierung von Entscheidungsbefugnissen dringend einer Rechtfertigung bedurfte.

Derartige Rechtfertigung lieferte der revolutionäre Konservatismus zunächst durch eine dezistionistische Personalisierung der Wirtschaftspolitik. Die Notwendigkeit staatlicher Lenkungsmaßnahmen wurde beschrieben als *nationale* Bändigung des Kapitalismus und als persönlicher Entschluß nationaler Unternehmer interpretiert[26]. Dadurch wurden staatliche Eingriffe nicht mehr als die notwendige Restriktion privater Entscheidungsbefugnis deutlich, sondern zum nationalen Ausfluß unternehmerischen Entscheidungsbefugnis umgedeutet. Der „romantische Altkapitalismus" des revolutionären Konservatismus verweist also zwar in seiner subjektiven Funktion für die „Gebildeten" auf frühliberale Zustände, in seiner objektiven dient er der Rechtfertigung individueller Entscheidungsbefugnis im Zeitalter des organisierten Kapitalismus.

Die veränderten Wirtschaftsbedingungen spiegeln sich auch in anderen Aspekten des revolutionären Konservatismus wider: Dem Staat fällt im organisierten Kapitalismus mehr und mehr die Aufgabe zu, die Stabilität des Systems zu sichern, allzu große Konjunkturschwankungen zu verhindern und Krisenherde zu beseitigen, da die allseitige Verflechtung der Wirtschaftsbedingungen die Begrenzung der Einzelkrisen unmöglich hat werden lassen. Unter den Gegebenheiten des privatwirtschaftlich verfaßten organisierten Kapitalismus ist das Wohl der Allgemeinheit tatsächlich vom Wohl der Einzelunternehmer abhängig, d. h. von deren Möglichkeit, Gewinn zu erzielen. Diese allseitige Abhängigkeit und die daraus folgende Notwendigkeit der Stabilität, welche ihrerseits erst die Voraussetzung liefert für eine kontinuierliche soziale Sicherung von seiten des Staates, hat dazu geführt, daß in Ländern, deren Entwicklungsstand dem des organisierten Kapitalismus entspricht, gesellschaftliche Konflikte nicht mehr als Klassenkonflikte erscheinen.

Die Gesellschaftstheorie des revolutionären Konservatismus entsprach der Stabilisierungsnotwendigkeit, indem sie die Tatsache der allseitigen Abhängigkeit emotional durch die Volksgemeinschaft überhöhte. Dadurch wurde die Einsicht verhindert, daß die Bedingungen der Abhän-

---

[26] Siehe oben S. 55.

gigkeit nicht unabänderlich, sondern vom Bestand der privatwirtschaftlichen Verfassung abhängig sind.

In diesem Zusammenhang ist auch das „revolutionäre" Moment des revolutionären Konservatismus zu verstehen. Die antagonistische Klassengesellschaft sollte zur Volksgemeinschaft „revolutioniert" werden. Der Ausdruck „revolutionär" profitiert dabei von einem emanzipatorisch bestimmten Revolutionsbegriff. Er verdeckt, daß die Integration der Arbeiter in den Staat und deren gesteigerte Konsumkraft nicht die Verwirklichung einer Sozialutopie bedeutet, sondern die Herbeiführung der dem organisierten Kapitalismus adäquaten gesellschaftlichen Bedingungen. Die Beseitigung offensichtlicher Klassenantagonismen ist eine Bedingung der ungestörten Entwicklung des herrschenden Wirtschaftssystems. Gelingt es, den Klassenkampf zu einer Frage der Verteilung des Sozialprodukts werden zu lassen, so ist der Bestand des organisierten Kapitalismus gesichert, da die Privilegierung der Entscheidungsbefugnis und damit die individuelle Bestimmung der kollektiv vollzogenen Produktion erfolgreich aus dem Blickfeld gerückt werden konnten.

Die harmonische Volksgemeinschaft, welche zur Bedingung von Wirtschaftsstabilität geworden war, wurde im revolutionären Konservatismus vor allem durch die Erinnerung an die Kampfgemeinschaft des Krieges beschworen. Deren existentielle Notwendigkeit war emotional einsichtig und begünstigte die Einsicht in die für den organisierten Kapitalismus ebenso existentielle Notwendigkeit einer störungsfreien Entwicklung.

Ihre Sicherung erfuhr die Verschleierung der Machtverhältnisse im revolutionären Konservatismus durch die Projektion aller etwa doch auftretenden Störungen auf Feindgruppen. Durch diese Projektion konnten alle diejenigen mit einer feindlichen Außengruppe (bzw. Verschwörung) identifiziert werden, die innerhalb der Volksgemeinschaft auf Veränderung der Gesellschaftsstruktur drängten. Die ideologische Folge der Gemeinschaftsideologie war die Verketzerung derer, die statt emotionaler Bindungen reale Veränderungen forderten.

Die wissenschaftliche Gültigkeit einer Ideologiekritik bedarf nicht des Nachweises, daß persönliche Kontakte zwischen den Trägern einer Ideologie und deren Nutznießern, den herrschenden Teilen der Gesellschaft, tatsächlich bestanden haben, denn bereits die Verbreitung einer bestimmten Ideologie weist darauf hin, daß sie nicht nur subjektive Funktionen für ihre Träger, sondern auch objektive für ein bestimmtes Gesellschaftssystem geleistet hat. Dennoch ist es aufschlußreich, daß die von Stadtler begründete und in die Ring-Bewegung einbezogenen Antibolschewisten-Liga umfangreiche Unterstützung durch die Großindustrie gefunden hat[27]. Ebensowenig ist es zufällig, daß der Herren-Klub, also eine spätere Gruppierung der Ring-Bewegung, zahlreiche Verbindungen zu Industriellen aufweisen konnte[28].

4. Die Fortsetzung der revolutionär-konservativen Ideologie und ihre Modifikationen

Historisch belegt sich unsere Analyse des revolutionären Konservatismus durch das Fortwirken revolutionärkonservativer Inhalte unter kaum veränderten Strukturbedingungen.

Das Wirtschaftssystem der Bundesrepublik Deutschland ist dem der Weimarer Republik gegenüber weiterentwickelt, in seinen Grundstrukturen jedoch unverändert. Für die gesellschaftliche Entwicklung der Bundesrepublik wirkte sich die Zeit des Nationalsozialismus nicht als ein fundamentaler Einschnitt aus[29]. Teilweise werden dem „Durchgang" durch das Dritte Reich nachträglich sogar positive Seiten abgewonnen[30]. Und tatsächlich hat der Nationalsozialismus die Grundstrukturen des organisierten Kapitalismus nicht in Gefahr gebracht[31].

So verdeutlicht sich nachträglich, welche Inhalte des revolutionären Konservatismus zeit- und welche strukturbedingt waren. Die Unterscheidung zwischen Zeit- und Strukturbedingungen will nicht besagen, daß die von uns als zeitbedingt geschilderten Komponenten struktur-

---

[27] Aus Ernst *Nolte*, Die Krise des liberalen Systems und die faschistischen Bewegungen, a.a.O., S. 54 entnehme ich folgendes: „In einflußreichen Kreisen wurde man bald auf ihn (Stadtler) aufmerksam. Am 10. Januar 1919 fand, seinem Bericht zufolge, eine Sitzung des „Führertums der Wirtschaft" im Flugverbandshaus statt, an der etwa 50 Herren teilnahmen, unter ihnen Hugo Stinnes, Borsig, Siemens, Deutsch, Salomonssohn usw. Stadtlers Vortrag „Bolschewismus als Weltgefahr" machte so großen Eindruß, daß die anwesenden Herren sich auf die Aufforderung Stinnes' hin entschlossen, eine ‚Versicherungsprämie' von nicht weniger als 500 Millionen Mark aufzubringen, die nun als ‚Antibolschewistenfonds' durch alle möglichen Kanäle in die 1919 einsetzende gewaltige antibolschewistische Bewegung geflossen sei ..." Nolte entnimmt diesen Bericht der Schrift von Eduard *Stadtler*, Als Antibolschewist 1918/19, Düsseldorf 1935, S. 49.

[28] Vgl. Armin *Mohler*, Die konservative Revolution ..., a.a.O., S. 102.

[29] Zu diesem Sachverhalt vgl. Alexander und Margarete *Mitscherlich*, Die Unfähigkeit zu trauern, a.a.O. Der dort geschilderte Sachverhalt der sozialpsychischen Verleugnung träfe unter geringen Modifikationen auf das andere Deutschland ebenso zu.

[30] Vgl. dazu Johannes *Agnoli*, Die Transformation der Demokratie, Berlin 1967, S. 10, dort auch Belege.

[31] Vor die Wahl gestellt, eine sehr verkürzte und deshalb notwendig unzulängliche Schilderung der Gesellschaftsstruktur der Bundesrepublik einzufügen, oder die obige Behauptung als durch Offensichtlichkeit der Tatsachen als belegt anzusehen, entscheide ich mich für das letztere. Ergänzend sei verwiesen auf die Darstellung bei Johannes *Agnoli*, Die Transformation der Demokratie, a.a.O.

4. Fortsetzung und Modifikationen

unabhängig gewesen seien, eher gibt sie eine Ungleichzeitigkeit wieder, denn die Zeitbedingungen nach dem 1. Weltkrieg waren weitgehend Auswirkungen vorhergegangener Strukturbedingungen.

Strukturbedingt, weil mit diesen Strukturen fortbestehend, war die Notwendigkeit einer konfliktfreien Gesellschaft, deren „völkische" Einheit jetzt als eine „formierte" bezeichnet wird und damit auch in der Benennung ihrer schon im revolutionären Konservatismus enthaltenen Grundlage Rechnung trägt: der Großorganisation[32]. Ebenso strukturbedingt war der Versuch, die staatliche Politik auf Koordinations- und Verteilungsfunktionen zu beschränken, sie zu entpolitisieren[33]. Das solchermaßen entstandene Vakuum wird mit nationalen Gehalten aufgefüllt: damals durch die rassisch-kulturell begründete Aufgabe Deutschlands in der Welt, die ihre Formulierung vor allem Recht der jungen Völker gefunden hat, heute durch die wirtschaftlich fundierte Hochwertigkeit[34] und die Aufgabe Deutschlands, die parlamentarische Demokratie in der Welt zu verbreiten[35]. Der zeitbedingte Rassismus konnte, soweit er nicht verdeckt fortbesteht, in der wirtschaftlichen Bestimmung des nationalen Selbstbewußtseins aufgehen, strukturbedingt war lediglich der emotionale Ausgleich für die Entpolitisierung der Politik.

Ebenso strukturbedingt war die Etablierung einer Feindgruppe zur Erzeugung emotionaler Einheit und zur Projektion von Störungsursachen. Zeitbedingt war der Antisemitismus, der sich unschwer durch einen militanten Antikommunismus ersetzen ließ, was dadurch begünstigt wurde, daß bereits zur Zeit der Weimarer Republik Juden und Kommunisten assoziativ verbunden wurden. Nach wie vor wird als feindlicher Agent betrachtet, wer strukturelle Änderungen fordert.

Obwohl der Antikommunismus diesen Zwecken dient, geschieht die ideologische Sicherung der bestehenden Gesellschaftsstruktur heute

---

[32] Vgl. hierzu Dagmar *Friedrich-Wegener*, Die Formierte Gesellschaft, Darstellung und Kritik, unveröffentlichte Diplom-Arbeit, Seminar Wissenschaft von der Politik, Universität Göttingen.

[33] Obwohl der organisierte Kapitalismus durch staatliche Wirtschaftsmaßnahmen gekennzeichnet ist, ist nicht die staatliche Politik, sondern der Wirtschaftsablauf die autonome Größe, denn die staatliche Politik hat die Sicherung des reibungslosen Wirtschaftsablaufes zu gewährleisten.

[34] Vgl. die Überschrift, unter welcher der Industriekurier am 19. 10. 1968 (21. Jg. Nr. 163) von einer Ministerrede berichtet „Prof. Schiller: Am deutschen Wesen ist der Franc genesen".

[35] Es wäre durchaus möglich, auch Äquivalente für das Recht der jungen Völker in den in der Bundesrepublik herrschenden Anschauungen aufzuzeigen. Wir halten es jedoch weder hier noch bei den folgenden Hinweisen für sinnvoll, alle auch wie vor vorhandenen Inhalte des revolutionären Konservatismus aufzuspüren, sondern beschränken uns auf diejenigen, bei denen wir sicher sind, nicht nur formale Übereinstimmung, sondern übereinstimmende strukturelle Verursachung festgestellt zu haben.

nicht mehr allein über die emotionale Einheit der Volksgemeinschaft, sondern auch über die Verbreiterung der Konsumkraft. Zwar ist es weitgehend gelungen, den Klassenkonflikt durch einen Streit um die Verteilung des Sozialprodukts zu ersetzen, doch ist der organisierte Kapitalismus nach wie vor darauf angewiesen, die Herrschaftsstrukturen dort ideologisch zu verdecken, wo sie sich von jeher am deutlichsten manifestiert haben. Die fortbestehende individuelle Privilegierung von Entscheidungsbefugnis in den Betrieben wird mit denselben Inhalten umschrieben wie im revolutionären Konservatismus: ideologisch und mittels betrieblicher Sozialpolitik wird versucht, die „Werksfamilie" zu etablieren[36].

Da die bestehenden Herrschaftsstrukturen in dem Maße bedroht sind, in welchem die politischen Inhalte einer Gesellschaft vernünftiger und nicht nur zweck-rationaler Kontrolle unterworfen werden, tendiert die ideologische Rechtfertigung des organisierten Kapitalismus nach wie vor dazu, praktisches Denken — und das heißt gesellschaftskritisches Denken — zu verhindern. Die vom revolutionären Konservatismus dem Denken durch Mythisierungen gesetzten Schranken sind inzwischen erweitert worden durch die Förderung nur zweck-rationaler Denkmodelle und durch die Versuche, Bildung auf technisches Wissen zu reduzieren. Damit sind Ansätze weiterentwickelt worden, die im revolutionären Konservatismus bereits angelegt waren. Denn dessen Kulturkritik schlug teilweise bereits um in eine unkritische Bewunderung von Technik[37]. Einerseits läßt sich das an den Schilderungen der Kriegswirtschaft feststellen, andererseits ist hier der Ort, an Ernst Jünger zu erinnern, der mit seiner Apotheose technischer Großorganisationen[38] ein späteres Stadium liberalreaktionärer Ideologie bereits vorweggenommen hat.

---

[36] Vgl. für eine Sammlung von Belegstellen, Dagmar *Friedrich-Wegener*, Die formierte Gesellschaft, a.a.O.
[37] Vgl. oben S. 18 und die dort in Anm. 12 aufgeführten Stellen, ebenfalls S. 93.
[38] Ernst *Jünger*, Der Arbeiter, a.a.O.

Literaturverzeichnis

Sofern Einzelaufsätze aus den am Schluß des Literaturverzeichnisses aufgeführten Zeitschriften benutzt wurden, sind sie nur im Text aufgeführt, nicht im Literaturverzeichnis.

Ackermann, Nathan W. und Marie *Jahoda*, Anti-Semitism and Emotional Disorder. A Psychoanalytic Interpretation, New York 1950.

Adler-Rudel, S., Ostjuden in Deutschland 1880—1940. Schriftenreihe des Leo Baeck Institute of Jews from Germany, Nr. 1, Tübingen 1959.

Adorno, Theodor W., E. *Frenkel-Brunswik*, D. J. *Levinson*, R. N. *Sanford*, The Authoritarian Personality, New York 1950.

Agnoli, Johannes und Peter *Brückner*, Die Transformation der Demokratie, Berlin 1967.

Allport, Gordon W., The Nature of Prejudice, 3. Aufl., Boston, Mass. 1955.

Ammon, Otto, Die Gesellschaftsordnung und ihre natürlichen Grundlagen, 3. Aufl., Jena 1900.

Arendt, Hannah, Elemente und Ursprünge totaler Herrschaft, Frankfurt/Main 1965.

Bahrdt, Hans Paul, Soziologische Reflexion über die gesellschaftlichen Voraussetzungen des Antisemitismus in Deutschland; in: Entscheidungsjahr 1932, Hrsg. Werner E. Mosse, Tübingen 1965, S. 135 ff.

Bangert, Otto, Geld oder Blut, München 1927.

Banse, Ewald, Raum und Volk im Kriege, 1932.

Bayer-Katte, Wanda von, Das Zerstörende in der Politik. Eine Psychologie der politischen Grundeinstellung, Heidelberg 1958.

— Terror und Tabu; in: Jahrbuch für Psychologie, Psychotherapie und medizinische Anthropologie, 10. Jg. 1962, München 1963, S. 56 ff.

Barbu, Z., Die sozialpsychologische Struktur des nationalsozialistischen Antisemitismus; in: Entscheidungsjahr 1932, Hrsg. Werner E. Mosse, Tübingen 1965, S. 157 ff.

Bartels, Adolf, Der Nationalsozialismus, Deutschlands Rettung, 5. Aufl., Leipzig 1925.

Barzun, Jaques, Race: A Study in Superstition, 2. Aufl. New York-Evanston-London 1966 (erstmalig 1937).

Bauer, Otto, Herbert *Marcuse*, Arthur *Rosenberg* und andere, Faschismus und Kapitalismus. Theorien über die sozialen Ursprünge und die Funktion des Faschismus, Hrsg. Wolfgang Abendroth, Frankfurt/Main 1967.

Baur, Erwin, Eugen *Fischer* und Fritz *Lenz*, Menschliche Erblichkeitslehre, 3. Aufl., München 1927.

Beer, Rüdiger Robert, Konservativ?, Berlin-Zehlendorf 1931.

Bein, Alexander, „Der jüdische Parasit"; in: Vierteljahrshefte für Zeitgeschichte, 13. Jg. 1965, Heft 2, S. 121 ff.

Bendix, Reinhard und Seymour Martin *Lipset,* Hrsg., Class, Status and Power. A Reader in Social Stratification, Free Press USA 1953.

Benedict, Ruth, Die Rassenfrage in Wissenschaft und Politik, deutsch: Bergen II, 1947.

Bennathan, Esra, Die demographische und wirtschaftliche Struktur der Juden; in: Entscheidungsjahr 1932, Hrsg. Werner E. Mosse, Tübingen 1965, S. 87 ff.

Bettelheim, Bruno und Morris *Janowitz,* Prejudice; in: Attitudes, Hrsg. Marie Jahoda und Neil Warren, Penguin Modern Psychology UPS 3, London 1966, S. 75 ff.

Bibby, Cyril, Rassen, Gruppen, Vorurteile und Erziehung, deutsch: Berlin-Frankfurt/Main 1959.

Bieder, Theobald, Geschichte der Germanenforschung, 1. Bd., Leipzig-Berlin 1921, 2. Bd., Leipzig 1922, 3. Bd., Leipzig-Berlin 1925.

Bleuel, Hans-Peter und Ernst *Klinnert,* Deutsche Studenten auf dem Weg ins Dritte Reich. Ideologien — Programme — Aktionen 1918—1935, Gütersloh 1967.

Blüher, Hans, Secessio Judaica. Philosophische Grundlegung der historischen Situation des Judentums und der antisemitischen Bewegung, 3. Aufl., Potsdam 1933 (erstmalig 1922).

— Die Erhebung Israels gegen die christlichen Güter, Hamburg-Berlin 1931.

Boehm, Max Hildebert, Hrsg., Kleines politisches Wörterbuch, Leipzig 1919.

— Ruf der Jungen. Eine Stimme aus dem Kreise um Moeller van den Bruck, Freiburg i. Br. 1933 (erstmalig 1919).

— Was uns not tut; Beiträge zu den Problemen der Zeit, H. 11, Berlin 1919.

— Körperschaft und Gemeinwesen, Grundbegriffe der Politik, H. 1, Leipzig 1920.

— Der Verrat des Ostens und das gefährdete Preußen; Ring-Flugschriften, Nr. 2, Berlin o. J. (um 1921).

— Europa Irredenta. Eine Einführung in das Nationalitätenproblem der Gegenwart, Berlin 1923.

— Die deutschen Grenzlande, Berlin 1925.

— und Karl C. *von Loesch,* Hrsg., Zehn Jahre Versailles, Berlin 1930.

— Staatstheorie und deutsche Lebenswirklichkeit; in: Deutsche Rundschau, Bd. 211, 1927, S. 172 ff.

— Der Bürger im Kreuzfeuer, Göttingen 1933.

— Das eigenständige Volk. Volkstheoretische Grundlagen der Ethnopolitik und Geisteswissenschaften, Göttingen 1932.

— Volksdeutsche Forderungen zur Hochschulerneuerung, Stuttgart 1933.

— Volkstheorie als politische Wissenschaft, Jena 1934.

— Was ist Volkslehre, Stuttgart 1934.

— Volkstheorie und Volkstumspolitik der Gegenwart; Wissenschaftliche Forschungsberichte zum Aufbau des neuen Reiches, H. 4, Berlin 1935.

Boehm, Max Hildebert: Volkskunde, Berlin 1937.
— Deutschösterreichs Wanderschaft und Heimkehr, Essen 1939.
— Gruppenbildung und Organisationswesen; in: Die Vertriebenen in Westdeutschland, Hrsg. Eugen Lemberg und Friedrich Edding in Verbindung mit M. H. Boehm und anderen, Kiel 1959, Bd. 1, S. 521 ff.
— Ursprung und nationale Funktion des Deutschlandliedes; in: Westöstliche Perspektiven. Festschrift für Erik v. Siever, Stuttgart 1966, S. 9 ff.

Boesch, Ernst, Psychologische Überlegungen zum Rassenvorurteil; in: Vorurteile; Politische Psychologie, Bd. 3, Frankfurt/Main 1964, S. 13 ff.

Boettcher, Alfred, Der Sieg des völkischen Gedankens, eine naturgesetzliche Entwicklung; Der völkische Sprechabend, 3. Jg., H. 34, Leipzig 1926.

Bolle, Fritz, Darwinismus und Zeitgeist; in: Zeitschrift im Wandel. Das Wilhelminische Zeitalter; Hrsg. Hans Joachim Schoeps, Stuttgart 1967, S. 235 ff.

Bracher, Karl Dietrich, Wolfgang *Sauer,* Gerhard *Schulz,* Die nationalsozialistische Machtergreifung, 2. Aufl., Köln-Opladen 1962.

Brachfeld, Oliver, Minderwertigkeitsgefühle beim Einzelnen und in der Gesellschaft, Stuttgart 1953.

Brady, Robert A., Der Schatten des Faschismus über der Welt; in: Theorien über den Faschismus, Hrsg. Ernst Nolte, Köln-Berlin 1967, S. 277 ff.

Brecht, Arnold, Vorspiel zum Schweigen, Wien 1948.

Brinkmann, Carl, Soziologische Theorie der Revolution, Göttingen 1948.

Bronder, Dietrich, Bevor Hitler kam, Hannover 1964.

Broszat, Martin, Die völkische Ideologie und der Nationalsozialismus; in: Deutsche Rundschau, Januar 1958, S. 53 ff.
— Der Nationalsozialismus. Weltanschauung und Wirklichkeit, Hannover 1960.

Buchheim, Karl, Die Weimarer Republik, München 1960.

Bücher, Karl, Die Entstehung der Volkswirtschaft, Tübingen 1893.

Bullock, Allan, Hitler. Eine Studie über Tyrannei, deutsch: Düsseldorf 1961.

Burkhardt, Hans, Der rassenhygienische Gedanke und seine Grundlagen, München 1930.

Bußmann, Walter, Politische Ideologien zwischen Monarchie und Weimarer Republik. Ein Beitrag zur Ideengeschichte der Weimarer Republik; in: Historische Zeitschrift, Hrsg. Theodor Schieder und Walter Kienast, Bd. 190, München 1960, S. 55 ff.

Butler, Rohan, The Roots of National Socialism 1783—1933, London 1941.

Carsten, Francis L., Reichswehr und Politik 1918—1933, 2. Aufl., Köln-Berlin 1965.

Chamberlain, Houston Steward, Dilettantismus, Rasse, Monotheismus, Rom-München 1903.
— Die Grundlagen des 19. Jahrhunderts, 5. Aufl., München 1904.
— Arische Weltanschauung, 3. Aufl., München 1916.

Chamberlain, Houston Steward: Politische Ideale, München 1916.
— Deutsches Wesen, München 1916.
— Rasse und Persönlichkeit, München 1925.

Claß, Heinrich, Wenn ich der Kaiser wär, Leipzig 1912.

Claessens, Dieter Über gesellschaftlichen Druck, Angst und Furcht; in: Wiesbrock, Heinz, Hrsg., Die politische und gesellschaftliche Rolle der Angst, Frankfurt/Main 1967, S. 135 ff.

Comas, Juan, Rasse als Mythos; Schriftenreihe der Unesco; Die moderne Wissenschaft zur Rassenfrage, Nr. 4, Berlin 1953.

Conrad-Martius, Hedwig, Utopien der Menschenzüchtung. Der Sozialdarwinismus und seine Folgen, München 1955.

Conze, Werner, Die deutsche Nation. Ergebnis der Geschichte, 2. Aufl., Göttingen 1965.

Dahm, Karl Wilhelm, Pfarrer und Politik. Soziale Position und politische Mentalität des deutschen evangelischen Pfarrerstandes zwischen 1918 und 1933; Dortmunder Schriften zur Sozialforschung, Bd. 29, Köln-Opladen 1965.

Daim, Wilfried, Der Mann, der Hitler die Ideen gab. Von den religiösen Verirrungen eines Sektierers zum Rassenwahn des Diktators, München 1958.

Darré, Walter, Neuadel aus Blut und Boden, München 1930.
— Das Bauerntum als Lebensquell der nordischen Rasse, München 1933.

Das neue Deutschland und die Juden. Des Diskussionsbuches erster Teil, Leipzig 1933.

Davis, Earl E., Zum gegenwärtigen Stand der Vorurteilsforschung; in: Politische Psychologie, Bd. 3, Frankfurt/Main 1964, S. 51 ff.

Dehio, Ludwig, Deutschland und die Weltpolitik im 20. Jahrhundert, München 1955.

Deutsch, Karl W., Nationalism and Social Communication. An Inquiry into the Foundations of Nationality, London-New York 1953.

Deutschvölkischer Katechismus von einem deutschen Hochschullehrer, Heft 1—3, Leipzig 1929—1932.

Dinter, Arthur, Ursprung, Ziel und Weg der Deutschvölkischen Freiheitsbewegung. Das völkische Programm, Weimar 1924.
— Die Sünde wider das Blut, Leipzig 1918.

Dix, Arthur, Weltkrise und Kolonialpolitik. Die Zukunft zweier Erdteile, Berlin 1932.

Drexler, Anton, Mein politisches Erwachen. Aus dem Tagebuch eines deutschen sozialistischen Arbeiters, 3. Aufl., München 1923.

Dutt, Rajani Palme, Was ist Faschismus?; in: Theorien über den Faschismus, Hrsg. Ernst Nolte, Köln-Berlin 1967, S. 297 ff.

Eckart, Dietrich, Der Bolschewismus von Moses bis Lenin. Zwiegespräch zwischen Adolf Hitler und mir, München 1924.

Eschenburg, Theodor, Die improvisierte Demokratie der Weimarer Republik, Laupheim 1954.

Esser, Hermann, Die jüdische Weltpest. Judendämmerung auf dem Erdball, 2. Aufl., München 1939 (erstmalig 1927).

Eucken, Rudolf, Deutsche Freiheit. Ein Weckruf, Leipzig 1919.

Eyck, Erich, Geschichte der Weimarer Republik, 2 Bde, Erlenbach-Zürich und Stuttgart 1954—56.

Faul, Erwin, Der moderne Machiavelismus; Politische Forschungen, Bd. 1, Köln-Berlin 1961.

Faure, Éli, Trois Gouttes de Sang, Paris 1929.

Feder, Gottfried, Das Programm der N.S.D.A.P. und seine weltanschaulichen Grundlagen; Nationalsozialistische Bibliothek, H. 4, 25.—40. Aufl., München 1930 (erstmalig 1927).

Fern, Anathasius, Jüdische Moral und Blut-Mysterium, Leipzig 1929.

Fetscher, R., Abriß der Erbbiologie und Eugenik, Berlin 1927.

Fischer, Eugen, Der völkische Staat — biologisch gesehen, Berlin 1933.

Ford, Henry, Der internationale Jude, deutsch: Leipzig 1923.

Forschbach, Edmund, Edgar Jung und der Widerstand gegen Hitler; in: Civis, Nov. 1959, S. 82 ff.

Freund, Michael, Konservatives Harakiri; in: Die Gegenwart, Nr. 147, 7. Jg., 1952, S. 41 ff.

Freyer, Hans, Revolution von rechts, Jena 1931.

— Der politische Begriff des Volkes; Kieler Vorträge über Volkstum- und Grenzlandfragen und den nordisch-baltischen Raum, Nr. 4, Hrsg. Carl Petersen, Neumünster 1933.

Friedrich, Carl Joachim, Der Verfassungsstaat der Neuzeit, deutsch: Berlin-Göttingen-Heidelberg 1953.

Friedrich-Wegener, Dagmar, Die Formierte Gesellschaft. Darstellung und Kritik. Unveröffentlichte Diplom-Arbeit, Seminar Wissenschaft von der Politik, Universität Göttingen.

Fritsch, Theodor, Hrsg. Die Protokolle Zions. Das Programm der internationalen Geheimregierung, 16. Aufl., Leipzig 1935.

Frobenius, Leo, Vom Kulturreich des Festlandes. Dokumente zur Kulturphysiognomik, Berlin 1923.

— Kulturgeschichte Afrikas, 1933.

Fromm, Erich, Die Furcht vor der Freiheit, Zürich 1945.

Gablentz, Otto-Heinrich von der, Erneuerung konservativen Denkens?; in: Politische Literatur, 11. Jg. 1953, Frankfurt/Main-Offenbach, S. 157 ff.

Geiger, Theodor, Die soziale Schichtung des deutschen Volkes, Stuttgart 1932.

Gerstenhauer, Max Robert, Der völkische Gedanke in Vergangenheit und Zukunft. Aus der Geschichte der völkischen Bewegung, Leipzig 1933.

Ginsberg, Morris, Zur Psychologie und Soziologie des Vorurteils; in: Über Vorurteile; Schriftenreihe der Bundeszentrale für politische Bildung, Bonn 1963, S. 11 ff.

Gobineau, Arthur Graf, Versuch über die Ungleichheit der Menschenrassen; deutsche Ausgabe von Ludwig Schemann, 4 Bde, 5. Aufl., Stuttgart 1939 (deutsche Ausgabe erstmalig 1900).

Grebing, Helga, Der Nationalsozialismus. Ursprung und Wesen, 16. Aufl., München 1965.

Greiffenhagen, Martin, Das Dilemma des Konservativismus; in: Gesellschaft in Geschichte und Gegenwart. Festschrift für Friedrich Lenz, Sozialwissenschaftliche Abhandlungen, H. 9, Berlin 1961, S. 13 ff.

Grimm, Hans, Volk ohne Raum, München 1926.

Grotjahn, Alfred, Soziale Pathologie, Berlin 1923.

— Die Hygiene der menschlichen Fortpflanzung. Versuch einer praktischen Eugenik, Berlin-Wien 1926.

Günther, Hans F. K., Ritter, Tod und Teufel. Der heldische Gedanke, 3. Aufl., München 1928 (erstmalig um 1919).

— Der Nordische Gedanke unter den Deutschen, München 1925.

— Kleine Rassenkunde Europas, München 1925.

— Kleine Rassenkunde des deutschen Volkes, 2. Aufl., München 1933 (erstmalig 1928).

— Rassenkunde des jüdischen Volkes, 2. Aufl., München 1930.

Guérin, Daniel, Faschismus und Kapitalismus; in: Theorien über den Faschismus, Hrsg. Ernst Nolte, Köln-Berlin 1967, S. 265 ff.

Gurian, Waldemar (veröffentl. unter Pseudonym Walter Gerhart), Um des Reiches Zukunft. Nationale Widergeburt oder politische Reaktion, Freiburg i. Br. o. J. (um 1932).

Hamel, Iris, Völkischer Verband und nationale Gewerkschaft. Der deutschnationale Handlungsgehilfenverband 1893—1933; Veröffentlichungen der Forschungsstelle für die Geschichte des Nationalsozialismus in Hamburg, Bd. VI, Frankfurt/Main 1967.

Harter, Herwig, Erotik und Rasse, München 1926.

Hauser, Otto, Der blonde Mensch, Weimar 1921.

— Rasse und Rassefragen in Deutschland, 4.—5. Aufl., Weimar 1921.

Haushofer, Karl, Geopolitik der Pan-Ideen; Weltpolitische Bücherei, Bd. 21, Berlin 1931.

— Geopolitik des pazifischen Ozeans, 1924.

— Wehr-Geopolitik. Geographische Grundlagen einer Wehrkunde, Berlin 1932.

— Weltpolitik von heute, Berlin 1934.

Hayek, F. A., Der Weg zur Knechtschaft, Hrsg. Wilhelm Röpke, Zürich 1949.

Heberle, Rudolf, Hauptprobleme der politischen Soziologie, deutsch: Stuttgart 1967.

Heiber, Helmut, Die Republik von Weimar; dtv-Weltgeschichte des 20. Jahrhunderts, Bd. 3, München 1966.

Heintz, Peter, Zur Problematik der ‚Autoritären Persönlichkeit'; in: Kölner Zeitschrift für Soziologie und Sozialpsychologie, 9. Jg. 1957, S. 28 ff.

Heller, Hermann, Die politischen Ideenkreise der Gegenwart, Breslau 1926.
Hellpach, Willy, Der deutsche Charakter, Bonn 1954.
Hennig, Richard, Geopolitik. Die Lehre vom Staat als Lebewesen, Leipzig-Berlin 1928.
Hertwig, Oscar, Zur Abwehr des ethischen, des sozialen, des politischen Darwinismus, 2. Aufl., Jena 1921.
Hielscher, Friedrich, Das Reich, Berlin 1931.
Hilferding, Rudolf, Das Finanzkapital. Eine Studie über die jüngste Entwicklung des Kapitalismus, Berlin 1947 (1. Aufl., 1910).
Hitler, Adolf, Mein Kampf, Bd. 1: Eine Abrechnung, München 1925, Bd. 2: Die nationalsozialistische Bewegung, München 1927.
Hitlers zweites Buch. Ein Dokument aus dem Jahr 1928, Hrsg. Gerhard L. Weinberg, Stuttgart 1961.
Hirsch, E., Deutschlands Schicksal, Göttingen 1922.
Hochheimer, Wolfgang, Zur Psychologie von Antisemitismus und Möglichkeiten seiner Prophylaxe; in: Antisemitismus. Zur Pathologie der bürgerlichen Gesellschaft, Hrsg. Hermann Huss und Andreas Schroeder, Frankfurt/Main 1965, S. 77 ff.
Hock, Wolfgang, Deutscher Antikapitalismus. Der ideologische Kampf gegen die freie Wirtschaft im Zeichen der großen Krise, Frankfurt/Main 1960.
Hofmann, Werner, Gesellschaftslehre als Ordnungsmacht; Erfahrung und Denken, Bd. 8, Berlin 1961.
— Wissenschaft und Ideologie; in: Universität, Ideologie, Gesellschaft, Beiträge zur Wissenschaftssoziologie, Frankfurt/Main 1968.
Holborn, Hajo, Ursprünge und Charakter der NS-Ideologie; in: Beilage zur Wochenzeitung das Parlament, B 11/64, S. 16 ff.
Holfeld, Johannes, Hrsg., Dokumente der Deutschen Politik und Geschichte von 1848 bis zur Gegenwart, Bd. IV, Berlin-München o. J.
Hoegner, Wilhelm, Die verratene Republik, München 1958.
Horkheimer, Max, Persönlichkeit und Vorurteil; in: Über Vorurteile; Schriften der Bundeszentrale für politische Bildung, Bonn 1963.
Huss, Hermann und Andreas *Schröder,* Hrsg., Zur Pathologie der bürgerlichen Gesellschaft, Frankfurt/Main 1965.
Hornung, Klaus, Der jungdeutsche Orden, Düsseldorf 1958.
Jasper, Gotthard, Hrsg. Von Weimar zu Hitler 1930—1933, Köln-Berlin 1968.
Jahoda, Marie und Neil *Warren,* Hrsg., Attitudes; Penguin Modern Psychology, UPS 3, London 1966.
Isaak, Jules, Genèse de l'Antisemitisme, Paris 1956.
Jonas, Erasmus, Die Volkskonservativen 1928—1933, Entwicklung, Struktur, Standort und staatspolitische Zielsetzung, Hrsg. Kommission für Geschichte des Parlamentarismus und der politischen Parteien, Düsseldorf 1965.
Jünger, Ernst, Hrsg. Krieg und Krieger, Berlin 1930.

Jünger, Ernst: Der Arbeiter, Hamburg 1932.

Jünger, Georg Friedrich, Aufmarsch des Nationalismus, Berlin o. J. (um 1928).

Jung, Edgar J., Die Herrschaft der Minderwertigen, ihr Zerfall und ihre Ablösung durch ein neues Reich, 2. Aufl., Berlin 1930 (erstmalig 1928).

— Sinndeutung der deutschen Revolution, Oldenburg i. O., 1933.

— Hrsg., Deutsche über Deutschland. Die Stimme des unbekannten Politikers, München 1932.

Keßler, Heinrich, Wilhelm Stapel als politischer Publizist. Ein Beitrag zur Geschichte des konservativen Nationalismus zwischen den beiden Weltkriegen, Nürnberg 1967.

Kirchheimer, Otto, Weimar — und was dann? Analyse einer Verfassung; in: Politik und Verfassung, Frankfurt/Main 1964, S. 9 ff.

Kjellén, Rudolf, Die Ideen von 1914. Eine weltgeschichtliche Perspektive; Zwischen Krieg und Frieden Nr. 29, Leipzig 1915.

— Die Großmächte der Gegenwart, Leipzig 1915.

— Die Großmächte und die Weltkrise, Leipzig-Berlin 1921.

Klärung, Politiker über die Judenfrage, Berlin 1932.

Klein, Kurt, Erik *v. Sievers*, Wilhelm *Wiesäcker*, Hrsg., Festgabe für Max Hildebert Boehm, Ostdeutsche Wissenschaft; Jahrbuch des Ostdeutschen Kulturrates, Bd. VIII, München 1961.

Klemperer, Klemens von, Konservative Bewegungen zwischen Kaiserreich und Nationalsozialismus, deutsch: München-Wien 1967.

Klineberg, Otto, Social Psychology, 2. Aufl., New York 1954.

Kohn, Hans, Wege und Irrwege. Vom Geist des deutschen Bürgertums, Düsseldorf 1962.

Kofler, Leo, Staat, Gesellschaft und Elite zwischen Humanismus und Nihilismus, Ulm 1960.

Knoll, Joachim H., Konservatives Krisenbewußtsein am Ende der Weimarer Republik. Edgar Julius Jung — ein geistesgeschichtliches Porträt; in: Deutsche Rundschau, 87. Jg. 1961, S. 930 ff.

Kraus, Hans-Joachim, Die evangelische Kirche; in: Entscheidungsjahr 1932, Hrsg. Werner E. Mosse, Tübingen 1965, S. 249 ff.

Krech, David und Richard S. *Crutchfield*, Theory and Problems of Social Psychology. New York-Toronto-London 1948.

Kriek, Ernst, Volk im Werden, Oldenburg i. O. 1932.

Krockow, Christian Graf von, Die Entscheidung. Eine Untersuchung über Ernst Jünger, Carl Schmitt, Martin Heidegger, Stuttgart 1958.

Kühnl, Reinhard, Die nationalsozialistische Linke 1925—1930; Marburger Abhandlungen zur Politischen Wissenschaft, Hrsg. Wolfgang Abendroth, Bd. 6, Meisenheim am Glan 1966.

Kuhn, Helmut, Das geistige Gesicht der Weimarer Zeit; in: Zeitschrift für Politik, 8. Jg. NF. H. 1 1961, S. 1 ff.

Kupisch, Karl, Hrsg., Quellen zur Geschichte des deutschen Protestantismus 1871—1945, München-Hamburg 1965.

Kurucz, Jenö, Struktur und Funktion der Intelligenz während der Weimarer Republik; Sozialforschung und Sozialordnung, Hrsg. Otto Neuloh, Bd. 3, Köln 1967.

Kynast, Karl, Apollon und Dionysos. Nordisches und Unnordisches innerhalb der Religion der Griechen. Eine rassenkundliche Untersuchung, München 1927.

Lagarde, Paul de, Deutsche Schriften, Göttingen 1886.

— Ausgewählte Schriften, Hrsg. Paul Fischer, München 1924.

Laqueur, Walter Z., Die deutsche Jugendbewegung. Eine historische Studie, deutsch: Köln 1962.

— und George L. *Mosse*, Hrsg., Internationaler Faschismus 1920—1945, Journal of Contemporary History, deutsch: München 1966.

Lapouge, G. Vacher de, Der Arier und seine Bedeutung für die Gemeinschaft, deutsch: Frankfurt 1939.

Lederer, Emil und Jakob *Marschak*, Der neue Mittelstand; in: Grundriß der Sozialökonomik, Bd. IX, 1, Tübingen 1926.

Leiris, Michel, Rasse und Kultur; Die moderne Wissenschaft zur Rassenfrage, Schriftenreihe der Unesco, Nr. 5, Berlin 1953.

Lenz, Fritz, Menschliche Auslese und Rassenhygiene, 3. Aufl., München 1931 (erstmalig 1920).

— Die Rasse als Wertprinzip, München 1933 (unveränderter Sonderabdruck aus „Deutschlands Erneuerung", H. 1 1917).

Lessing, Theodor, Europa und Asien. Untergang der Erde am Geist, 5. Aufl., o. O. 1930 (erstmalig 1914).

Lipset, Seymour Martin, Der ‚Faschismus', die Linke, die Rechte und die Mitte; in: Theorien über den Faschismus, Hrsg. Ernst Nolte, Köln-Berlin 1967, S. 449 ff.

— Political Man, London 1960.

Loesch, Karl C. von, Hrsg. (für den deutschen Schutzbund), Staat und Volkstum; Bücher des Deutschtums, 2. Bd., Berlin 1926.

Loewenstein, Rudolph M., Psychoanalyse des Antisemitismus, deutsch: Frankfurt/Main 1968.

Lowenthal, E. G., Die Juden im öffentlichen Leben; in: Entscheidungsjahr 1932, Hrsg. Werner E. Mosse, Tübingen 1965, S. 51 ff.

Lübbe, Hermann, Politische Philosophie in Deutschland, Basel-Stuttgart 1963.

Ludendorff, Erich und Mathilde, Die Judenmacht, ihr Wesen und Ende, Hrsg. Mathilde Ludendorf, München 1939.

Ludz, Peter Christian, Parteielite im Wandel, Köln-Opladen 1968.

Mann, Golo, Deutsche Geschichte 1919—1945, Frankfurt/Main 1958.

Mannheim, Karl, Ideologie und Utopie, 3. Aufl., Frankfurt/Main 1952.

— Das konservative Denken; in: Wissenssoziologie, Hrsg. Kurt Wolff, Berlin-Neuwied 1964.

Marbach, Fritz, Theorie des Mittelstandes, Bern 1942.

Marcuse, Herbert, Der Kampf gegen den Liberalismus in der totalen Staatsauffassung; in: Kultur und Gesellschaft I, Frankfurt/Main 1965.

Mariaux, Franz, Nationale Außenpolitik, Oldenburg i. O. 1932.

Maser, Werner, Hitlers mein Kampf, München-Esslingen 1966.

Massing, Paul W., Vorgeschichte des politischen Antisemitismus, deutsch: Frankfurter Beiträge zur Soziologie, Bd. 8, Frankfurt/Main 1959.

Maull, Otto, Politische Geographie und Geopolitik; in: Geographischer Anzeiger, Hrsg. Hermann Haack, Gotha, 27. Jg. 1926, S. 245 ff.

— Politische Geographie, Berlin 1956.

Meinecke, Friedrich, Die deutsche Katastrophe, 4. Aufl., Wiesbaden 1949.

Merkatz, Hans-Joachim von, Die konservative Funktion. Ein Beitrag zur Geschichte des politischen Denkens; Konservative Schriftenreihe Bd. 1, München 1957.

Meyer, Hermann, Der deutsche Mensch, Bd. 1: Völkische Weltanschauung, München 1925.

Milatz, Alfred, Wähler und Wahlen in der Weimarer Republik; Schriftenreihe der Bundeszentrale für politische Bildung, Heft 66, Bonn 1965.

Mitscherlich, Alexander, Auf dem Weg zur vaterlosen Gesellschaft. Ideen zur Sozialpsychologie, München 1963.

— und Margarete, Die Unfähigkeit zu trauern. Grundlagen eines kollektiven Verhaltens, München 1967.

Moellendorff, Wichard von, Deutsche Gemeinwirtschaft, Berlin 1916.

Moeller van den Bruck, Arthur, Das Recht der jungen Völker, München 1919.

— Das dritte Reich, 2. Aufl., Berlin 1926.

— Der preußische Stil, München 1916.

— Erziehung zur Nation; Flugschriften des vaterländischen Schriftenverbandes, Nr. 13, Berlin 1911.

— Sozialismus und Außenpolitik, Hrsg. Hans Schwarz, Breslau 1933.

— Der politische Mensch, Hrsg. Hans Schwarz, Breslau 1933.

Mohler, Armin, Die konservative Revolution in Deutschland 1918—1932. Grundriß ihrer Weltanschauungen, Stuttgart 1950.

— Konservative Literatur und Literatur über den Konservativismus; in: Neue politische Literatur, 5. Jg. 1960, S. 1038 ff.

Morsch, Wolf-Dieter und Karl *Thieme*, Hrsg., Christen und Juden. Ihr Gegenüber vom Apostel-Konzil bis heute; Main-Göttingen 1961.

Morsey, Rudolf, Die deutsche Zentrumspartei 1917—1923. Beiträge zur Geschichte des Parlamentarismus und der politischen Parteien, Bd. 32, Düsseldorf 1966.

Mosse, George L., Die deutsche Rechte und die Juden; in: Entscheidungsjahr 1932, Hrsg. Werner E. Mosse, Tübingen 1965, S. 183 ff.

Mosse, Werner E., Hrsg., Entscheidungsjahr 1932, Tübingen 1965.

Mühlenfeld, Hans, Politik ohne Wunschbilder. Die konservative Aufgabe unserer Zeit, München 1952.

Nadolny, Rudolf, Germanisierung oder Slavisierung? Eine Entgegnung auf Masaryks Buch ‚Das neue Europa', Berlin 1928.

Nasarski, Peter, Hrsg., Deutsche Jugendbewegung in Europa. Eine Bilanz, Köln 1967.

Natorp, Paul, Krieg und Friede, München 1916.

— Deutscher Weltberuf. Geschichtsphilosophische Richtlinien, Jena 1918.

Neue Front, die, Hrsg. Moeller van den Bruck, Heinrich von Gleichen, Max Hildebert Boehm, Berlin 1922.

Neurohr, Jean F., Der Mythos vom Dritten Reich. Zur Geistesgeschichte des Nationalsozialismus, Stuttgart 1957.

Neumann, Franz, Behemoth. The Structure and Practise of National Socialism, London 1942.

Nolte, Ernst, Der Faschismus in seiner Epoche, München 1963.

— Konservatismus und Nationalsozialismus; in: Zeitschrift für Politik, Köln N. F. 11. Jg. 1964, S. 5 ff.

— Die Krise des liberalen Systems und die faschistischen Bewegungen, München 1968.

Nüse, Karl, Der völkische Neuaufbau Deutschlands. Die Wiederaufrichtung des deutschen Volksgebäudes unter germanischem Rechte, Leipzig 1924.

— Deutschlands Umgestaltung durch lebensgesetzlichen Aufbau auf der Grundlage germanischen Rechtes; Der völkische Sprechabend, 3. Jg. H. 42, Leipzig 1927.

Paetel, Karl Otto, Jugend in der Entscheidung 1913—1933—1945, Bad Godesberg 1963.

— Versuchung oder Chance? Zur Geschichte des deutschen Nationalbolschewismus, Göttingen 1965.

— Ernst Jünger. Weg und Wirkung, Stuttgart 1947.

— Jugendbewegung und Politik, Bad Godesberg 1961.

Parsons, Talcott, Demokratie und Sozialstruktur in Deutschland vor der Zeit des Nationalsozialismus; in: Beiträge zur soziologischen Theorie, deutsch: Neuwied am Rhein-Berlin 1964.

Passarge, Siegfried, Vergleichende Landschaftskunde, Berlin 1921.

— Das Judentum als landschaftskundlich-ethnologisches Problem, München 1925.

Pechel, Rudolf, Deutscher Widerstand, Zürich 1947.

Peters, Wilhelm, Die Vererbung geistiger Eigenschaften und die psychische Konstitution, Jena 1925.

Piper, Hartmut, Die Gesetze der Weltgeschichte. Der religiöse und philosophische Lebenslauf der Völker, Leipzig 1928.

Plenge, Johann, 1789 und 1914. Die symbolischen Jahre in der Geschichte des politischen Geistes, Berlin 1916.

— Der Krieg und die Volkswirtschaft, Münster 1915.

— Die Revolutionierung der Revolutionäre, Leipzig 1918.

Plessner, Helmuth, Die verspätete Nation, 4. Aufl., Stuttgart 1962.

Plessner, Helmuth: Die Emanzipation der Macht; in: Merkur, 1962, S. 907 ff.

Ploetz, Alfred, Rassentüchtigkeit und Sozialismus; in: Neue Deutsche Rundschau, 1894.

— Die Tüchtigkeit unserer Rasse und der Schutz der Schwachen, Berlin 1895.

Pollock, Friedrich, Bemerkungen zur Wirtschaftskrise; in: Zeitschrift für Sozialforschung, 11. Jg., Paris 1933, S. 321 ff.

Pounds, Norman J. G., Historische und politische Geographie von Europa, deutsch: Braunschweig-Berlin-Hamburg-Kiel 1950.

Pribram, Karl, Deutscher Nationalismus und deutscher Sozialismus; in: Archiv für Sozialwissenschaft und Sozialpolitik, Hrsg. Emil Lederer, Bd. 49, Tübingen 1922, S. 298 ff.

Puhle, Hans-Jürgen, Agrarische Interessenpolitik und preußischer Konservatismus 1893—1914. Ein Beitrag zur Analyse des Nationalismus in Deutschland am Beispiel des Bundes der Landwirte und der Deutsch-Konservativen Partei, Hrsg. Forschungsinstitut der Friedrich-Ebert-Stiftung, Hannover 1966.

Pulzer, Peter G. J., Die Entstehung des politischen Antisemitismus in Deutschland und Österreich 1867 bis 1914, deutsch: Gütersloh 1966.

Quabbe, Georg, Tar a Ri. Variationen über ein konservatives Thema, Berlin 1927.

Ratzel, Friedrich, Politische Geographie, 3. Aufl., München-Berlin 1923 (erstmalig 1797).

Rauschning, Hermann, Die Revolution des Nihilismus. Kulisse und Wirklichkeit im Dritten Reich, Zürich-New York 1938.

— Die konservative Revolution. Versuch und Bruch mit Hitler, New York 1941.

Reich, Wilhelm, Massenpsychologie des Faschismus. Zur Sexualökonomie der politischen Reaktion und zur proletarischen Sexualpolitik, 2. Aufl., o. O. o. J.

Reichmann, Eva G., Flucht in den Haß. Die Ursachen der deutschen Judenkatastrophe, Frankfurt/Main o. J.

— Diskussionen über die Judenfrage 1930—1932; in: Entscheidungsjahr 1932, Hrsg. Werner E. Mosse, Tübingen 1965, S. 503 ff.

Roghmann, Klaus, Dogmatismus und Autoritarismus; Kölner Beiträge zur Sozialforschung und angewandten Soziologie, Bd. I, Meisenheim am Glan 1966.

Rohling, August, Der Talmud-Jude, 5. Aufl., Burg b. M. 1926 (erstmalig 1872).

Roloff, Ernst-August, Braunschweig und der Staat von Weimar. Politik, Wirtschaft und Gesellschaft 1918—1933, Braunschweig 1964.

Rose, Arnold, Rassen und Vorurteile; Die moderne Wissenschaft zur Rassenfrage Nr. 3, Schriftenreihe der Unesco, Berlin 1953.

Rosenberg, Alfred, Der Mythos des 20. Jahrhunderts. Eine Wertung der seelisch-geistigen Gestaltkämpfe unserer Zeit, 95.—98. Aufl., München 1936.

Rosenberg, Arthur, Geschichte der Weimarer Republik, Frankfurt/Main 1955.

Rosenstock, Eugen, Die europäischen Revolutionen. Volkscharakter und Staatenbildung, Jena 1931.

Roth, Alfred, Geheime Fäden im Weltkriege; Hammerschläge H. 1, Stuttgart o. J.

— Der Judenpranger. Ein Spiegelbild der jüdischen Seele, Hamburg 1922.

Ruppin, Arthur, The Jews in the Modern World, London 1934.

Saller, Karl, Die Rassenlehre des Nationalsozialismus in Wissenschaft und Propaganda, Darmstadt 1961.

Salomon, Ernst von, Der Kampf des Landvolks, Itzehoe o. J.

Schallmayer, Wilhelm, Vererbung und Auslese. Grundriß der Gesellschaftsbiologie und der Lehre vom Rassedienst, 3. Aufl., Jena 1918.

Schapke, Richard, Die schwarze Front, Leipzig 1932.

Schelsky, Helmut, Auf der Suche nach Wirklichkeit, Düsseldorf-Köln 1965.

Scheidt, Walter, Allgemeine Rassenkunde, München 1925.

— Kulturbiologie, Jena 1930.

Schemann, Ludwig, Die Rasse in den Geisteswissenschaften. Studien zur Geschichte des Rassengedankens, 3 Bde, München 1928 ff.

Scheuch, Erwin K., Theorie des Rechtsradikalismus in westlichen Industriegesellschaften; in: Hamburger Jahrbuch für Wirtschafts- und Gesellschaftspolitik, Hrsg. Heinz-Dietrich Ortlieb und Bruno Molitor, 12. Jahr, Tübingen 1967, S. 11 ff.

Schljederup-Ebbe, Thorleif, Die Despotie im sozialen Leben der Vögel; in: Forschungen zur Völkerpsychologie und Soziologie, Bd. X, 2. Halbbd., Leipzig 1931.

Schlüter, Otto, Über ein neues System der politischen Geographie; in: Geographischer Anzeiger, Hrsg. Hermann Haack, 27. Jg. Gotha 1926, S. 62 ff.

Schmokel, Wolfe W., Der Traum vom Reich. Der deutsche Nationalismus zwischen 1919 und 1945, deutsch: Gütersloh 1967.

Schmidt, Wilhelm, Rasse und Volk, 2. Aufl., Salzburg-Leipzig 1935.

Schmitt, Carl, Politische Romantik, 2. Aufl., München-Leipzig 1925.

Schnee, Heinrich, Weltpolitik vor, in und nach dem Kriege, Leipzig 1923.

Schönbaum, David, Die braune Revolution, Köln 1968.

Schoeps, Hans-Joachim, „Konservativ"; in: Evangelisches Soziallexikon, Hrsg. Friedrich Karrenberg, 4. Aufl., Stuttgart 1963.

Schotte, Walther, Der neue Staat, Berlin 1932.

Schüddekopf, Otto-Ernst, Linke Leute von rechts. Die nationalrevolutionären Minderheiten und der Kommunismus in der Weimarer Republik, Stuttgart 1960.

Schultze-Naumburg, Paul, Kunst und Rasse, München 1928.

— Kulturarbeiten, Bd. 1: Die Gestaltung der Landschaft durch den Menschen, 2. Aufl., München 1922.

Schultzendorff, Walther von, Proletarier und Prätorianer. Bürgerkriegssituationen aus der Frühzeit der Weimarer Republik, Köln 1966.

Schwierskott, Hans-Joachim, Arthur Moeller van den Bruck und der revolutionäre Nationalismus in der Weimarer Republik; Veröffentlichungen der Gesellschaft für Geistesgeschichte, Hrsg. Hans-Joachim Schoeps, Bd. 1, Göttingen 1962.

Seidel, Bruno, Industrialismus und Kapitalismus. Sozialethische und institutionelle Wandlungen einer Wirtschaftsform; Schriften zur wirtschaftswissenschaftlichen Forschung, Bd. 3, Meisenheim am Glan 1955.

— Das Zeitalter der Revolutionen; in: Aspekte sozialer Wirklichkeit, Berlin 1958.

— und Siegfried *Jenkner*, Hrsg., Wege der Totalitarismusforschung, Darmstadt 1968.

Seidelmann, Karl, Bund und Gruppe als Lebensformen deutscher Jugend, München 1955.

Seillière, Ernest, Morales et Religions Nouvelles en Allemagne, Paris 1927.

Shanahan, William O., The Social Outlook of Prussian Conservatism; in: The Review of Politics, Hrsg. Waldemar Gurian, Vol. XV. Notre Dame, Indiana 1953, S. 209 ff.

Shirer, William L., The Rise and Fall of the Third Reich. A History of Nazi-Germany, London 1961 (erstmalig 1959).

Sidmann, Charles F., Die Auflagen-Kurve des Völkischen Beobachters und die Entwicklung des Nationalsozialismus Dez. 1920—Nov. 1923; in: Vierteljahrshefte für Zeitgeschichte, 13. Jg., H. 1, S. 112 ff.

Silberner, Edmund, Sozialisten zur Judenfrage. Ein Beitrag zur Geschichte des Sozialismus von Anfang des 19. Jahrhunderts bis 1914, deutsch: Berlin 1962.

Simmel, Ernst, Hrsg., Anti-Semitism, a Social Disease, New York 1946.

Simmel, Georg, Der Krieg und die geistigen Entscheidungen. Reden und Aufsätze, München-Leipzig 1917.

Sombart, Werner, Die Juden und das Wirtschaftsleben, Leipzig 1911.

— Händler und Helden. Patriotische Besinnungen, München-Leipzig 1915.

— Deutscher Sozialismus, Berlin 1934.

Sontheimer, Kurt, Antidemokratisches Denken in der Weimarer Republik. Die politischen Ideen des deutschen Nationalismus zwischen 1918 und 1933, 2. Aufl. München 1964.

— Der Tatkreis; in: Vierteljahrshefte für Zeitgeschichte, 7. Jg. Stuttgart 1959, S. 229 ff.

Spann, Otto, Der wahre Staat, Leipzig 1923.

Spengler, Oswald, Der Untergang des Abendlandes, Umrisse einer Morphologie der Weltgeschichte, 1. Bd. Wien-Leipzig 1918, 2. Bd. München 1922.

— Der Mensch und die Technik. Beitrag zu einer Philosophie des Lebens, München 1933.

Supan, Alexander, Leitlinien der allgemeinen politischen Geographie. Naturlehre des Staates, 2. Aufl. Berlin-Leipzig 1922 (erstmalig 1918).

Stapel, Wilhelm, Volksbürgerliche Erziehung, 2. Aufl., Hamburg 1924.

Stapel, Wilhelm: Antisemitismus und Antigermanismus. Über das seelische Problem der Symbiose des deutschen und des jüdischen Volkes, Hamburg-Berlin-Leipzig 1928.
— Die Fiktionen der Weimarer Verfassung. Versuch einer Unterscheidung der formalen und der funktionalen Demokratie, Hamburg-Berlin-Leipzig 1928.
— Literatenwäsche, Berlin 1930.
— Sechs Kapitel über Christentum und Nationalsozialismus, 7. Aufl., Hamburg 1933 (erstmalig 1931).
— Der christliche Staatsmann. Eine Theologie des Nationalismus, Hamburg 1932.
— Die Kirche Christi und der Staat Hitlers, Hamburg 1933.
— Preußen muß sein. Eine Rede für Preußen, 2. Aufl., Hamburg 1933.
— Volkskirche oder Sekte?, Hamburg 1934.
— Was verstand Martin Luther unter Kirche? Kirche in Bewegung und Entscheidung, H. 28, Bonn 1936.
— Die literarische Vorherrschaft der Juden in Deutschland 1918 bis 1933; Schriften des Reichsinstituts für Geschichte des neuen Deutschland, Hamburg 1937.
— Das Gesetz unseres Lebens, 2. Aufl., Hamburg 1941 (erstmalig 1939).
— Über das Christentum. An die Denkenden unter seinen Verächtern, Hamburg 1951.

Steding, Christoph, Das Reich und die Krankheit der europäischen Völker, Hamburg 1968.

Sterling, Eleonore, Er ist wie Du. Aus der Frühgeschichte des Antisemitismus in Deutschland (1815—1850), München 1956.

Stern, Fritz, Kulturpessimismus als politische Gefahr. Eine Analyse nationaler Ideologie in Deutschland, deutsch: Bern-Stuttgart 1963.

Stoddard, Theodore Lothrop, Der Kulturumsturz. Die Drohung des Untermenschen, deutsch: München 1925.

Stoltenberg, Gerhard, Politische Strömungen im schleswig-holsteinischen Landvolk 1918—1933. Ein Beitrag zur politischen Meinungsbildung in der Weimarer Republik, Hrsg. Kommission für Geschichte des Parlamentarismus und der politischen Parteien, Düsseldorf 1962.

Strasser, Gregor, Kampf um Deutschland, München 1932.

Strasser, Otto, Hitler und ich, Konstanz 1948.

Strotzka, Hans, Einführung in die Sozialpsychiatrie, Reinbeck 1965.

Stürmer, Michael, Koalition und Opposition in der Weimarer Republik, Hrsg. Kommission für Geschichte des Parlamentarismus und der politischen Parteien, Düsseldorf 1967.

Sulzbach, Walter, Imperialismus und Nationalbewußtsein, Frankfurt/Main 1959.

The Disease of Anti-Semitism, World Jewish Congress (British Section), London 1944.

Thieme, Karl u. a., Hrsg., Judenfeindschaft, Frankfurt/Main 1963.

Tille, Alexander, Volksdienst. Von einem Sozialaristokraten, 1893.
— Von Darwin bis Nietzsche, 1895.

Tillenius, Jonas, Rassenseele und Christentum. Ein Versuch, die Erkenntnisse der Rassenforschung im religiösen Dienst am Volk zu verwerten, München 1926.

Troeltsch, Ernst, Die Ideen von 1914; in: Deutscher Geist und Westeuropa, Gesammelte Kulturphilosophische Aufsätze und Reden, Hrsg. Hans Baron, Tübingen 1925.

Ullmann, Hermann, Durchbruch zur Nation, Geschichte des deutschen Volkes 1919—1933, Jena 1933.

Vierhaus, Rudolf, Auswirkungen der Krise um 1930 in Deutschland. Beiträge zu einer historisch-psychologischen Analyse; in: Die Staats- und Wirtschaftskrise des Deutschen Reiches, Hrsg. Werner Conze und Hans Raupach; Industrielle Welt Nr. 8, Stuttgart 1967, S. 155 ff.

Vietinghoff, gen. Scheel, Leopold Baron von, Grundzüge des völkischen Staatsgedankens, Hrsg. Alldeutscher Verband, 3. Aufl., Berlin o. J. (erstmalig um 1924).

Voegelin, Eric, Rasse und Staat, Tübingen 1930.

Vogel, Walter, Politische Geographie; Aus Natur und Geisteswelt, 634. Bd., Leipzig-Berlin 1922.

Vogt, Hannah, Der Arbeiter. Wesen und Probleme bei Friedrich Naumann, August Winnig, Ernst Jünger, Göttingen 1945.

Was wir vom Nationalsozialismus erwarten. Zwanzig Antworten, Hrsg. von Albrecht Erich Günther, Heilbronn 1932.

Wawrzinek, Kurt, Die Entstehung der deutschen Antisemitenparteien, Berlin 1927.

Weltsch, Robert, Entscheidungsjahr 1932; in: Entscheidungsjahr 1932, Hrsg. Werner E. Mosse, Tübingen 1965, S. 536 ff.

Wheeler-Bennet, John W., The Nemesis of Power. The German Army in Politics 1918—1945, London—New York 1953.

Wichtl, Friedrich, Weltfreimaurerei, Weltrevolution, Weltrepublik. Eine Untersuchung über Ursprung und Endziele des Weltkrieges, 8. Aufl., München 1921.

Wiesbrock, Heinz, Hrsg., Die politische und gesellschaftliche Rolle der Angst, Frankfurt/Main 1967.

Winzer, G. E., Die Judenfrage in England, Hamburg 1920.

Wirth, Hermann, Was heißt Deutsch? Ein urgeistesgeschichtlicher Rückblick zur Selbstbesinnung und Selbstbestimmung, Jena 1931.

Woltmann, Ludwig, Politische Anthropologie. Eine Untersuchung über den Einfluß der Deszendenztheorie auf die Lehre von der politischen Entwicklung der Völker, 1903.

Wulle, Reinhold, Die Sendung des Nordens. Der Sinn des deutschen Freiheitskampfes, Leipzig 1931.

Zmarlik, Hans-Günther, Der Sozialdarwinismus in Deutschland als geschichtliches Problem; in: Vierteljahrshefte für Zeitgeschichte, Stuttgart 11. Jg. H. 3 1963, S. 246 ff.

Zweig, Arnold, Bilanz der deutschen Judenheit, Amsterdam 1934.

Ferner wurden im Institut für Zeitgeschichte in München die folgenden Mikrofilme benutzt: Nr. MA 596, 545.

Folgende Zeitschriftenjahrgänge wurden ausgewertet:

Deutsche Rundschau, Hrsg. Rudolf Pechel, Jahrgänge 1929 bis einschließlich 1934.

Deutsches Volkstum. Eine Monatsschrift, Hrsg. Wilhelm Stapel, ab 1926 Mitherausgeber Albrecht Erich Günther, Hamburg, Jahrgänge 1919 bis einschließlich 1928.

Deutschlands Erneuerung, Monatsschrift für das deutsche Volk, Hrsg. Oberfinanzrat Dr. Bang, Prof. G. von Below, H. St. Chamberlain, H. Claß, Prof. K. Geyer-Wien, Hans F. K. Günther, Prof. Hartmann, Prof. E. Jung, General A. Krauß, Prof. Dietrich Schäfer, Prof. M. Wundt, München, Jahrgänge 1926 und 1927.

Das Gewissen, für den ‚Ring' herausgegeben von Eduard *Stadtler*, Jahrgänge 4—6 (1922—1924). Die ersten Jahrgänge des Gewissens sind in öffentlichen Bibliotheken nicht vorhanden.

Die Grenzboten, Zeitschrift für Politik, Literatur und Kunst, Hrsg. Max Hildebert Boehm, Berlin, Jahrgänge 1920 bis 1922 (Ende der Zeitschrift).

Der Grenzkampf, Hrsg. Max Hildebert Boehm, Beilage zum Gewissen.

Hammer-Schläge, Zeitschrift des Deutschvölkischen Schutz- und Trutzbundes, Hamburg, Jahrgang 1919.

Kultur und Leben, Monatsschrift für kulturgeschichtliche und biologische Familienkunde, Hrsg. Willy Hornschuch, 3. Jg. 1926 Schorndorf.

Der Ring, Konservative Zeitschrift, Hrsg. Heinrich von Gleichen, Jahrgänge 1931 bis einschließlich 1933.

Die Tat, Monatsschrift zur Gestaltung neuer Wirklichkeit (vorher: Monatsschrift für die Zukunft deutscher Kultur), Hrsg. Eugen Diederichs, ab 1928 Hans Zehrer, Jahrgänge 1927 bis einschließlich 1932.

Volksspiegel, Zeitschrift für deutsche Soziologie und Volkswissenschaft. In Verbindung mit der Deutschen Gesellschaft für Soziologie hrsg. von Max Hildebert Boehm, Hans Freyer, Max Rumpf (einziger erschienener) Jahrgang 1934, Stuttgart-Berlin.

Zeitschrift für Geopolitik, Hrsg. Karl Haushofer, E. Obst, H. Lautensach, O. Maull, Berlin-Grunewald, Jahrgänge 1924 bis 1927.

Printed by Libri Plureos GmbH
in Hamburg, Germany